Israel in Gefahr

von Mark A. Gabriel

Mark A. Gabriel

ISRAEL
IN GEFAHR

Der nächste Schachzug des Islam gegen die Juden

Aus dem Englischen übertragen
von Unja Schmidt-Gabriel

RESCH-VERLAG

Bibliografische Information der Deutschen Nationalbibliothek
Die Deutsche Nationalbibliothek verzeichnet diese Publikation in der Deutschen Nationalbibliografie; detaillierte bibliografische Daten sind im Internet über http://dnb.dnb.de abrufbar.

Impressum:
1. Auflage 2013

Maria-Eich-Straße 77, D-82166 Gräfelfing

Umschlaggestaltung: Georg Lehmacher, Friedberg
Satz: Fischers DTP-Studio, München
Druck + Bindung: OrtmannTeam GmbH, Ainring
Printed in Germany

ISBN 978-3-935197-61-8

Inhalt

Einführung

Mit *Israel in Gefahr* lege ich ein Buch vor, auf das viele von Ihnen schon lange gewartet haben. Angesichts der dramatischen Entwicklungen in der islamischen Welt taucht immer öfter die Frage auf, wie sich die dortigen Umwälzungen und die Ausbreitung des politischen Islam auf die ganze Region des Nahen Ostens und insbesondere auf Israel auswirken werden.

Der sogenannte „Arabische Frühling" hat zum Aufstieg einer neuen Macht geführt, die die gesamte politische Situation im Nahen Osten jetzt schon grundlegend verändert hat – und weiterhin verändern wird. Bei dieser neuen Macht handelt es sich leider nicht um Vertreter der jungen Generation, die in ihrem Hunger nach Demokratie und Freiheit die Demonstrationen des Arabischen Frühlings ins Rollen gebracht hatten. Die neue herrschende Macht ist vielmehr der radikale Islam.

Israel steht nunmehr unter dem Druck einer Belagerung von allen Seiten. Für Israel wird die Ausbreitung des radikalen Islam zur Existenzfrage. Für die israelische Regierung ist die Lage bedrohlich, und das jüdische Volk sieht sorgenvoll einer ungewissen nahen Zukunft entgegen.

Auch die westliche Welt wird die Auswirkungen der neuen Realität im Nahen Osten zu spüren bekommen und kann es sich nicht leisten, diese Entwicklungen zu ignorieren oder auf die leichte Schulter zu nehmen.

Doch ich möchte mit diesem Buch keineswegs Angst machen, sondern sensibilisieren. Es geht mir darum, Politiker und Journalisten, aber auch Menschen jeder Bevölkerungsschicht mit und ohne Vorkenntnisse zum Thema so zu informieren, dass sie verantwortungsvoll handeln können.

In diesem Buch werden Sie sehen, wie sich die Beziehung zwischen Juden und Arabern seit den Anfängen des Islam entwickelt hat und wie sie davor aussah. Sie werden überrascht sein.

Sie werden auch viel über Mohammed, den Propheten des Islam, erfahren und darüber, wie sich seine Haltung gegenüber Juden im Laufe seines Lebens verändert hat.

Anhand einiger Beispiele von Veröffentlichungen aus arabischen Medien werden Sie die öffentliche Meinung im Nahen Osten gegenüber Juden und Israel kennenlernen. Dazu werden wir auch die offizielle islamische Rechtsprechung der Islamgelehrten betrachten.

Des Weiteren werden Sie sehen, wie sich die Revolution des sogenannten Arabischen Frühlings seit ihren friedlichen Anfängen entwickelt und wie sich ihre ursprüngliche Ausrichtung durch den Einfluss gewisser radikalislamischer Bewegungen gewandelt hat.

Sie werden einiges über die sogenannte Muslimbruderschaft erfahren: über ihre Entwicklungsgeschichte, ihre wahren politischen Ziele, ihre Taktiken und ihre Strategie zur Ausweitung des Einflusses des radikalen Islam.

Auch die komplexe Beziehung zwischen Sunniten und Schiiten, ihre Haltung gegenüber Israel und ihre interessanten Endzeitprophetien werden Sie kennen lernen.

Als Höhepunkt des Buches dürfen Sie sich auf das letzte Kapitel freuen, in dem ich Ihnen einen ermutigenden Hoffnungsschimmer und einen verblüffenden Ausweg aufzeigen werde.

Ich hoffe, dass Sie dieses Buch mit Gewinn lesen und die in diesem Buch neu gewonnenen Erkenntnisse anschließend weitergeben werden, um möglichst viele Menschen auf diesen Ausweg aufmerksam zu machen.

Zunächst werde ich Ihnen meine persönliche Geschichte erzählen, damit Sie sich auch in die Menschen *auf der anderen Seite* hineinversetzen können. Da ich ursprünglich als überzeugter Moslem im Nahen Osten aufgewachsen bin, habe ich selbst erlebt, wie es ist, wenn man von Kindesbeinen an gelehrt wird, Juden und Israel zu hassen. Als Kind einer strenggläubigen moslemischen Familie und Teil einer tief religiösen islamischen Gesellschaft hörte ich nie etwas anderes, und es war damals nicht nur abwegig und unüblich, sondern schlichtweg verboten und sogar lebensgefährlich, den eigenen Glauben kritisch zu hinterfragen.

Bereits als Kind lernte ich den Koran auswendig und schließlich wurde ich selbst Islamgelehrter an der Al-Azhar Universität in Kairo. Umso mehr erachte ich es als ein großes Wunder und ein Geschenk Gottes, dass ich aus diesem System des Islam überhaupt herausgefunden habe.

Heute bin ich Christ und bin seit über 17 Jahren in der westlichen Welt, wo ich es genieße, in einem freiheitlichen Rechtsstaat zu leben, der mein Leben und meine Menschenrechte schützt. Wer wie ich am eigenen Leib erfahren hat, wie es ist, wenn das Recht auf Meinungs- und Religionsfreiheit und das Recht auf körperliche Unversehrtheit mit Füßen getreten werden, der weiß den Wert der Menschenrechte wahrscheinlich mehr zu schätzen als irgendjemand sonst.

Vorsorglich möchte ich aber eines klarstellen, um nicht missverstanden zu werden:

Moslems sind nicht unsere Feinde

Es geht mir nicht darum, Moslems schlechtzumachen. Die Moslems als Menschen sind nicht unsere Feinde. All die geliebten Menschen, die ich in meiner Heimat zurücklassen musste, auch meine eigene Familie, sie alle sind noch Moslems. Und ich liebe sie – trotz allem, was geschehen ist, und was man mir im Namen Allahs angetan hat.

Im Gegensatz zu den Menschen in meiner ursprünglichen Heimat, die nicht die Freiheit haben, ihren Glauben zu hinterfragen, geschweige denn, ihn selbst zu wählen, bin ich heute ein freier Mann in einem freien Land und kann es nun wagen, all die kritischen Fragen zu stellen und die Schwachstellen des Islam ungeniert aufzuzeigen – was ich in meinem damaligen Umfeld nicht konnte.

Keinesfalls möchte ich, dass Menschen meinetwegen eine feindselige Haltung gegenüber Moslems einnehmen oder Ihnen mit Angst, Misstrauen oder Hass begegnen. Das Problem liegt allein bei der Lehre des Islam. Sie allein ist verantwortlich für all die Menschenrechtsverletzungen, für die Verachtung von Frauen, für Terrorismus, für viele Kriege und für viele andere Probleme.

Es ist sehr wichtig, zwischen dem *Islam* und den *Moslems* zu unterscheiden. Der Islam ist die *Religion*, die Moslems sind *Menschen*, die dieser Religion anhängen. Diese Menschen sind selbst gewissermaßen Opfer des Islam. Sie haben oftmals am meisten unter der Lehre des Islam zu leiden. Zudem wurden die meisten Moslems in diese Religion einfach *hineingeboren*. Sie konnten sich nicht für oder gegen den Islam entscheiden – und können ihn auch nicht einfach verlassen!

Es mag für Sie abwegig klingen, wenn ich Ihnen sage, dass ich für Moslems gewissermaßen Mitleid empfinde. Doch man sollte sich bewusst machen, dass sich ein Moslem sein Leben lang anstrengen muss, Allah zu gefallen – ohne jedoch jemals Gewissheit zu erlangen, ob Allah ihn am Ende annehmen wird oder nicht. Wegen des Islam opfern viele Moslems ihr Leben im Kampf für Allah und hoffen, dadurch ins Paradies zu gelangen. Der Islam versperrt ihnen jeden Weg, sich selbst oder anderen zu vergeben.

Betrachten Sie Moslems nicht als Feinde. Missbrauchen Sie Ihre Kenntnisse über den Islam nicht dazu, sich über sie lustig zu machen. Das Beste, was Sie im Umgang mit Moslems tun können, ist freundschaftliche Beziehungen aufzubauen und die positiven Aspekte Ihrer eigenen Kultur und Ihres eigenen Glaubens in einer freundlichen Haltung vorzuleben.

Religion und Glaube sind immer eine sehr persönliche Angelegenheit und ein sehr sensibles Thema, und jeder wird versuchen, den eigenen Glauben zu verteidigen. Als Menschen sind wir alle Brüder und Schwestern. Daher sollten wir einander immer in einer freundlichen und respektvollen Haltung begegnen, die von Nächstenliebe geprägt ist.

Doch nun möchte ich Sie nicht länger auf die Folter spannen. Viel Spaß beim Lesen.

Teil 1

Meine persönliche Erfahrung

Moslem sein bedeutet, Juden zu hassen

Wenn wir Nachrichten aus dem Nahen Osten und von den Beziehungen zwischen Israel und umliegenden Ländern hören – insbesondere von der Haltung des Iran gegenüber Israel – so fällt auf, welch unglaubliches Maß an Feindseligkeit und Hass dort brodelt – insbesondere von Seiten der muslimischen Welt gegenüber Israel.

Der iranische Präsident Ahmadinejad hat sogar mehrfach öffentlich verkündet, dass Israel von der Weltkarte gelöscht werden müsse. Manch einer mag solch schockierende Äußerungen als verrückte Idee eines einzelnen religiösen Fanatikers abtun. Ich wünschte, es wäre so.

Wie Sie jedoch im Laufe dieses Buches selbst entdecken werden, hat Ahmadinejad sich diesen Plan gar nicht selbst ausgedacht. Er folgt damit vielmehr der Lehre des Propheten des Islam. Moslem zu sein bedeutet nun einmal, Juden zu hassen – so lernt man das in einer muslimischen Gesellschaft in der Regel von klein auf.

Da ich selbst in einer muslimischen Familie und Gesellschaft aufgewachsen bin, weiß ich, wie es ist, wenn man schon von klein auf lernt, Juden und alles, was mit Israel zu tun hat, zu hassen. Den Koran kannte ich seit meiner Kindheit auswendig, und später studierte ich jahrelang die Geschichte des Islam und das Leben Mohammeds. Daher weiß ich, woher dieser Hass kommt, wohin er führt, und wie er sich anfühlt.

Meine ersten Lektionen über Islam und die Juden

Bereits als kleiner Junge liebte ich es, dem Koranrezitator zuzuhören, der regelmäßig zu uns nach Hause kam. Er erzählte uns die Geschichten über Mohammeds Leben, seine Freunde, seine Auseinandersetzungen mit Arabern, Juden, Christen und Götzenanbetern, und seine Schlachten gegen die Juden, die seinerzeit auf der arabischen Halbinsel lebten. Mohammed war mein großer Held – mein Idol und mein Vorbild. Schon bald sah auch ich in den Juden den Feind Nummer eins.

Affen und Schweine

Eine der Geschichten, die mich damals besonders faszinierte, berichtete davon, wie die Juden Allahs Zorn auf sich zogen, weil sie seine heiligen Schriften verfälscht hatten. Zur Strafe verwandelte Allah einige Juden in Affen und Schweine.

Sprich: „Soll ich euch über die belehren, deren Lohn bei Allah noch schlimmer ist als das?

Die Allah verflucht hat und denen Er zürnt und aus denen Er Affen und Schweine gemacht hat und die den Bösen anbeten. Diese sind in einer noch schlimmeren Lage und noch weiter irregegangen vom rechten Weg." Sure 5:60

Ich dachte an die Schweine, die ich in dem christlichen Wohnviertel in unserer Stadt gesehen hatte, und an die Affen, die ich im Zoo immer so gerne mit Bananen und Erdnüssen fütterte. So fragte ich den Scheich: *„Ist das wirklich wahr, dass Allah einige Juden in Affen und Schweine verwandelt hat?"* – *„Aber ja, mein Sohn"*, antwortete er, indem er mich mit eindringendem Blick ansah. *„Du hast ja gehört, was der Koran sagt. Allah hat diese Geschichte im Koran berichtet. Und Allah lügt uns nie an, mein Sohn. Aber diese Leute, die hier verflucht und in Affen und Schweine verwandelt wurden, diese Juden, das waren schlechte Menschen. Sie hatten sich gegen Allah aufgelehnt, waren rebellisch und haben all die Propheten Allahs verfolgt und getötet.*[1] *Das war der Grund dafür, dass Allah sie verflucht und in Affen und Schweine verwandelt hat."*

Dies war nur eine von vielen Geschichten, die ich in meiner Kindheit hörte, und die mir einen furchtbaren Hass auf das jüdische Volk ins Herz säten. Bald saß ich nicht mehr nur passiv da, um Geschichten zu lauschen. Meine Familie beschloss, dass ich die Ehre haben sollte, den Koran auswendig zu lernen.

Den Koran auswendig lernen

Viele Menschen im Westen können sich kaum vorstellen, wie das möglich ist, dass ein Kind den gesamtgen Koran auswendig lernen kann. Doch im Nahen Osten ist dies nichts Ungewöhnliches.

Noch bevor ich lesen konnte, half mir mein Onkel bereits dabei, Verse und kurze Kapitel des Korans auswendig zu lernen. Erst las er mir den Vers vor, dann wiederholte ich die Verse immer wieder – zunächst mit seiner Hilfe – bis ich den Koran schließlich eigenständig auswendig aufsagen konnte.

Als ich in die Schule kam, schickten meine Eltern mich auf die islamische Grundschule des Al-Azhar-Instituts. Dort waren alle Kinder ganz versessen darauf, den Koran auswendig zu lernen. Dieser entspricht in seinem Umfang in etwa dem Neuen Testament.

Von meinem sechsten bis zum zwölften Lebensjahr lernte ich jeden Tag etwa zwei Seiten auswendig. Dies erledigte ich jeweils morgens vor Sonnenaufgang. In der Schule trug ich meinem Lehrer jeden Tag den Teil vor, den ich am Vortag gelernt hatte.

War ein Schüler nicht in der Lage, seine Lektion aufzusagen, wurde er in der Regel geschlagen. Dazu musste er seine Schuhe und Strümpfe ausziehen.

Einer der Assistenten des Lehrers band die beiden Fußgelenke mit einem Gürtel fest zusammen und hob sie dann an, so dass beide Beine ausgestreckt nach vorn zeigten. Dann schlug der Lehrer den Schüler mit einem frisch geschnittenen dicken, grünen Palmzweig auf die Fußsohlen. Das war extrem schmerzhaft. Ich strengte mich daher sehr an, um es nie so weit kommen zu lassen.

Doch abgesehen davon war ich auch positiv motiviert, den Koran möglichst schnell auswendig zu lernen, denn ich wusste, dass meine Familie dann sehr stolz auf mich sein würde. Es war eine große Ehre für meine ganze Familie, dass ich diese renommierte islamische Eliteschule besuchte.

Meistens ging ich mit meinem Vater und Onkel schon vor Sonnenaufgang zum Frühgebet in die Moschee. Diese erste Gebetszeit ging von etwa halb vier bis halb fünf Uhr morgens. Wenn wir die Gebete verrichtet hatten, gingen mein Vater und mein Onkel in der Regel wieder nach Hause und schliefen noch zwei Stunden, bevor sie aufstanden, um zur Arbeit zu gehen. Ich blieb meist in der Moschee mit meinem Koran. Bevor ich mich daran machte, die neue Lektion auswendig zu lernen, überprüfte ich erst, ob ich den Text der vorigen Tage noch konnte. Erst wenn ich sicher war, dass ich das bereits Erlernte gut beherrschte, machte ich mich an den neuen Text.

Erst las ich den ersten Vers der nächsten Passage. Dann schlug ich den Koran zu und wiederholte den Vers, indem ich in der Moschee auf und ab ging – von Ecke zu Ecke. Wenn ich den ersten Vers konnte, las ich den zweiten. So ging ich Vers für Vers durch, bis ich die ganze Tageslektion auswendig konnte.

Ich war sehr darauf bedacht, die Lektionen, die ich bereits gelernt hatte, auch wirklich zu behalten, und so verwendete ich zwei oder drei Tage pro Monat dafür, alles zu wiederholen. Wenn man mich dann über einen Text befragte, den ich bereits viele Monate vorher gelernt hatte, konnte ich ihn immer noch abrufen. Am Ende des Jahres gab es immer eine mündliche Prüfung über den gesamten Text, den ich in dem Jahr auswendig gelernt hatte. Diese Prüfung bestand darin, dass zwei Lehrer mich abwechselnd befragten. Manchmal sollte ich ein bestimmtes Kapitel aufsagen und manchmal sagten sie einige Verse auf und ich sollte dann sagen, wie das Kapitel hieß, und ich sollte den Text da fortsetzen, wo sie aufgehört hatten.

So war mein Tagesablauf während meiner gesamten Grundschulzeit ganz von der Tätigkeit des Auswendiglernens geprägt. Mein Cousin, der den Koran schon vor mir auswendig gelernt hatte, war dabei mein großes Vorbild. Und obwohl dieser später Zahnmedizin studierte, hörte er niemals auf, den Koran zu rezitieren. Als ich 12 Jahre alt war und den Koran gerade komplett auswendig gelernt hatte, bekamen wir in der Schule das zusätzliche Fach „Koranauslegung“. So hatte ich nun die Gelegenheit, das auswendig Gelernte auch noch inhaltlich besser verstehen zu lernen.

Beängstigende Propaganda

Als ich etwa zehn Jahre alt war, erlebte ich mit, wie sich Ägypten auf einen Krieg mit Israel vorbereitete. Der damalige Präsident Nasser hatte in diesem Zusammenhang eine intensive Propagandakampagne gestartet.

Überall in den Medien hörte man plötzlich, was für eine große Gefahr Israel für die ägyptische Grenze darstellte, und in der Schule brachte man uns bei, dass die Juden unsere historischen Feinde waren, die den palästinensischen Moslems ihr Land weggenommen hatten.

Man erklärte uns, dass es unsere Pflicht als Moslems sei, dieses Krebsgeschwür aus unserem Land herauszuschneiden und zu zerstören.

Wenn die Menschen in unserer Straße in der Sommerhitze vor ihren Häusern zusammensaßen, Nüsschen aßen und Tee tranken, dann kreisten die Gespräche meist auch nur um den Konflikt mit Israel. Besonders beliebte Gesprächsthemen waren dabei jeweils die beiden Kriege von 1948 und 1956. Immer und immer wieder wurden die alten Geschichten über die Juden aufgewärmt – wie sie versucht hatten Mohammed umzubringen, und über den abgrundtiefen Hass der Juden gegenüber uns Moslems. Die Erwachsenen sagten immer, dass es daher für uns Moslems keinen Weg gab, Juden je zu akzeptieren oder zu tolerieren.

An eine bestimmte Geschichte, die ich damals oft hörte, kann ich mich noch gut erinnern. Diese handelte davon, wie Israel ein palästinensisches Dorf eingenommen hatte. Das israelische Militär habe das Dorf erst umzingelt und sämtliche Ein- und Ausgänge geschlossen, sodass keiner entkommen konnte. Dann habe es die Häuser bombardiert. Der Erzählung nach hatten israelische Soldaten außerdem schwangere Frauen aufgeschlitzt, ihre Babys getötet und dann die Frauen umgebracht.

Ob an all diesen Schauergeschichten etwas Wahres dran war oder nicht, weiß ich nicht. Aber eines weiß ich genau – dass diese Geschichten uns Kindern große Angst und einen unglaublichen Hass auf Juden ins Herz gepflanzt haben.

Albträume

Dies alles beschäftigte mich so sehr, dass ich anfing, Albträume zu haben. Oftmals träumte ich von Moshe Dayan, dem damaligen israelischen Militärchef. Zwar hatte ich in meinem ganzen Leben noch keinen einzigen Juden von Angesicht zu Angesicht gesehen, doch das Gesicht dieses Mannes war mir immer wieder in den Zeitungen begegnet. Er trug eine schwarze Augenklappe und sah daher ziemlich gruselig aus. Viele Kinder hatten Albträume von diesem „einäugigen Mann mit dem Gruselgesicht".

Eines Tages, nur wenige Monate vor dem Sechstagekrieg des Juni 1967, hatte ich wieder einmal einen Albtraum, als ich mich nachmittags für einen Mittagschlaf hinlegte. In meinem Traum sah ich Moshe Dayan auf einem kleinen Felsblock sitzen und vor ihm lag ein toter Ägypter auf dem Boden. Moshe Dayan hatte ein Schlachtermesser in der Hand und zerstückelte die Leiche.

Von dem Traum aufgeschreckt sprang ich aus meinem Bett und rannte in Panik davon. Obwohl ich inzwischen wach war und begriff, dass ich mich bei mir zu Hause befand, war ich dennoch überzeugt, dass Moshe Dayan mit dem großen Messer tatsächlich hinter mir her war, um mich ebenfalls zu zerstückeln.

Völlig außer mir rannte ich auf die Straße hinaus, weinte und schrie. Ich achtete gar nicht auf die Menschen um mich her und rannte die Straße hinunter zum Kanal. Dort wollte ich hineinspringen, weil ich so sicher war, dass Moshe Dayan hinter mir her war.

Mein Vater und meine Brüder rannten mir nach, um mich aufzuhalten. Mein Lieblingsbruder erwischte mich schließlich, überwältigte mich und warf mich zu Boden. Sie brachten mich gemeinsam zurück nach Hause und versuchten, mich zu beruhigen: *„Zu Hause ist kein Moshe Dayan. Niemand ist dort."*

Nur wenige Wochen später mussten vier meiner Brüder – darunter auch mein Lieblingsbruder – zum Militär. Die Armee sammelte sich in der Sinaiwüste und bereitete sich auf einen Angriff auf Israel vor. Jedes Mal, wenn einer meiner Brüder das Haus verließ und sich auf den Weg zum Bahnhof machte, begleitete ich ihn, trug ihm seine Tasche und wartete mit ihm am Bahnsteig, bis sein Zug kam.

Ich machte mir große Sorgen darüber, was Israel unserem Land und meinen Brüdern wohl antun würde. Und es sollte nicht lange dauern, bis sich meine Befürchtungen realisierten.

Befürchtungen werden wahr

Ich werde niemals den Moment vergessen, als der Krieg begann. Ich spielte gerade draußen auf der Straße vor unserem Haus, als ich plötzlich ein lautes Dröhnen am Himmel vernahm. Es war die israelische Luftwaffe, die wie ein Schwarm von Raubvögeln über dem Land kreiste. Der ganze Himmel war voll von diesen Flugzeugen, die hin und her flogen.

So schnell ich konnte, lief ich ins Haus. Noch bevor ich die Tür hinter mir schließen konnte, war der Himmel bereits gelb von Explosionen. Ich hatte solche Angst, dass ich nicht einmal nach meinen Eltern sah, sondern direkt in mein Zimmer rannte und mich unter meinem Bett versteckte. Ich hatte solche Todesangst, dass ich mir buchstäblich in die Hosen machte. Das war der schlimmste Tag meines Lebens – bis dahin.

Die israelische Luftwaffe warf Bomben über unserer Stadt ab und zerstörte eine Brücke und mehrere Gebäude. Einige Menschen wurden getötet und viele wurden verletzt. Nach fünfzehn Minuten war alles vorbei und das Dröhnen der Flugzeuge war wieder verhallt. Die Menschen rannten durch die Straßen, schauten nach Familienangehörigen und Freunden und erkundigten sich, was passiert war.

Innerhalb von sechs Tagen war es Israel gelungen, das ägyptische Militär zu zerschlagen. Tausende von Ägyptern waren tot oder gefangen. Die israelische Armee nahm die gesamte Sinaiwüste ein und marschierte über den Suezkanal und durch Ägypten auf Kairo zu, bis sie nur noch etwa 60 Kilometer von der Stadt entfernt war.

Die Menschen in der Hauptstadt zitterten bei dem Gedanken, was passieren würde, wenn das israelische Militär die Stadt tatsächlich einnehmen würde. Würden wir das Schicksal der Palästinenser teilen? Wir erwarteten den Tod in einem Blutbad. Wir fürchteten vor allem die israelische Luftwaffe, denn unsere eigene war bereits nach dem ersten Kriegstag besiegt und zerschlagen. Kein einziger ägyptischer Militäflieger war mehr übrig, um den Luftraum zu verteidigen.

So habe ich den Sechstagekrieg von 1967 als Zehnjähriger erlebt.

Am dritten oder vierten Tag des Krieges hatte ich einen Traum. Ich träumte, dass mein Vater mit einem kleinen Boot auf dem Nil unterwegs war, um mit seinem großen Netz Fische zu fangen. Plötzlich kamen einige jüdische Männer, die ihre Kühe am Nilufer anbanden. Nach einer Weile riss sich eine Kuh los, ging ins Wasser und zerstörte das Fischernetz meines Vaters.

Mein Vater wollte sich bei den jüdischen Männern beschweren, doch da schlugen ihn die Männer zusammen und ließen ihm am Flussufer liegen.

Als meine Familie in dem Traum meinem Vater zur Hilfe eilte, rannten die Männer davon. Einer meiner Brüder kam zu mir gelaufen, um mir von dem Vorfall zu berichten. Er sagte: „Vater ist tot. Die Juden haben ihm umgebracht." Ich war schockiert und rannte zum Fluss, um nach meinem Vater zu sehen. Dort sah ich, dass die jüdischen Männer im Boot meines Vaters zu fliehen versuchten. Ich nahm ein Gewehr und schoss auf sie. Einen nach dem anderen schoss ich ab. Da erwachte ich. Mein Herz raste und ich war schweißgebadet.

Erkennen Sie, wie sehr ich von Furcht und Zorn besessen war? Die negativen Lehren des Korans über die Juden waren ein Teil meiner selbst geworden. Sie prägten mein Denken und meine Gefühle vollständig.

Der verlorene Bruder

Etwa zwei Monate nach dem Krieg kehrten drei meiner vier Brüder wieder heim. Doch von meinem Lieblingsbruder war kein Lebenszeichen zu hören. Sein Name stand auf der Vermisstenliste der Armee. Acht lange Monate vergingen ohne jegliche Nachricht von ihm.

Jeden Abend weinte ich mich in den Schlaf. Meine Mutter weinte so viel, dass sie irgendwann keine Tränen mehr hatte. Sie weinte Tag und Nacht. Wenn sie Essen kochte, weinte sie dabei. Und wenn sie zu Tisch saß, weinte sie. Manchmal weinte sie auch ohne Tränen und wir alle machten uns große Sorgen um sie, weil wir fürchteten, sie könne darüber noch den Verstand verlieren.

Was wir als Familie in dieser Zeit durchmachten, schien alles zu bestätigen, was der Koran über die Juden lehrte, und wir waren uns einig: „*Was Allah sagt, stimmt wirklich. Er lügt nicht. Er hat uns im Koran angekündigt, dass wir mit den Juden niemals Frieden haben würden – bis zum Jüngsten Tag. Und er hat Recht.*“

Mein Bruder fehlte mir entsetzlich. Er war es gewesen, der mir im Nil das Schwimmen beigebracht hatte, als ich vier Jahre alt war. Wenn ich nun zum Nil ging, saß ich nur am Ufer und starrte auf die Stelle, wo er immer seine Kleidung abgelegt hatte, bevor er ins Wasser gegangen war.

Einmal hatte ich einen Traum von diesem Bruder. In diesem Traum kam er zu mir und fragte mich: „*Was machst du denn da?*“ Ich antwortete ihm: „*Ich lerne.*“ Da sagte er: „*Du hast schon genug gelernt. Geh zur Armee! Du musst unser Land verteidigen. Du musst unsere Religion verteidigen.*”

Große Erleichterung

Eines Tages brachte der Briefträger meiner Mutter einen Brief: „*Post für Sie!*“ Da meine Mutter nicht lesen konnte, fragte sie zurück: „*Von wem denn?*“ – „*Von der Regierung*“, erklärte der Postbote. Meine Mutter machte sich große Sorgen, welche Nachrichten der Brief wohl enthalten würde. Als mein Onkel später nach Hause kam, gab sie ihm den Brief sofort. Der Onkel öffnete ihn, und große Erleichterung zeichnete sich auf seinem Gesicht ab: „*Unser Junge lebt!*“ Meine Mutter weinte vor Freude – sie weinte und weinte. Und mein Onkel rief laut: „*Allahu Akbar – Allah ist groß. Gott sei Dank, der Junge lebt!*“ Meine Tante, meine Schwester und weitere Frauen aus der Nachbarschaft kamen herbeigelaufen, um die gute Nachricht mit meiner Mutter zu feiern. Sie gingen ins Haus, schalteten ägyptische Musik an und tanzten vor Freude. Als die Männer nach Hause kamen, feierten sie die Freudenbotschaft auf ihre Weise. Mein Vater nahm sein Gewehr, ging vors Haus und schoss in die Luft – immer und immer wieder. Mein ältester Bruder tat dasselbe mit seiner Pistole. Und mein Onkel stand auf dem Dach und schoss von dort aus.

Alle Nachbarn kamen angelaufen um zu sehen, was los war. Ganz offensichtlich gab es da entweder großen Ärger oder eine große Feier. Mein Vater ließ ein großes Festmahl bereiten und lud alle dazu ein. Wir tranken *Sharbat*, einen süßen alkoholfreien Punsch. Noch tagelang kamen immer wieder Leute vorbei, um uns zu der guten Nachricht zu beglückwünschen.

Die Militäreinheit meines Bruders hatte sich in der Sinaiwüste dem israelischen Militär ergeben, und man hatte die Soldaten in Kriegsgefangenschaft genommen. In der ersten Zeit wurde den Gefangenen jeglicher Außenkontakt untersagt. Erst nach sechs Monaten erlaubte man ihnen, Briefe zu verschicken. Es hatte weitere zwei Monate gedauert, bis das ägyptische Militär die Nachricht an uns weitergeleitet hatte.

Zwei Monate später kam mein Bruder endlich heim – frisch rasiert und ordentlich gekleidet mit einer schönen Militäruniform und überglücklich, die Familie wiederzusehen.

Als ich zehn Jahre alt war, stand für mich eines fest: Die Juden waren mein größter Feind! Sie hatten versucht, meinen Propheten zu töten, sie hatten meinen Bruder gefangen gehalten, und sie hatten meine Stadt bombardiert. Ich war überzeugt, dass jedes Problem in der Welt letztlich von Juden verschuldet war. Ich hasste alles, was nur im Entferntesten mit Israel oder den Juden zu tun hatte.

Als junger Mann

In meiner Jugend wurde meine Meinung über Juden nie in Frage gestellt. Im Gegenteil – meine Ansicht schien sich immer wieder aufs Neue zu bestätigen. Das einzige, was sich änderte, als ich erwachsen wurde, war meine Art und Weise, meine Gefühle und Gedanken gegenüber den Juden auszudrücken.

Die folgenden Begebenheiten reflektieren meine damalige Einstellung:

Der jüdische Friedhof

Nach meinem Bachelor-Abschluss musste ich meinen Militärdienst ableisten und war während dieser Zeit im Süden Kairos stationiert. An freien Tagen fuhr ich jeweils nach Hause. Auf meinem Heimweg ging ich immer über den jüdischen Friedhof, der auf dem Weg lag, und schaute mir die Grabsteine an.

Die Gräber waren schon über hundert Jahre alt. Der Islam lehrt, dass ein Mensch nach seinem Tod bis zum Tag des Jüngsten Gerichts in der Grabstätte ruht. Für einen guten Moslem ist das Grab in ein Ort des Friedens – ein Stück Paradies. Für schlechte Menschen hingegen wird das Grab zur Hölle und wartet mit schlimmsten Qualen und Folter auf. Vom Koran und dem Propheten Mohammed wusste ich, dass böse Menschen – zu denen die Juden zweifellos gehörten – in ihren Gräbern für ihre bösen Taten und Haltungen bestraft und gefoltert wurden.

So malte ich mir aus, wie die Juden in ihren Gräbern im Feuer schmorten und wie sie nach Hilfe schrien. Diese Vorstellung gab mir ein Gefühl der Genugtuung. Da ich absolut überzeugt war, dass alles, was der Koran lehrt stimmte, war ich ganz sicher, dass in all den Gräbern dieser Juden Feuerflammen loderten. So hatte ich jedes Mal, wenn ich über diesen Friedhof schritt, das Gefühl, über einen Feuersee zu gehen. Eine faszinierende Vorstellung.

Der Koran lehrt, dass Allah und sein Volk die Juden bis zum Tag des Jüngsten Gerichts verfluchen werden (Sure 2:159). Ich sah es daher als meine Pflicht an, als guter Moslem meinen Teil dazu beizutragen, indem ich über den Friedhof lief und die Juden verfluchte.

Wenn ich einen Grabstein mit einem Davidstern sah oder mit hebräischer Aufschrift, so bespuckte ich den Grabstein und manchmal urinierte ich sogar darauf und verfluchte die Person: *„Verflucht seiest du, oh du Übler. Ihr seid ein böses Geschlecht aus einem bösen Geschlecht. Ich danke Allah, dass es von eurer Sorte keinen mehr gibt hier in Ägypten."*

Als ich als junger Imam in der Moschee predigte, sprach ich gerne über diesen Befehl Allahs und ich ermutigte die Menschen, meinem Vorbild zu folgen. Ich sagte: *„Wenn ihr in der Nähe eines jüdischen Friedhofs vorbeikommt, solltet ihr euch unbedingt die Zeit nehmen, über den Friedhof zu gehen, um Allah die Freude zu machen, die Kinder der Affen und Schweine zu verfluchen."*

Hasspredigten

Als ich in Kairo an der Al-Azhar-Universität studierte, diente ich eine Zeitlang als Imam an einer Moschee außerhalb von Kairo. Nach dem Freitagsgebet durfte ich dann jeweils die Predigt halten.

Manchmal war meine gesamte Predigt über Juden. Diese Predigten waren immer besonders beliebt bei den Leuten. Jedes Mal, wenn ich einen Koranvers über die Juden zitierte, sagte ich: *„All ihr Kinder der Affen und Schweine, ihr die schlechtesten Menschen auf der ganzen Welt, wohin wollt ihr euch flüchten, um der Strafe Allahs zu entkommen?"* Daraufhin rief die Menschenmenge: *„Allahu akbar! Allahu akbar! Allah ist groß!"*

Besonders gerne predigte ich über den Text aus Sure 62:5:

Das Gleichnis derer, denen die Thora auferlegt wurde, und die ihr dann nicht nachlebten, [der Juden] ist wie das Gleichnis eines Esels, der Bücher trägt [sie aber nicht versteht]. ...

Ich erklärte den Text folgendermaßen:

Den Juden wurde die Thora gegeben – dieses wunderbare Buch – und Allah vertraute es ihnen an, dass sie es in Ehren halten sollten. Doch sie trugen es nur wie Esel, die Bücher transportieren, ohne diese jedoch zu verstehen und ohne von ihrem großen Nutzen zu profitieren. Schließlich sind Esel nur dumme Tiere. – Ebenso sind die Juden.

Ich pries Mohammeds harsches Vorgehen gegen die Juden und lehrte:

Die Juden dachten, Mohammed wäre wie all die anderen Propheten, die zuvor zu ihnen gesandt worden waren. Die Juden dachten, sie könnten auch ihn ablehnen, verfolgen und töten. Doch Mohammed war anders als all die anderen Propheten vor ihm. Mohammed war der letzte Gesandte. Er wusste, wie er mit den Juden umzugehen hatte, und wie er sie disziplinieren musste, und wie er ihnen eine Lektion erteilen konnte, die sie von keinem der Propheten vor ihm bekommen hatten.

Wenn ich heute darüber nachdenke, wie ich damals über Juden gesprochen habe, schäme ich mich und ich bedaure zutiefst, dass solche Worte je über meine Lippen kommen konnten. Ich war damals dumm und blind. Ich bin so dankbar, dass der Tag kam, an dem mir die Augen geöffnet wurden und dass ich die Dinge heute aus einer völlig anderen Perspektive sehen kann.

Als ich meine Schuld erkannte

Selbst nachdem ich mich vom Islam abgewandt hatte und Christ geworden war, wodurch mir die Augen in vielerlei Hinsicht aufgingen, blieb mir meine Haltung gegenüber Juden noch eine ganze Weile anhaften.

Als mein Leben aufgrund meiner Konvertierung ernsthaft in Gefahr geriet, musste ich meine Heimat verlassen und lebte zunächst ein paar Jahre in Südafrika. Bis dahin war ich immer noch keinem Juden je persönlich begegnet. Meine erste persönliche Begegnung mit einem Juden war im Frühjahr 1996, als ich in einer Bank Schlange stehen musste und direkt hinter mir ein Jude anstand. Ich erkannt ihn an seiner Kippa.

Aufgrund meiner anti-jüdischen Prägung hielt ich Juden noch immer für unrein und schmutzig und verhielt ich mich ihm gegenüber äußerst unfreundlich und gemein.

Als ich später ein befreundetes Ehepaar traf, die ebenfalls Christen waren, erzählte ich ihnen von meiner Begegnung. Meine Freunde stammten aus dem Libanon, und da der Libanon in der Vergangenheit ebenfalls vom israelischen Militär angegriffen worden war, ging ich davon aus, dass meine Freunde froh sein würden zu hören, dass ich den Juden so abfällig behandelt hatte. Außerdem ging ich davon aus, dass Christen gegenüber Juden eine ähnliche feindselige Haltung hätten wie Moslems, denn so wie im Koran stand, dass die Juden sämtliche Propheten Gottes umgebracht hätten, so stand auch in der Bibel, dass Jesus von den Juden gekreuzigt worden sei.

Meine Freunde waren freilich schockiert über mein liebloses Verhalten. Der Mann rief empört: *„Diese Araber haben dein Denken offensichtlich total vergiftet. Haben diese Menschen denn gar kein Mitgefühl mit anderen?"*

Die Standpauke beschämte mich. Wie hatte ich nur auf mein schlechtes Benehmen stolz sein können? Die Frau meines Freundes erklärte mir, worum es beim Christsein wirklich geht, und forderte mich auf, Johannes 3,16 zu lesen und erklärte mir: *„Jesus kam für alle Menschen – für Juden, Moslems, Hindus – einfach für alle. Wenn du wirklich Christ sein willst, dann solltest du ebenfalls alle Menschen lieben."* Dieser Gedanke war mir völlig neu. Sie nannte mir dann noch weitere biblische Schriftstellen, über die ich einmal in Ruhe nachdenken sollte:

> *„Legt also eurefrühere Lebensweise ab! Ja, legt den ganzen alten Menschen ab, … und lasst euch in eurem Denken erneuern durch den Geist der euch geschenkt ist"* Epheser 4:22–24[2]

> *„Alles nun, was ihr wollt, dass euch die Leute tun sollen, das tut ihnen auch! Behandelt die Menschen so, wie ihr von ihnen behandelt werden wollt. Das ist es, was das Gesetz und die Propheten fordern.* Matthäus 7:12

Sie sagte: *„Lies doch diese Schriftstellen in Ruhe, bete darüber und schau, was Gott dir damit sagen möchte."*

Ich befolgte ihren Rat und bereits am nächsten Morgen war mir eines völlig klar: Ich hatte mich mit meinem Verhalten schuldig gemacht.

Dies war der Anfang eines langen Prozesses des Umdenkens und der Veränderung. Obwohl ich mein Bestes tat, um ein guter Christ zu sein und wirklich jeden – sogar die Juden – zu lieben, gelang mir die Umkehr erst, nachdem Jesus mir in einem Traum erschienen war.

Inzwischen lebe ich seit vielen Jahren in den USA – in dem Land, das ich als Moslem zutiefst verachtet und gehasst habe – und mein bester Freund ist ein Jude.

Ich habe beschlossen, Sie, lieber Leser, an meiner persönlichen Geschichte Anteil haben zu lassen, damit Sie besser nachvollziehen können, wie es ist, wenn ein Mensch in einem judenfeindlichen Umfeld aufwächst, wo Kinder bereits indoktriniert werden, Juden zu hassen. Ich hoffe, dass dieser Erlebnisbericht Ihnen hilft, klarer zu sehen, dass das Problem nicht die Menschen sind. Die Mitglieder meiner Familie beispielsweise sind persönlich ganz wunderbare Menschen – obwohl sie mich zu einem strenggläubigen Moslem erzogen haben. Das Problem sind nicht die Menschen. Das Problem ist allein die Lehre des Islam. Der Konflikt mit der islamischen Welt ist ein Konflikt zwischen gegensätzlichen Welltanschauungen. Und eine schlechte Ideologie kann man nur dadurch besiegen, dass man sie durch eine gute ersetzt.

Auf den folgenden Seiten wollen wir uns die Anfänge des Islam einmal näher ansehen.

Teil 2

Die Nachkommen Abrahams:

Juden und Araber

Isaak und Ismael

Abraham fiel auf sein Angesicht und lachte.
Und er sprach in seinem Herzen:

> *„Soll mir mit hundert Jahren ein Kind geboren werden,*
> *und soll Sara, neunzig Jahre alt, gebären?"*

Und Abraham sprach zu Gott:

> *„Ach dass Ismael möchte leben bleiben vor dir!"*

Da sprach Gott zu Abraham:

> *„Nein, Sara, deine Frau, wird dir einen Sohn gebären,*
> *den sollst du Isaak nennen,*
> *und mit ihm will ich meinen ewigen Bund aufrichten*
> *und mit seinem Geschlecht nach ihm.*
> *Und für Ismael habe ich dich auch erhört.*
> *Siehe, ich habe ihn gesegnet und will ihn fruchtbar machen*
> *und über alle Maßen mehren.*
> *Zwölf Fürsten wird er zeugen und ich will ihn zum großen Volk machen.*
> *Aber meinen Bund will ich aufrichten mit Isaak,*
> *den dir Sara gebären soll um diese Zeit im nächsten Jahr."*

1. Mose 17,17-21

Diese biblische Version der Geschichte von Abraham und seinen zwei Söhnen Isaak und Ismael dürfte vielen von Ihnen gut bekannt sein.

Auch im Koran wird von Abraham berichtet. Dieser habe sehr lange Zeit für einen Sohn gebetet, und schließlich schenkte Gott ihm zwei Söhne.

Abraham sprach:

> *„Aller Preis gehört Allah, der mir, ungeachtet (meines) Alters, Ismael und Isaak geschenkt hat.*
> *Wahrlich, mein Herr ist der Erhörer des Gebets."*

Sure 14:39

Beide – Juden und Araber – glauben, Nachkommen Abrahams zu sein, und beide Heiligen Schriften, Thora und Koran, berichten von Abraham und seinen zwei Söhnen Isaak und Ismael. Allerdings unterscheiden sich die beiden Berichte in einigen zentralen Punkten. Im Folgenden wollen wir Gemeinsamkeiten und Unterschiede genauer betrachten.

Juden glauben...	*Beide glauben...*	*Moslems glauben...*
	Abraham ist ihr Urahn. Abraham und seine Frau Sarah hatten lange für ein Kind gebetet und Gott hat diese Gebete erhört. Abraham hatte zwei Söhne: Isaak und Ismael. Isaak war der Sohn von Abrahams Frau Sarah und Ismael war der Sohn der ägyptischen Sklavin Hagar. Juden sind die Nachkommen Isaaks und Araber sind die Nachkommen Ismaels.	
Isaak, der Sohn Sarahs, war der verheißene Sohn. Mit ihm schloss Gott einen Bund. Ismael, der Sohn der Sklavin, gilt als „Sohn des Fleisches/ Sohn des Unglaubens".		Gott gab in seiner großen Gnade nicht nur einen Sohn, sondern zwei. Beide Söhne waren „Söhne der Verheißung". (Sure 37:100&101, Sure 14:39)
	Abraham bewies seinen Glauben an Gott indem er bereit war, ihm seinen geliebten Sohn zu opfern. Doch um den Jungen zu retten, sandte Gott rechtzeitig einen Widder, der an seiner Stelle geopfert wurde.	
Der Sohn, den Abraham opfern wollte, war Isaak.		Der Sohn, den Abraham opfern wollte, war Ismael. (Sure 37:102-107)
		Isaak und Ismael gelten als Propheten. (Sure 19:54&55; 4:163)

Auch unter Christen gilt Isaak als *„der Sohn der Verheißung"*, und Ismael wird oft *„Sohn des Unglaubens"* genannt. Man kann sogar Kommentare hören wie „Isaak war von Gott geliebt und gesegnet – Ismael nicht".

Interessanterweise sehen das weder Juden noch Araber so. Nach ihrem Verständnis richtet sich der Status eines Kindes nach dem Vater, nicht nach der Mutter. Und da beide Jungen Söhne Abrahams waren, anerkennen Juden und Araber einander als Nachkommen Abrahams.

Dem biblischen Bericht über Abraham und seine zwei Söhne, Isaak und Ismel, ist zu entnehmen, dass Abraham beide Söhne sehr liebte und beide mehrfach segnete. Der Name Ismael bedeutet *„Gott hört"* – und dies legt den Schluss nahe, dass Gott Ismael nicht ganz verworfen haben kann.

Auch kann ich in der Bibel keine Anhaltspunkte finden, die auf ein gespanntes Verhältnis oder gar auf Auseinandersetzungen zwischen Isaak und Ismael hindeuten. Als Abraham starb, begruben ihn die beiden Halbbrüder gemeinsam.

Wie kommt es dann, dass Juden und Araber als Nachfahren von Isaak und Ismael einfach nicht miteinander auskommen? Woher kommt diese Feindschaft?

Wenn wir heute von *Arabern* hören, denken wir in der Regel automatisch an *Muslime*. Die beiden Begriffe *Araber* und *Muslime* werden oft als Synonyme gebraucht. Wenn wir über den Konflikt im Nahen Osten sprechen und die Konflikte zwischen Juden und den umliegenden Ländern, dann spricht man meist über den Konflikt *„zwischen Juden und Arabern"*. Wäre es nicht treffender, von einem Konflikt zwischen *„Juden und Muslimen"* zu sprechen? Immerhin sind nicht alle Araber Muslime – es gibt auch arabische Christen. Und nicht alle Muslime sind Araber. Heute gibt es ja sogar Deutsche und sonstige Europäer, die sich zum Islam bekehrt haben.

Woher diese Sprachverwirrung? Nun, Mohammed, der Gründer des Islam, war selbst Araber. Er wurde in Mekka auf der Arabischen Halbinsel, im heutigen Saudi Arabien, geboren. Noch zu Mohammeds Lebenszeit breitete sich der Islam auf der gesamten arabischen Halbinsel aus. Von hier aus eroberten Mohammeds Armeen auch die umliegenden Länder wie Irak, Ägypten, Syrien, Iran etc. für den Islam.

Ägypten beispielsweise war vor dieser islamischen Eroberung fast vollständig christlich. Der Apostel Markus hatte das Evangelium nach Alexandria gebracht und von dort aus hatte es sich rasend ausgebreitet. Als Mohammeds Anhänger in Ägypten einfielen, wurden die Ägypter gewaltsam gezwungen, sich dem Islam zu unterwerfen. Sie hatten die Wahl, entweder zum Islam zu konvertieren oder eine Strafsteuer zu zahlen. In diesem Fall wurden sie als sogenannte Dhimmis, also Bürger zweiter Klasse, diskriminiert. Wer sich weigerte zu konvertieren oder die Strafsteuer zu bezahlen, wurde umgebracht. Gleichzeitig wurde ihnen Arabisch als neue Landessprache aufgezwungen. Diese übergestülpte neue Identität hat sich so vollständig durchgesetzt, dass

Ägypten sich heute offiziell *„Arabische Republik Ägypten"* nennt. Auch Syrien heißt heute offiziell *„Arabische Republik Syrien"*.

Da auch der Koran auf Arabisch geschrieben ist und dieser bei den täglichen fünf Gebetszeiten auf Arabisch zitiert werden muss, sind Islam und arabische Identität untrennbar miteinander verquickt.

So groß wie die Einheit zwischen *Moslems* und *Arabern*, so groß ist andererseits die Diskrepanz zwischen *‚Moslems/Arabern'* und *‚Juden'*. Sie sind wie Feuer und Wasser – sie lassen sich einfach nicht in Einklang bringen. Doch woher kommt diese Feindschaft? Hat sie immer schon bestanden?

In den folgenden Kapiteln werden Sie sehen, dass vor der Gründung des Islam Juden und Araber auf der arabischen Halbinsel friedlich Seite an Seite zusammenlebten.

Juden und Araber in vorislamischer Zeit

Medina, die Stadt auf der arabischen Halbinsel, die östlich des Roten Meeres und nördlich von Mekka liegt, ist das beste Beispiel dafür, wie friedlich die Beziehungen zwischen Juden und Arabern vor der Ausbreitung des Islam waren, und wie drastisch sich die Situation durch den Islam verändert hat.

Medina gilt heute als zweitwichtigster Heiliger Ort im Islam. Umso erstaunlicher ist es, die Entstehungsgeschichte dieser Stadt zu erfahren. Der Name ‚Medina' ist übrigens nicht der ursprüngliche Name dieser Stadt. Vor dem siebten Jahrhundert, also vor Mohammeds Zeit, hieß die Stadt *Yathrib*.[3] Dieser Name ist sehr alt und nichtarabischen Ursprungs.

Historische Quellen belegen, dass die ersten Menschen, die in dieser Stadt lebten, gar keine Araber waren, sondern einem Stamm namens *‚Abil'* ange hörten, der aus Babylon im Irak ausgewandert war. Als dieser Stamm auf seiner Reise an diesen Ort kam und die günstige Lage und die guten Bedingungen sah – den guten Boden, die üppige Vegetation und all das Wasser – da beschloss er, sich dort niederzulassen. Die Leute von Abil gründeten eine Stadt und benannten sie nach ihrem Stammesführer *Yathrib*.[4,5]

Erst viele Jahre später wurde die Stadt umbenannt. Mohammed, der Gründer des Islam, gab ihr den Namen *Medina*, eine Kurzform von *„Stadt des Propheten"* auf arabisch. Er wollte mit dem alten Namen gleichzeitig jegliche Erinnerung an die jüdische Geschichte der Stadt auslöschen und den Namen stattdessen mit seiner Person in Verbindung bringen.

Nun werden Sie sich fragen, was der Name *Yathrib* mit Judentum zu tun hat. Sicher werden Sie überrascht sein zu hören, dass zum Zeitpunkt der sogenannten *Hidschra*, also als Mohammed im Jahre 622 von Mekka nach Medina auswanderte, die Bevölkerung von Yathrib fast vollständig jüdisch war. Auf den folgenden Seiten werden wir sehen, woher diese jüdische Bevölkerung kam.

Die Juden von Medina

Die Überreste der historischen Stadt Yathrib im heutigen Medina

Von den Geschichtsschreibern wissen wir, dass die erste Gruppe von Juden sich im Jahr 589 v. Chr. in Yathrib niederließ. Diese **erste jüdische Einwanderungswelle** ereignete sich, nachdem Israel von den Babyloniern angegriffen worden war, die viele jüdische Städte zerstört hatten. Viele Juden waren von den Babyloniern verschleppt und in Babylon gefangen gehalten worden. Während der langen Zeit der babylonischen Gefangenschaft gelang es einigen Juden zu entkommen. Diese Menschen flohen durch die arabische Wüste, und als sie Yathrib erreichten, ließen sie sich dort nieder.

Die **zweite Einwanderungswelle** begann im Jahr 66 n. Chr., ausgelöst durch den großen jüdischen Krieg gegen die Römer, der mit der Zerstörung des Tempels in Jerusalem im Jahr 70 endete. Für die Juden war die Zerstörung der Heiligen Stadt und des Tempels eine Katastrophe und zwang viele zur Flucht. Wiederum fanden viele von ihnen in Yathrib Zuflucht, wo sie von den dortigen Juden aufgenommen wurden und Hilfe fanden, um sich ein neues Leben aufzubauen.

Die **dritte Phase der jüdischen Einwanderung** begann mit dem sogenannten ‚Bar-Kochba-Aufstand' (132-135), in dessen Folge die Römer, die von den jüdischen Aufständen genug hatten, die letzten Reste der jüdischen Siedlungsgebiete zerstörten und die verbleibende jüdische Bevölkerung endgültig vertrieben, was als die „große Diaspora“ in die Geschichte einging. Wiederum fanden viele dieser Vertriebenen in Yathrib eine neue Heimat.

Von der ersten jüdischen Einwanderung im Jahr 589 v. Chr. bis zum Jahr 622 n. Chr., dem Jahr, als Mohammed von Mekka nach Medina übersiedelte, stellten die Juden in Medina die Mehrheit, und die führenden, wohlhabendsten und einflussreichsten Stämme der Stadt waren allesamt jüdisch. Mit anderen Worten, die Stadt, die unter dem Namen Medina bekannt wurde, war zuvor 1211 Jahre lang fast vollständig jüdisch.

Innerhalb von nur sieben Jahren nach seiner Übersiedlung nach Medina löschte Mohammed die gesamte jüdische Gesellschaft in der Stadt aus. Dies war der erste Völkermord an den Juden, der im Namen des Islam verübt wurde.

Das friedliche Leben vor Aufkommen des Islam

Vor der Ankunft Mohammeds in Medina hatte in der Stadt über tausend Jahre lang Frieden geherrscht. Die jüdische Bevölkerung hatte sich schnell im ganzen Gebiet ausgebreitet und nützlich gemacht. Die Menschen waren in der Landwirtschaft tätig und betrieben verschiedenste Handwerke und Handel. Unter anderem handelten sie mit Schmuck und Waffen. Sie bauten Handelslinien auf, hatten eigene Karawanen und dominierten die gesamte Wirtschaft – nicht nur in Medina, sondern darüber hinaus auf der gesamten arabischen Halbinsel. Die Juden waren wirtschaftlich sehr erfolgreich und hatten dadurch großen Einfluss in ganz Arabien.

Was ihren Glauben anging, unternahmen die Juden jedoch keine Anstrengungen, diesen in Arabien zu verbreiten. Natürlich ergab es sich gelegentlich, dass der eine oder andere Araber durch den persönlichen Kontakt zu Juden so positiv beeindruckt war, dass er sich daraufhin von der Götzenanbetung abwandte und zum Judentum konvertierte. Gezielte oder systematische Bemühungen, Araber zum Judentum zu bekehren, gab es jedoch nicht.

Nur innerhalb der eigenen Stadtgrenzen herrschten klare und strenge Regeln hinsichtlich des religiösen Lebens. Hier wurde keinerlei Art von Götzendienst geduldet. Götzenanbetung, die unter der arabischen Bevölkerung sehr verbreitet war, wurde als Gräueltat gegen Gott angesehen.

Medinas Araber – Banu Aws und Chazradsch

Die beiden arabischen Stämme *Banu Aws und Banu Chazradsch*, die ursprünglich aus dem Jemen stammten, waren nach Medina ausgewandert, weil es bei den Juden Arbeit gab, etwa in der Landwirtschaft, in Handwerksbetrieben und im Handel. Da die beiden Stämme der *Aws und Chazradsch* Götzenanbeter waren, durften sie zwar nicht innerhalb der Stadtgrenzen wohnen, doch tagsüber durften sie sich in der Stadt aufhalten. Bei Sonnenaufgang konnten sie in die Stadt kommen, um ihrer Arbeit nachzugehen. Sie mussten lediglich vor Sonnenuntergang die Stadt wieder verlassen haben. So siedelten sie sich außerhalb der Stadtgrenzen an. Ihre Götzen durften sie nicht in die Stadt mitbringen. Unter der Herrschaft der Juden war Medina eine rein monotheistische Stadt.[6]

Für unsere heutigen westlichen Ohren mag dies hart und intolerant klingen, doch immerhin ist es der jüdischen Gesellschaft beachtlicherweise gelungen, trotz ihres anderen Glaubens einen friedlichen Umgang mit der restlichen Bevölkerung zu pflegen. Obwohl die Juden jeglichen Götzendienst ablehnten, gewährten sie den Arabern dennoch Zugang zu ihrer Stadt, gaben ihnen Arbeit und lebten friedlich neben und mit ihnen zusammen. Das ist durchaus keine Selbstverständlichkeit, sondern eine bewundernswerte Leistung. Immerhin beweist dies eine friedliche Grundhaltung – was man von den arabischen Stämmen keinesfalls behaupten kann. Die Beziehungen der arabischen Stimme untereinander war von großer Feindschaft und gewalttätigen Auseinandersetzungen geprägt. Auch die beiden Stämme der Aws und Chazradsch lieferten sich über Jahrhunderte hinweg erbitterte Kämpfe.[7]

Nach dem sogenannten *Krieg von Boath* erkannten die beiden Stämme, dass sie auf dem besten Weg waren, sich gegenseitig auszulöschen. So beschlossen sie, das Kriegsbeil zu begraben und einen gemeinsamen König zu wählen.[8]

Wie historischen Quellen belegen, gab es unter den arabischen Stämmen zahlreiche solcher Fehden. Was hingegen das Verhältnis zwischen den arabischen Stämmen und den Juden angeht, gab es vor Aufkommen des Islam keinerlei derartige Konflikte. Das Zusammenleben von Juden und Arabern war vor Mohammeds Zeit offenbar unproblematisch und friedlich.[9]

Mit der Ausbreitung des Islam fand das bislang friedliche Miteinander von Juden und Arabern ein jähes Ende. Mohammed kehrte es nach seiner Übersiedlung nach Medina im Jahre 622 ins Gegenteil und schuf eine tiefe Feindschaft, die bis in unsere heutige Zeit reicht. Näheres dazu werden wir in einem späteren Kapitel erfahren. Doch bevor wir die Details dieser großen Wende anschauen, wollen wir sehen, woher dieser Mann mit dieser neuen Religion kam und worum es dabei wirklich ging. Dazu machen wir von Medina aus eine kleine Reise in den Süden in die etwa 400 Kilometer entfernte Stadt Mekka.

Mohammed und die Anfänge des Islam

Mohammeds Kindheit und Jugend

Im Jahre 570 wurde in der Stadt Mekka ein kleiner Junge geboren. Das Leben auf der arabischen Halbinsel war zu jener Zeit sehr hart, und für diesen kleinen Jungen war es umso härter, als sein Vater bereits starb, bevor er das Licht der Welt erblickte. Im zarten Alter von sechs Jahren erlag auch seine Mutter einem hohen Fieber. So kam der sechsjährige Vollwaise in die Obhut seines Großvaters. Doch auch diese Lösung war nicht von langer Dauer, denn auch der Großvater starb nur drei Jahre später. Die Fürsorge für das Kind übernahm nun ein Onkel.

Dies war die Kindheit des jungen Mohammed, der später als „Prophet des Islam" in die Geschichte eingehen sollte: eine Kindheit voll tragischer Verluste und Mangel an Geborgenheit. Als kleiner Junge hütete er Schafe, als Jugendlicher begleitete er seinen Onkel auf dessen Reisen als Karawanenführer.

Einmal nahm ihn sein Onkel auf eine Reise nach Syrien mit. Dort trafen sie einen Priester der Sekte der Nestorianer*, einer häretischen Abspaltung der Christlichen Kirche. Dieser entdeckte ein Muttermal auf Mohammeds Rücken und sagte zu Mohammeds Onkel: *„Das ist das Zeichen des Propheten. Siehe, dieses Kind wird der letzte Prophet für unsere Welt sein." Dann warnte er: „Passt nur gut auf, dass die Juden nichts davon erfahren. Sonst werden sie ganz gewiss versuchen, den Jungen zu töten."*[10]

Das war das erste Mal im Leben des jungen Mohammed, dass er mit dem Gedanken konfrontiert wurde, Juden könnten ihm nach dem Leben trachten. Möglicherweise schuf dieses Erlebnis die Grundlage für Mohammeds spätere Einstellung gegenüber der jüdischen Gemeinschaft in Arabien und darüber hinaus.

Nachdem der Junge zum Mann herangereift war, verließ er das Geschäft seines Onkels und fand Arbeit bei einer anderen Kamelkarawane. Er führte Karawanen unter anderem nach Syrien und in den Jemen, um Handelswaren zu transportieren. Die Kamelkarawane, für die er arbeitete, gehörte der wohlhabendsten und mächtigsten Frau in der ganzen Gegend. Ihr Name war Khadidja. Sie war bereits über 40 Jahre alt, vierfach geschieden und hatte mehrere Kinder. Mohammed hingegen, der bei ihr als Karawanenführer angestellt war, war 25 Jahre jung und unverheiratet. Khadidja hielt um seine Hand an, was bereits zur damaligen Zeit und in der dortigen Kultur äußerst unge-

*Die Nestorianische Sekte hatte sich aus dem Christentum heraus entwickelt und war vor allem im Gebiet von Syrien sehr verbreitet. Diese Sekte lehnte die Dreieinigkeit ab und vertrat eine Sonderlehre hinsichtlich der Person Jesu.

wöhnlich war. Doch Mohammed nahm den Antrag an, und die beiden heirateten.

Fünfzehn Jahre später widerfuhr ihm eine übernatürliche Begegnung, die sein ganzes Leben – und die ganze Welt – beeinflussen sollte, denn mit mit ihr nahm der Islam seinen Anfang. Betrachten wir jedoch zunächst die Stadt, in der Mohammed aufgewachsen war und das Umfeld, in dem sich diese entscheidenden Ereignisse zutrugen.

Mohammeds Heimatstadt

Mekka, die Stadt, wo Mohammed geboren wurde und über 52 Jahre seines Leben verbrachte, liegt im heutigen Saudi Arabien und stellt heute das Zentrum der islamischen Welt dar. Es gilt als religiöse Pflicht für jeden Moslem, wenn möglich zumindest einmal im Leben eine Pilgerfahrt nach Mekka zu unternehmen. Bereits vor Mohammeds Zeit und damit vor Aufkommen des Islam war Mekka das religiöse Zentrum der damaligen arabischen Welt.

- Die Menschen, die zu Mohammeds Zeit in Mekka lebten, waren
- zum größten Teil Angehörige arabischer Stämme, die primitive Religionen praktizierten und meist mehrere Götter und oft auch selbstgemachte Götzen anbeteten.
- eine kleine Gruppe von Juden, die als wohlhabende Geschäftsleute eine bedeutende Stellung in der Gesellschaft innehatten.
- Anhänger der Sekte der Ebioniter, die sich aus dem Christentum heraus entwickelt hatte, aber weder an Sündenvergebung durch Jesus noch an die Dreieinigkeit glaubte. In Mekka gab es nur ein paar hundert Ebioniter.

Zu jener Zeit gab es große Spannungen innerhalb des Christentums wegen der vielen aufkommenden Häresien und der daraus resultierenden Sektenbildung. Vereinfacht ausgedrückt – es gab in Arabien zwei Arten von Christen: die orthodoxen (rechtgläubigen) Christen, die vor allem im Jemen und um den Jordan zu finden waren und die häretischen Sekten einschließlich der Ebioniter und der Nestorianer.

Insbesondere die byzantinische Orthodoxe Kirche ging hart und offensiv gegen diese Sekten vor und predigte gegen ihre Irrlehren.

Auch zwischen Judentum und Christentum gab es große Spannungen. Die Christen warfen den Juden vor, den Messias getötet zu haben, worauf die Juden entgegneten, dass der Messias noch nicht gekommen sei und sie ihn folglich nicht getötet haben konnten. Wenn man die vielfältigen religiösen Konflikte jener Zeit betrachtet, erscheint es doppelt erstaunlich, dass ausgerechnet die Beziehung zwischen Juden und Arabern so friedlich war, bevor der Islam auf der Bildfläche erschien.

Mohammed und die Religionen

Mohammed gewann schon von klein auf tiefe Einblicke in die religiöse Welt des Götzendienstes, der unter Arabern so verbreitet war, denn sein Großvater, bei dem er für wenige Jahre lebte, hatte eine verantwortliche Stellung in der Al-Kaaba, dem religiösen Zentrum in Mekka. Aus ganz Arabien kamen Menschen dort hin, um zu beten. Jeder Stamm hatte einen eigenen Götzen im Tempel.

Nachdem Mohammeds Großvater gestorben war, ging diese ehrenvolle Aufgabe an dessen Sohn über – den Onkel, der sich fortan sowohl um die Kaaba als auch um den kleinen Mohammed kümmerte. Das Privileg der Oberaufsicht über die Kaaba war über viele Generationen hinweg innerhalb der Familie von Generation zu Generation weitergegeben worden. So kam es, dass Mohammed in der Kaaba ein- und ausging. Täglich sah er all die vielen Menschen, die sich vor den Statuen anbetend verneigten. Und er sah auch die vielen Geschäftsleute, die ihren Lebensunterhalt damit verdienten, diese Statuen herzustellen und zu verkaufen. Andere verkauften weiße Pilgergewänder, und wieder andere verdienten ihr Geld damit, dass sie die Pilger beherbergten oder ihnen Lebensmittel verkauften. Besonders der Stamm der Quraisch, der führende Stamm Mekkas, profitierte finanziell in beachtlicher Weise von diesem Pilgergeschäft.

Persönlich glaube ich, dass dies auf Mohammed so abstoßend wirkte, dass es ihn veranlasste, auf seine ganz eigene Weise nach Gott zu suchen. Vermutlich hatte er schon sehr früh in seinem Herzen beschlossen, dass er sich niemals vor einem dieser Götzen verbeugen würde.[11]

Juden und Christen als Vorbilder

Durch Mohammeds Ehefrau Khadidja, die der Sekte der Ebioniter angehörte[12], wurde Mohammed stark von der ebionitischen Lehre beeinflusst, die zwar auf der christlichen Lehre basierte, aber sowohl die Dreieinigkeit ablehnte, als auch das Verständnis von Jesus als Gottes Sohn*. Khadidjas Cousin Waraqa ibn Nawfal war Priester der Ebioniter und eine sehr einflussreiche Persönlichkeit in Mekka. Er wurde später Mohammeds Mentor. Er war es auch, der Mohammed mit der jüdischen Lehre bekannt machte und

*Die Lehren des Neuen Testaments waren zu dem Zeitpunkt vermutlich auf das Matthäus-Evangelium beschränkt, weil dies das einzige Buch des Neuen Testaments war, das zu jener Zeit auf Arabische übersetzt war. Möglicherweise benutzten sie auch ein spezielles ‚Evangelium der Ebioniter'.

ihm erklärte, dass die Juden Gottes auserwähltes Volk waren.[13] Die Ebioniter glaubten zwar einerseits, dass Jesus der verheißene Messias sei, doch andererseits erkannten sie ihn nicht als Sohn Gottes an und leugneten seine göttliche Natur. Ihrer Auffassung nach war Jesus nur ein gewöhnlicher Mensch. Die Ebioniter bemühten sich, das jüdische Gesetz so streng wie möglich zu befolgen und betrachteten sich als das wahre Israel – als Überbleibsel des Volkes, das aus dem Lande Israel vertrieben worden war.

Durch seine Tätigkeit als Kaufmann hatte Mohammed auch viel mit den jüdischen Händlern in Mekka zu tun. Es muss für Mohammed sehr verwirrend gewesen sein, mit so vielen verschiedenen Religionen und widersprüchlichen Glaubensverständnissen konfrontiert zu sein und all die religiösen Konflikte und den Missbrauch von Religion zu Geschäftszwecken zu erleben.

Vermutlich war es diese abschreckende Situation, die Mohammed schon als jungen Mann dazu veranlasste, sich regelmäßig in eine kleine Höhle in den Bergen in der Nähe von Mekka zurückzuziehen, um zu meditieren und Gott zu suchen. Er blieb dort oft mehrere Tage lang. Seine Frau Khadidja versorgte ihn während dieser Tage der religiösen Besinnung mit Wasser und Nahrung.

Eines Tages im Jahr 610, als Mohammed sich wieder einmal zu Gebet und Meditation in diese Höhle zurückgezogen hatte, geschah etwas Außergewöhnliches. Zum ersten Mal in seinem Leben machte Mohammed eine übernatürliche Erfahrung. Mohammed konnte nicht gleich einordnen, wer oder was ihm da begegnet war, doch was immer es war – es versetzte ihn so in Angst und Schrecken, dass er zu seiner Frau Khadidja lief und ihr unter großem Zittern von seiner Begegnung berichtete. Khadidja brachte ihn darauf hin zu ihrem Cousin Waraqa, dem ebionitischen Priester. Dieser ging davon aus, dass die Erscheinung von Gott kam und bestätigte damit, was der nestorianische Priester aus Syrien Mohammed schon als Kind prophezeit hatte: Er sei von Gott zum Propheten berufen. Von diesem Zeitpunkt an begann Mohammed, seine neue Religion, den Islam, zu predigen.

Mohammeds Beziehung zum Judentum

Bedenken Sie, dass Mohammed, der Gründer des Islam, im siebten Jahrhundert nach Christus gelebt hat. Zu diesem Zeitpunkt hatten Juden ihren Gott Jahwe bereits seit über 2500 Jahren angebetet. Und auch Christen gab es zu diesem Zeitpunkt bereits seit über 600 Jahren.

Als Mohammed anfing, seine neue Lehre zu verbreiten, behauptete er nicht, eine neue Religion oder einen neuen Gott zu bringen. Im Gegenteil. Er erklärte, dass er nach dem *Alten und Neuen Testament* nun das *Letzte Tes-*

tament bringen würde. Er behauptete an den gleichen Gott zu glauben – den einzig wahren Gott – den auch Juden und Christen anbeteten.

Und streitet nicht mit dem Volk der Schrift [=Juden und Christen],...
[sondern] sprecht:
„Wir glauben an das, was zu uns herabgesandt ward und was zu euch herabgesandt ward;
und unser Gott und euer Gott ist Einer; und Ihm sind wir ergeben."
Sure 29:46 (siehe auch 3:64)

Mohammed behauptete, keinen neuen Gott zu predigen. Der Koran erklärt, der Islam sei *die ursprüngliche Religion*, die bereits vor Judentum und Christentum bestanden habe. Selbst Abraham habe Allah angebetet und den Islam praktiziert:

Abraham war weder Jude noch Christ;
sondern er war immer Allah zugeneigt und (Ihm) gehorsam,...
Sicherlich sind die Menschen, die Abraham am nächsten stehen jene,
die ihm folgten, und dieser Prophet [Mohammed] und die Gläubigen.
Sure 3:67–68

Im Koran wird der Islam immer wieder als die Religion Abrahams bezeichnet. Es wird behauptet,[14] Abraham und all die Propheten nach ihm, einschließlich Isaak, Ismael, Jakob, Josef, Noah, David, Salomo, Moses, Johannes und Jesus, hätten den Islam verkündet – seien also Moslems gewesen.[15]

Doch wie ist das möglich? Wie passt das zusammen, dass die Propheten des Alten Testaments bereits den Islam gepredigt haben sollen, den es doch erst seit Mohammeds sogenannter erster Offenbarung in jener Höhle im siebten Jahrhundert gab?

Der Koran besagt, dass Judentum und Christentum auf früheren Offenbarungen Allahs basierten, die von den Propheten überliefert worden seien. Diese früheren Offenbarungen seien die Heiligen Schriften der Juden und der Christen – also Altes und Neues Testament. Allerdings – so die Lehre des Islam – würden Juden und Christen Allah nicht mehr auf die ursprüngliche Art und Weise anbeten. Daher habe Allah beschlossen, neue Offenbarungen zu senden – durch ihn: Mohammed, den letzten Propheten. Seine Offenbarungen höben die korrumpierten Religionen der Christen und Juden auf und brächten die Menschen zurück zur ursprünglichen Religion Abrahams, die keine andere als der Islam gewesen sei.

Mohammed präsentiert sich als der Letzte Prophet

Der Islam lehrt, Allah habe die Kinder Israels ihrer Sünden wegen verworfen und sich der Linie Ismaels zugewandt, um einen von dessen Nachkommen als letzten Propheten zu erwählen: Mohammed. Er sei *„das Siegel der Propheten“*, der letzte Prophet nach all den anderen Propheten der Juden und Christen.

Mohammed erklärte unmissverständlich, welches seine Position unter all den Propheten sei: Er sei *„der Eckstein, der noch gefehlt habe zur Vervollständigung“* von Allahs wunderschönem Gebäude.

Mohammed verkündete:
Meine Ähnlichkeit im Vergleich mit den anderen Propheten vor mir ist die eines Mannes, der ein Haus wunderschön und prachtvoll gebaut hat, mit Ausnahme der Stelle eines [fehlenden] Ecksteines. Die Leute gehen drum herum und bestaunen seine Schönheit, doch sagen sie: „Würde doch dieser Stein eingesetzt.“ Also bin ich dieser Stein, und ich bin der letzte der Propheten.[16]

Des Weiteren erklärte Mohammed, dass von nun an diejenigen, die an Allah glauben und Mohammeds Offenbarungen folgen würden, das auserwählte Volk seien:

Ihr [die ihr an Allah und Mohammeds Offenbarungen glaubt] seid das beste Volk, das je hervorgebracht wurde zum Wohl der Menschheit... *

Sure 3:110

Dieser Vers besagt weiter, dass es für Juden und Christen besser wäre, sie würden sich ebenfalls zum Islam bekehren:

Und wenn das Volk der Schrift [Juden und Christen] auch (diese Anweisung Allahs) annähme, wahrlich würde es ihnen besser gehen.

Moslems sehen sich als von Allah mit dem Auftrag beehrt, dessen vervollständigte Botschaft, wie sie Mohammed, dem letzten Propheten, offenbart wurde, in die Welt zu tragen.

---

*Dieser Vers („... ihr seid die beste Nation...‘) erklärt, warum im Islam oft von den Moslems als Nation gesprochen wird.

Positives über Juden im Koran

Zunächst versuchte Mohammed, die Juden für den Islam zu gewinnen. Daher suchte er nach Gemeinsamkeiten, um sie davon zu überzeugen, den Islam als gemeinsamen Glauben anzunehmen. So betonte Mohammed beispielsweise die gemeinsame Abstammung von Abraham und versuchte damit zu belegen, dass bereits Abraham an den gleichen Gott geglaubt habe wie er und dass Abraham bereits den Islam praktiziert habe.

In dieser Anfangszeit fand Mohammed allerhand freundliche Worte über Juden. So lehrte er beispielsweise, die Juden seien das auserwählte Volk Allahs, der sie beschützt, ihnen mit der Thora (wie den Christen mit dem Evangelium) sein Wort anvertraut und seine Propheten aus ihrer Mitte erwählt habe. Sure 21 („Die Propheten") erwähnt beispielsweise Abraham, Noah, David, Salomon, Hiob, Ismael, Henoch, Jesaja und Jona. Der Koran erwähnt auch Johannes den Täufer und sogar die Jungfrau Maria und ihre Schwangerschaft mit Jesus. Allah, so Mohammed, belohne alle Juden, die an ihn glaubten und gute Werke täten:

> *Wahrlich, die Gläubigen und die Juden und die Christen und die Sabäer – wer immer (unter diesen) wahrhaft an Allah glaubt und an den Jüngsten Tag und gute Werke tut –, sie sollen ihren Lohn empfangen von ihrem Herrn, und keine Furcht soll über sie kommen, noch sollen sie trauern.*
>
> Sure 2:62

Das heißt, um von Allah angenommen und belohnt zu werden, müssten die Juden nur folgende Voraussetzungen erfüllen, die sie ohnehin erfüllten:

1. Sie sollten an Allah glauben. – Da dieser gemäß Mohammeds Beteuerungen derselbe Gott sei, an den sie bereits glaubten, war diese Voraussetzung bereits erfüllt.
2. Sie sollten an den Jüngsten Tag glauben. – Auch dies erfüllten Juden und Christen ohnehin.
3. Sie sollten gute Werke vollbringen. – Auch darum waren Juden und Christen ohnehin bemüht.

Dieser Vers forderte also von Juden und Christen nicht, Mohammed und den Islam anzunehmen. Er sagte mehr oder weniger, dass Juden und Christen von Allah angenommen seien, so wie sie waren. Mit diesem Vers versuchte Mohammed für Juden und Christen eine Brücke zu bauen. Zu dieser Anfangszeit bezeichnete Mohammed Juden und Christen also noch nicht als Ungläubige oder Unreine oder Feinde Allahs, wie er das später in der zweiten Phase seiner Offenbarungen tat.

Diese positiven Äußerungen stehen in schroffem Gegensatz zu den allgemein bekannten Aussagen des Korans, die zum Krieg gegen Juden aufrufen. Mohammed wollte es den Juden und Christen anfangs leicht machen, den Islam anzunehmen. Sie sollten nicht das Gefühl haben, mit der Bekehrung zum Islam von ihrem bisherigen Glauben abzufallen.

Da diese Strategie sich als wenig erfolgreich erwies, änderte Mohammed später sein Verhalten gegenüber den Juden und seine Lehre über sie grundlegend.

Der große Wandel in Mohammeds Leben

Sicher wundern Sie sich, wie der Koran so gegensätzliche und widersprüchliche Lehren vertreten kann. Einerseits sehen wir große Toleranz gegenüber Juden und Christen, andererseits wissen wir um den Aufruf zum Heiligen Krieg gegen sie. Wie passt das zusammen?

Halten wir uns vor Augen, wie der Koran entstanden ist. Mohammed erklärte, dessen Verse würden ihm als direkte Botschaften Allahs von Zeit zu Zeit durch einen Engel übermittelt. Die jeweils neuesten Offenbarungen wurden von seinen Jüngern aufgeschrieben; so entstand im Laufe von 22 Jahren der Koran, der allerdings erst nach Mohammeds Tod aus den bekannten Offenbarungen zusammengefügt wurde.

Die Offenbarungen standen meist in direktem Zusammenhang zu den Ereignissen in Mohammeds Leben. So kommt es, dass auch der drastische Umschwung, der in Mohammeds Leben stattgefunden hat – mit der Hidschra als entscheidendem Wendepunkt – sich in der Lehre des Korans widerspiegelt.

Das öffentliche Wirken Mohammeds, das mit jenem Schlüsselereignis in der Höhle bei Mekka seinen Anfang nahm, und das bis zu seinem Tod andauerte, gliedert sich in zwei Phasen: Phase 1 umfasst die friedlichen Jahre in Mekka, Phase 2 die aggressive Periode in Medina.

Die drastische Wende in Mohammeds Lehre und Verhalten, die zu der zweiten Phase der aggressiven Jahre führte, ereignete sich nicht von einem Tag auf den anderen mit der Übersiedlung nach Medina, sondern mit etwa einem Jahr Verzögerung. Wie wir noch sehen werden, war das erste Jahr in Medina eine Übergangszeit, da es noch weitgehend im friedlichen Geiste der ersten Phase verlief. Entsprechend diesen zwei Phasen unterscheidet man auch zwischen dem sogenannten ‚Mekka-Koran' und dem ‚Medina-Koran'.

Da die Verse und Kapitel des Korans nicht chronologisch geordnet sind, erschließt sich diese Unterscheidung in Mekka- und Medina-Koran dem Leser leider nicht ohne weiteres. Es liegt keine eindeutige Aufteilung in zwei Teile vor, wie etwa in der Bibel mit seinem Alten und Neuen Testament. Im Koran sind die Verse aus der Mekka- und die aus der Medina-Zeit gemischt. Da die Lehren der beiden Phasen so gegensätzlich sind, trifft man immer wieder auf sehr widersprüchliche Aussagen, die oftmals genau das Gegenteil aussagen. Mohammed gab allerdings klare Richtlinien, was in solchen Konfliktfällen gilt. Hierauf werden wir in einem späteren Kapitel noch genauer eingehen. Betrachten wir zunächst die friedlichen Jahre in Mekka:

Die friedlichen Jahre

Seine erste übernatürliche Offenbarung empfing Mohammed im Jahr 610. In den ersten 12 Jahren danach, als Mohammed noch in seiner Heimatstadt Mekka lebte, versuchte er, Menschen auf friedliche Weise und durch Freundlichkeit für den Islam zu gewinnen.

Der folgende viel zitierte Vers, der über Glaubensfreiheit(!) spricht, widerspiegelt Mohammeds friedliche Einstellung dieser Zeit:

Es soll kein Zwang sein im Glauben.
Gewiss, Wahrheit ist nunmehr deutlich unterscheidbar von Irrtum...

Sure 2:256[17]

Mit anderen Worten: „*Man soll niemanden zwingen, seine Religion zu ändern. Der richtige Weg ist für jeden offensichtlich.*"

Die Vertreter der Auffassung, dass der Islam eine friedliche Religion sei, verweisen in der Regel gerne auf diesen Vers, weil er ausdrücklich Glaubensfreiheit zusichert. Dabei übersehen sie jedoch, dass dies nur eine der frühen Offenbarungen Mohammeds war, die sich darüber äußert, wie mit jenen umzugehen sei, die den Islam ablehnten.

Während dieser ersten Phase, aus der dieser Vers stammt, hatte Mohammed erst wenige Anhänger und war daher leicht angreifbar. Da es im Arabien des siebten Jahrhunderts gängige Praxis war, Meinungsverschiedenheiten mit Gewalt zu lösen und Mohammed noch nicht über genügend Unterstützung verfügte, um auch unpopuläre Lehren durchsetzen zu können, war es eine clevere Strategie von ihm, den Islam zunächst als friedliche und tolerante Religion zu präsentieren.

Da Mekka das religiöse Zentrum Arabiens war, kamen Menschen von überall her dorthin gepilgert, und so wurde Mohammeds neue Religion schnell bekannt. Allerdings folgten ihm nur sehr wenige Menschen. In den ersten Jahren erlebte Mohammed nichts als Ablehnung und Verfolgung. Das muss eine sehr schwere Zeit für ihn gewesen sein.

Khadidjas wichtige Rolle in Mohammeds Leben

Zu dieser Zeit war Mohammed immer noch mit seiner ersten Frau Khadidja verheiratet. Die beiden waren insgesamt 25 Jahre lang verheiratet und hatten mehrere Kinder miteinander. Khadidja muss in Mohammeds Leben eine außerordentlich wichtige Rolle gespielt haben. Er sagte einmal über sie:

> *„Sie hat an mich geglaubt, als mich jeder nur mit Verachtung strafte und sie gab mir Schutz, als mich alle ablehnten.“*[18]

Mohammed pries seine Frau als die zweitbeste Frau nach Maria, der Mutter Jesu:

> *Die beste Frau nach Maria [der Mutter Jesu] ist Fatima [=Mohammeds Tochter] und Khadidja, danach die Frau des ägyptischen Pharaos, die Moses aufgezogen hatte.*[19]

Als seine Frau Khadidja starb, durchlebte Mohammed die schwerste Zeit seines Lebens. Die islamischen Geschichtsschreiber nannten diese Zeit *„das Jahr der Trauer“*. Mohammed war so überwältigt von dem Verlustschmerz, dass die Menschen in seinem Umfeld sich ernsthaft Sorgen um ihn machten. Als in diesem Jahr auch noch die Ablehnung und Anfeindungen durch die Menschen in Mekka überhandnahmen, fürchtete Mohammed, dass Allah ihn verworfen habe: *Wie konnte Allah das alles zulassen, und wie konnte er mir nur meine Frau nehmen?*

Während all der Jahre seiner Ehe mit Khadidja war sie diejenige gewesen, die ihm Halt gegeben, die hinter ihm gestanden und ihn sanft geleitet hatte. Nach seiner schweren Kindheit voller Verluste hatte er bei Khadidja endlich Halt und Geborgenheit gefunden. Der Verlust seiner treuen Gefährtin war ein schwerer Schlag für ihn, der ihn und seinen Glauben zutiefst erschütterte und ins Wanken brachte.

Möglicherweise war dieser Schicksalsschlag der Grund für die radikale Wende, die kurze Zeit später in Mohammeds Leben zu verzeichnen war: 25 Jahre lang war er mit derselben einen Frau verheiratet gewesen. Nach ihrem Tod heiratete er innerhalb von nur dreizehn Jahren zwölf verschiedene Frauen, von denen die erste zugleich die jüngste war. Sie war erst sechs Jahre alt, als Mohammed mit ihrem Vater den Ehevertrag schloss und acht oder neun, als er mit ihr die Ehe vollzog. Der Vertrag wurde innerhalb des ersten Jahres nach Khadidjas Tod geschlossen. Was für ein Gegensatz: Khadidja war fünfzehn Jahre älter gewesen als Mohammed und nun heiratete er – kurz nach Khadidjas Tod – ein Kind. Dies war die erste große Veränderung in Mohammeds Leben.

Gerade in dieser schweren Zeit nach Khadidjas Tod, als die Anfeindungen in Mekka besonders groß waren, kamen eines Tages Angehörige der beiden Stämme der Aws und Chazradsch nach Mekka gereist und bekehrten sich dort zum Islam. Was für ein Erfolg für Mohammed – endlich! Die beiden Stämme baten Mohammed, zu ihnen nach Medina zu kommen. Sie sicherten ihm sogar zu, ihn auch militärisch gegen seine Verfolger zu verteidigen und für ihn zu kämpfen. Etwas Besseres hätte Mohammed in seiner Misere gar nicht passieren können. Und so ergriff er die günstige Gelegenheit. Er verließ Mekka zusammen mit seiner kleinen Gruppe von Anhängern und wanderte nach Medina aus.

Diese Übersiedlung von Mekka nach Medina im Jahre 622 – die sogenannten Hidschra – stellt ein historisches Schlüsselereignis dar. Mit ihr beginnt die islamische Zeitrechnung. Sie bildete außerdem den Auftakt für die große Wende in Mohammeds Leben.

Jahre der Gewalt

Im ersten Jahr nach der Hidschra bemühte sich Mohammed noch darum, die jüdische Bevölkerung Medinas für den Islam zu gewinnen. Dazu führte er die bisherige friedliche Taktik gewinnender Worte fort und versuchte, die Menschen durch positive Predigten vom Islam zu überzeugen. Und tatsächlich bekehrten sich weitere Heiden zum Islam – jedoch keine Juden.

Daher änderte Mohammed seine Strategie und setzte nun auf Macht und erklärte den „Ungläubigen“ den Heiligen Krieg (Djihad), um ihre Bekehrung mit Gewalt zu erzwingen. Eine seiner neuen Offenbarungen lautete:

> *Tötet die Götzendiener, wo ihr sie trefft. Ergreift sie und belagert sie, und lauert ihnen auf in jedem Hinterhalt.*
>
> Sure 9:5

Mit diesem sogenannten „Schwertvers“ wurden viele frühere friedliche Verse, etwa der oben erwähnte Vers über Glaubensfreiheit widerrufen. Und dies sollte kein Einzelfall bleiben – der größte Teil von Mohammeds späteren Lehren widerspricht den früheren. Für Mohammed waren all diese Widersprüche jedoch kein Problem. Er hatte dafür eine einfache Erklärung.

Abrogation und das Nasikh-Prinzip

Eines Tages präsentierte Mohammed eine neue „Offenbarung Allahs“ als Lösung für sämtliche Widersprüche innerhalb der Lehre des Korans:

Welches Zeichen Wir auch aufheben oder dem Vergessen anheimgeben,
Wir bringen ein besseres dafür oder ein gleichwertiges.
Weißt du nicht, dass Allah die Macht hat, alles zu tun, was Er will?
Sure 2:106

Dieser Vers besagt, dass Allah gewisse Lehren des Korans abrogiert, das heißt *widerruft* bzw. aufhebt, um sie *durch andere oder bessere ähnliche zu ersetzen*. Dieses Prinzip wird auch „Nasikh" genannt.

In der Praxis bedeutet dies, dass ein Widerspruch zwischen zwei Versen oder Lehrsätzen dadurch aufzulösen ist, dass der spätere den früheren ersetzt. Kurz gesagt: Das Neue ersetzt das Alte.

Der Vers, der Religionsfreiheit garantiert, steht immer noch im Koran. Nur gilt er nicht mehr. Er wurde durch die spätere Lehre ersetzt.

Vielleicht fragen Sie sich nun, ob diese Art der Interpretation von allen Muslimen praktiziert wird: „*Glauben wirklich alle Muslime, dass bei Widersprüchen automatisch das Neuere gilt?*"

Ja! Das Nasikh-Prinzip ist in der gesamten islamischen Welt allgemein akzeptiert – sowohl bei Schiiten als auch bei Sunniten. Ich selbst habe es bereits in der Schule gelernt und später an der Al-Azhar Universität haben wir das Prinzip im Fach *Koranauslegung* studiert. Auch in der Moschee, wo ich regelmäßig gepredigt habe, lehrte ich darüber.

In vielen Koranausgaben ist eine Übersicht zu finden, anhand derer man sehen kann, ob eine Sure dem Mekka-Koran oder dem Medina-Koran zuzuordnen ist. Auf diese Weise kann der Leser im Zweifelsfall herausfinden, welcher Vers neuer ist und damit Vorrang hat vor einem anderen.

Ein weiterer Beleg für die allgemeine Anwendung des Nasikh-Prinzips ist die Geschichte des Islam selbst. Diese war seit Mohammeds großem Umschwung in Medina vom Djihad geprägt. Mohammeds Armeen kämpften quasi unentwegt gegen Menschen in aller Welt, um den Herrschaftsbereich des Islam auszubreiten. Ohne das Nasikh-Prinzip hätten sich Mohammeds Nachfolger theoretisch auf frühere Lehren berufen können, um so der lästigen und gefährlichen Kriegführung zu entgehen und ein ruhiges und friedliches Leben zu führen. Dann hätte sich der Islam möglicherweise nie über die Grenzen Arabiens hinaus verbreitet.

Würde man das Nasikh-Prinzip in Frage stellen, wie sollte man den Koran dann auslegen? Sollte es der Wahl des Einzelnen überlassen werden, welchen Teil er glauben und welchen er lieber ignorieren möchte? Wenn man die freie Wahl hätte und sich somit für die frühere, friedliche Lehre entscheiden könnte – wie sollte man dann Mohammeds Vorbild einordnen? Mohammeds Leben endete nicht mit den toleranten und freundlichen Versen der Mekka-Zeit.

Mohammed schlug neue Wege ein – er ging nach Medina und erklärte allen Nichtmoslems den Heiligen Krieg. Wie kann man diesen Teil einfach ignorieren und nur der Hälfte seines Vorbildes folgen? Wer die späteren Offenbarungen, die Mohammed von Allah empfangen habe, ablehnt, verleugnet damit den Islam an sich.

Es gibt heute viele, die sich selbst zwar Muslime nennen, doch die Lehren des Islam nur bruchstückhaft kennen und auch vom Nasikh-Prinzip nie gehört haben. Und in gewisser Weise können wir froh sein, wenn sie die Lehren Mohammeds nicht besser kennen und sich nur an die frühen Offenbarungen halten. Wir sollten uns davon jedoch nicht verwirren lassen. Tatsache ist, dass das Nasikh-Prinzip fester Bestandteil der Lehre des Islam ist.

Reaktionen auf die Abrogationen

Die Juden und Christen in Mohammeds Umfeld bemerkten schnell, wenn Mohammed plötzlich etwas anderes lehrte als zuvor. So kritisierten sie ihn oft: *„Wie kannst du ein Prophet Gottes sein? Was soll denn das für ein Gott sein, der seine Meinung plötzlich ändert? Wie kannst du heute etwas lehren und es morgen schon wieder aufheben?“*

Diese Kritik der Juden an Mohammed wegen der ständigen Änderungen wird im Koran erwähnt:

Und wenn Wir [Allah] ein Zeichen an Stelle eines anderen bringen
- und Allah weiß am besten, was Er offenbart –,
sagen sie: „Du bist nur ein Erdichter [Lügner].“

Sure 16:101

Im nächsten Vers sehen wir Allahs Antwort auf diese Vorwürfe:

Sprich [O Mohammed]:
„Der Geist der Heiligkeit hat ihn (den Koran) herabgebracht von deinem Herrn mit der Wahrheit, auf dass Er die festige, die da glauben, und zu einer Führung und einer frohen Botschaft für die Gottergebenen.“

Sure 16:102

Allah sagt hier zu Mohammed schlicht und einfach, der Koran sei wahr und er sei von ihm, Allah, dem Gott der Wahrheit, gesandt, zum Nutzen für die Gläubigen. Für Mohammeds Nachfolger mag dies eine ausreichende Begründung dafür gewesen sein, dass das alles seine Richtigkeit hat und dass Allah schon weiß, was er tut – selbst wenn er gelegentlich seine Meinung ändert und vorherige Aussagen widerruft. Für die Juden jedoch war dies keineswegs ein überzeugendes Argument.

Wachsende Feindschaft gegen Juden

Das erste Jahr in Medina

Nach Mohammeds Ankunft in Medina konzentrierte er sich zunächst darauf, die restlichen Anhänger der beiden Stämme der Aws und Chazradsch zum Islam zu bekehren. Da einige der Führer der beiden Stämme den Islam ja bereits angenommen hatten, sollte dies nicht besonders schwer werden.

Danach bemühte er sich, die jüdische Bevölkerung Medinas für den Islam zu gewinnen. Da Mohammed nun selbst in Medina lebte, hatte er jeden Tag mit ihnen zu tun. Er machte Geschäfte mit ihnen, kaufte ihre Waren und erstand sogar einige der Schwerter von ihnen, denn die Juden waren weithin bekannt für deren Herstellung. Mohammed besuchte Juden in ihren Häusern, unterhielt sich mit ihnen und aß und trank in ihren Häusern. Er war überzeugt, dass es seiner Sache guttun würde, die Juden mit ihrem Vermögen und ihrer etablierten Theologie auf seine Seite zu ziehen. Er war außerdem überzeugt, dass sie überzeugende Missionare sein würden, wenn er sie erst einmal für den Islam gewonnen hätte. Mohammed war zuversichtlich, dass jüdische Konvertiten ihm helfen würden, die restlichen Juden zu überzeugen und zum Islam zu bekehren. Mit ihren Fähigkeiten würde es ihnen auch ein Leichtes sein, später sämtliche Götzenanbeter zu bekehren.

Während seines ersten Jahres in Medina wollte Mohammed die Juden also gewissermaßen für sein Team gewinnen. Er hatte anfangs keinerlei Absichten, die Stadt zu erobern oder die Juden zu versklaven. So kommt es, dass die Koranverse, die aus diesem Jahr stammen, noch ganz im Sinne des Mekka-Korans stehen und eine positive Grundhaltung gegenüber Juden und Christen erkennen lassen.

Mohammeds Absicht, die Juden für den Islam zu gewinnen, mag auch der Grund dafür sein, dass er etliche Lehren aus dem Judentum übernahm, wie etwa die Lehre über Waschungen, Fasten, Gebet, Ehescheidung, das Verbot von Schweinefleisch, sowie das Vergeltungsrecht „*Auge um Auge, Zahn um Zahn*“ (Sure 5:45). Zu dieser Zeit lehrte Mohammed sogar, dass die Gebete nach Jerusalem auszurichten seien. Erst später änderte er die Gebetsrichtung nach Mekka – was bis heute so praktiziert wird.

Juden lehnen Mohammed ab

So sehr sich Mohammed auch um die Juden bemühte und so groß die Übereinstimmungen seiner neuen Religion mit den jüdischen Lehren waren, und so oft er sich auch auf die jüdischen Propheten berief, es gelang ihm einfach nicht, die Juden zu überzeugen. Die Juden erkannten, dass die Lehren Mohammeds, von denen er behauptete, sie seien neue Offenbarungen Allahs, oftmals schlichtweg Nacherzählungen der altbekannten biblischen Geschichten waren. In anderen Fällen waren nur die Grundzüge der Geschichten identisch und Details waren verändert. Und manchmal waren es neue Geschichten über bekannte Personen, wie zum Beispiel über Abraham, Esra oder Jesus.

Da Mohammeds Versionen oft im Widerspruch zu den Berichten standen, die den Juden von ihren Heiligen Schriften her bekannt waren, konnte er sie kaum überzeugen.

Widersprüche zwischen Koran und Bibel

Der Einfluss des Alten Testaments auf den Koran ist nicht nur ein kleiner, unbedeutender Aspekt des Korans. Die Nacherzählung biblischer Geschichten macht mindestens 7% des Textes des Korans aus.[20]

In der Tabelle im Anschluss finden Sie eine Auflistung der wichtigsten biblischen Geschichten, die im Koran aufgegriffen wurden.[21] Bereits auf den ersten Blick erkennt man, dass manche Themen sehr ausführlich behandelt werden, wie beispielsweise die Berichte von Joseph und Moses, während die meisten anderen Propheten nur sehr knapp thematisiert werden. An vielen Stellen findet man kurze Erwähnungen biblischer Themen und Personen. Würde man sich allerdings auf die koranischen Offenbarungen beschränken, so wäre es schwierig, ein klares Bild über das Leben eines Propheten zu erhalten. Der Großteil der Informationen über diese Menschen ist nur in den jüdischen und christlichen Schriften zu finden.

Koran	Geschichte	Bibel
2:35-37	Adam und Eva und die verbotene Frucht	1. Mose 3:1-6
2: 45-50	Juden aus der Sklaverei befreit	2. Mose 12:31-32, 14:21-23
2:51-57	Juden beten ein Kalb an; Gott sendet Manna und Wachteln	2. Mose 32:1-5
2:60	Wasser aus dem Felsen	2. Mose 17:5-6
2:246-247	Israel will einen König, bekommt Saul	1. Samuel 8:4-5;9:27-10:1
2:249-251	Geschichten von Gideon und von Saul vermischt	Richter 7:5-6; 1 Samuel 17
3:38-41	Engel kündigt Zacharias die Geburt von Johannes dem Täufer an	Lukas 1:11-17

Koran	Geschichte	Bibel
3:45-49	Engel kündigt Maria die Geburt Jesu an	Lukas 1:26-35
4:1	Schöpfung der Menschheit, Adam und Eva	1. Mose 1:28; 5
5:27-32	Kain und Abel*	1. Mose 4:3-15
7:19-29	Adam und Eva essen verbotene Frucht; Scham über Nacktheit; aus dem Garten hinausgeworfen	1. Mose 3
7:80-84	Rettung Lots: Zerstörung der Städte wegen sexueller Sünde	1. Mose 19:1-25
7:103-155	Ausführlicher Bericht über Moses in Ägypten; Stab wird zur Schlange; Plagen; Marsch durch das Meer; Zehn Gebote; Goldenes Kalb; Aaron	2. Mose 7-12;1 4; 20; 32
10:71-73	Noah und die Arche	1. Mose 7
10:79-93	Moses Verhalten gegenüber dem Pharao in Ägypten	2. Mose 7-12
11:25-49	Noah und die Flut*	1. Mose 7-8
11:69-82	Engel besuchen Abraham; Sarahs Lachen; Abrahams Fürbitte für Lot; Engel retten Lot; sündige Stadt vernichtet durch Schwefel	1. Mose 18:1-19:29
12:4-101	Ausführlicher Lebensbericht über Josef; Josefs Traum; von Brüdern in den Brunnen geworfen; als Sklave verkauft; die Frau seines Herrn versucht, ihn zu verführen; Gefängnis; Traumdeutung im Gefängnis; Traumdeutung für den Pharao; Befreiung aus dem Gefängnis und Beförderung; Besuch der Brüder	1. Mose 37-46
15:51-77	Engel kündigen Abraham Geburt eines Sohnes an; Warnung vor Zerstörung von Lots Stadt; Vernichtung der Stadt durch Schwefel	1. Mose 18-19
19:2-15	Zacharias und die Geburt von Johannes dem Täufer	Lukas 1:11-20; 57-64
19:16-40	Maria und die Geburt Jesu*	Lukas 1:26-38; 2:1-7
20:9-99	Moses und der brennende Busch; Moses Stab wird zur Schlange; Moses Hand wird aussätzig; Gott schickt Moses zum Pharao; Aaron als Helfer; Konfrontation mit den Zauberern des Pharao; Moses Schlange frisst die Schlange der Zauberer; die Armee des Pharao ertrinkt im Roten Meer; Anbetung des Goldenen Kalbs	2. Mose 2:1-4; 7:8-12; 14;32
21:51-73	Eine Mischung aus der Geschichte Gideons und der Geschichte der drei Männer im Feuerofen mit Abraham als Hauptfigur	Richter 6:28-32; Daniel 3:13-25

Koran	Geschichte	Bibel
21:74-75	Lot aus der sündigen Stadt gerettet	1. Mose 19
21:76-77	Noah und Familie vor Sintflut gerettet	1. Mose 7
21:79-82	Salomos Weisheit*	1. Könige 3:9-11
21:83-84	Hiobs Misere und Wiederherstellung	Hiob 1-2; 42
21:87-88	Jonas Strafe und Rettung	Jona
21:89-90	Zacharias und die Geburt von Johannes dem Täufer	Lukas 1:5-23; 57-66
23:23-44	Noah baut eine Arche; zwei Tiere von jeder Art an Bord; Menschen, die Noah abgelehnt hatten, ertrinken	1. Mose 6:13-8:22
23:45-49	Pharao widersteht Mose und Aaron und wird vernichtet	2. Mose 5-14
26:10-68	Moses und Aaron gehen zum Pharao; Moses Stab verwandelt sich in eine Schlange und frisst die Schlange von Pharaos Zauberern; Teilung des Roten Meeres; die ägyptische Armee ertrinkt	2. Mose 3:10-12; 7:8-12; 14
26:69-104	Abraham widersteht den Götzen seines Vaters*	1. Mose 12:1-19
26:105-120	Noah wird verspottet, doch seine Spötter ertrinken zur Strafe in der Sintflut	1. Mose 6-7
26:160-175	Lot und die Zerstörung der sündigen Stadt – Lots Familie wird gerettet – außer seiner Frau	1. Mose 19:1-29
27:7-14	Moses und der brennende Busch; Moses Stab verwandelt sich in eine Schlange; Moses Hand wird aussätzig	2. Mose 3:1-6; 4:1-7
27:54-58	Lot wird gerettet; die sündhafte Stadt wird zerstört	1. Mose 19: 1-29
28:3-40	Moses wird im Fluss ausgesetzt und im Hause des Pharao aufgezogen und von seiner Mutter gestillt; Moses legt sich mit zwei Männern an und tötet einen davon; Moses geht nach Midian, schließt sich einem Schafhirten mit Familie an, sieht den brennenden Busch; Schlange und Aussatz; geht zurück zum Pharao; vom Pharao zurückgewiesen; Gott ertränkt Pharao und seine Armee	2. Mose 2:1-3:6; 4:1-7; 5.1-12; 32; 14
29:14-15	Noah warnt die Menschen und wird in der Arche gerettet	1. Mose 6:9-7:7
29:26-35	Lot predigt gegen Homosexualität; die sündige Stadt wird zerstört; Lots Familie gerettet*	1. Mose 19
30:20	Adam aus Staub gebildet; Eva aus Adams Rippe erschaffen	1. Mose 2:7; 21-22

Koran	Geschichte	Bibel
37:75-83	Noah und die Flut	1. Mose 6:9; 7:24
37:83-113	Geschichte Abrahams, vermischt mit Gideons Geschichte; Abraham geht hin, um seinen Sohn zu opfern; Engel hält ihn auf und hält Opfertier bereit	Richter 6:28-32; 1. Mose 22:1-19
37:123-132	Elia legt sich mit Baalspriestern an	1. Könige 18:20-40
37:133-138	Lot und die Zerstörung der sündigen Stadt	1. Mose 19:1-29
37:139-148	Jona wird vom Fisch geschluckt und an Land wieder ausgespuckt; Jona predigt Gericht; sitzt im Schatten einer Pflanze	Jona
40:23-54	Moses und Pharao; der Pharao lässt alle männlichen Babys der Hebräer töten; Pharao wird bestraft*	2. Mose 1:15-22; 5-12
43:46-56	Moses vollbringt Zeichen vor Pharao; Moses konnte nicht gut sprechen; Ägypter ertrinken	2. Mose 5-12
44:17-33	Moses und Pharao; Israel erbt den Reichtum Ägyptens	2. Mose 5-12
51:24-37	Abraham wird von Engeln besucht; Engel kündigen Geburt eines Sohnes an*	1. Mose 18:1-21
51:38-40	Moses und Pharao	2. Mose 5-12
54:9-16	Noah und die Flut*	1. Mose 6:13-7:24
54:33-39	Moses und Pharao	2. Mose 5-12

*Die Erzählung folgt den Grundzügen der biblischen Version, enthält aber zusätzliche Informationen.

Wenn wir diese Berichte im biblischen Original und in der Version des Korans vergleichen und all die Abweichungen und Widersprüche sehen, müssen wir uns entscheiden, wem wir glauben wollen. Es gibt mehrere Möglichkeiten – und jeder kann für sich selbst entscheiden:

Entweder Mohammed sagt die Wahrheit und seine Berichte beruhen wirklich auf Offenbarungen von dem Gott, der auch die Heiligen Schriften von Juden und Christen inspiriert hat.

Oder Mohammed gab die Geschichten weiter, die er von den Leuten um sich herum gehört hatte, und veränderte sie dabei geringfügig – möglicherweise, weil er sich nicht mehr genau erinnern konnte.

Oder Mohammed gab die Geschichten weiter, die er aus der Bibel gelernt hatte, und manipulierte sie so, dass sie seinem Ziel dienten, den Islam in ganz Arabien zu verbreiten.

Meine ganz persönliche Überzeugung ist die, dass die Originalquelle für Mohammeds Geschichten über Abraham und die anderen Propheten die Bibel ist. Ich glaube nicht, dass der Koran eine neue Offenbarung von demselben Gott ist, der auch die Bibel inspiriert hat. Einer der Gründe, warum ich dies nicht glauben kann, ist die Menge an Widersprüchen zwischen dem Koran und der Bibel. Ich glaube nicht, dass Gott neue Informationen veröffentlichen würde, die den Berichten, die er tausende Jahre zuvor gab, widersprechen würden. In mehreren Fällen enthalten die Nacherzählungen der biblischen Geschichten in ihrer Version des Korans auch historische Fehler, etwa in Vers 7:157, wo Gott Moses auffordert, das Evangelium zu lesen – einen Text, der zu Moses Zeit noch gar nicht existierte. Zwischen Mose und den Evangelien, die von Jesus berichten, liegen mehr als 1000 Jahre!

Ich persönlich glaube, dass Allah, der Gott, den Mohammed predigte, nicht existiert. Ferner glaube ich, dass die sogenannten Offenbarungen, die der Engel Gabriel jeweils überbracht haben soll, nicht von Gott waren.

Der Name *Allah* existierte bereits vor Mohammeds Zeit und bezeichnete einen der 360 Götter, die in der Kaaba angebetet wurden. Allah galt als der größte unter ihnen. Einige Stämme verwendeten diesen Namen für den Mondgott.

Meiner Meinung nach benutzte Mohammed die biblischen Geschichten und Prinzipien nur als Teil seiner Strategie, Juden und Christen für seine neue Religion zu gewinnen.

Warum gab es dennoch Unterschiede zwischen dem Koran und der Bibel? Ich vermute, dass Mohammed immer dann vom Original abwich, wenn er der Ansicht war, dass dies für die Ausbreitung des Islam von Vorteil sein würde. Er ging vermutlich davon aus, dass diese Abweichungen ohne weiteres angenommen werden würden. Darin sollte er sich jedoch geirrt haben.

Die Juden fordern Mohammed heraus

Immer wieder wurde Mohammed von Juden aufgefordert, Zeichen und Wunder zu vollbringen als Bestätigung dafür, dass das, was er predigte auch wirklich wahr sei, und als Beweis dafür, dass er wirklich ein Prophet sei. Der Koran erwähnt dies mehrfach:

Sie sprechen: „Warum wurden nicht Zeichen zu ihm herabgesandt von seinem Herrn?"

Sure 29:50

Diese Worte erinnern an Berichte aus dem Neuen Testament. Auch zu Jesu Zeit – also etwa 600 Jahre früher – hatten die Juden von Jesus immer wieder Zeichen und Wunder gefordert. Sie wussten nämlich vom Alten Testament her, dass der Messias Zeichen und Wunder vollbringen würde.* Und sie wollten wissen, ob Jesus wirklich der erwartete Messias sein konnte.

> *Die Juden sprachen zu ihm:*
> *„Was für ein Zeichen der Vollmacht zeigst du uns, dass du dies tust?“*
>
> *Johannes 2:18*

Jesus hatte darauf geantwortet:

> *Brecht diesen Tempel ab, und in drei Tagen werde ich ihn aufrichten.***
>
> *Johannes 2:19*

Er deutete damit an, dass er nach seinem Tod am Kreuz am dritten Tage wieder auferstehen würde. Dieses Zeichen erfüllte sich freilich erst eine gewisse Zeit später. Doch auch abgesehen davon vollbrachte Jesus etliche Zeichen und Wunder. Er heilte viele Kranke, er hatte Macht über die Naturgewalten und er rief sogar Tote zum Leben zurück.

Auch von Mohammed wollten die Juden nun wissen, ob er Zeichen und Wunder vollbringen könne. Mohammed entgegnete diese Herausforderung jedoch mit einer neuen „Offenbarung Allahs“:

> *[Allah sagt zu Mohammed]*
> *Sprich: „Die Zeichen sind allein bei Allah, und ich [Mohammed] bin nur ein aufklärender Warner.“ Genügt es ihnen denn nicht, dass Wir [Allah]dir [Mohammed] das Buch herniedergesandt haben, das ihnen verlesen wird?*
>
> *Sure 29:50–51*

Das heißt, Mohammed gab offen zu, dass er keine Wunder vollbringen konnte. Er sei schließlich nur ein Prophet. Zeichen und Wunder seien allein Allahs Sache – und Allah sei der Meinung, der Koran müsse ausreichen.

An einer anderen Stelle im Koran lesen wir ebenfalls von der Forderung der Juden nach einem Zeichen. Wiederum erhalten sie nur eine ausweichende Antwort. Allah erklärt, das deutlichste Zeichen, bzw. der beste Beweis sei der, dass Mohammed erschienen sei, denn sein Kommen sei schließlich in den Heiligen Schriften – also der Thora und dem Evangelium – vorausgesagt gewesen.

---

* siehe z.B. Jesaja 11:1–10 und 25:9

**Jesus deutete mit dieser Aussage an, was später geschehen sollte: Dass sein Leib getötet werden, er aber nach drei Tagen auferstehen würde

Sie sagen: „Warum bringt er uns nicht ein Zeichen von seinem Herrn?“
Ist ihnen denn nicht der klarste Beweis gekommen [Mohammed] für das, was in den früheren Schriften [Thora und Evangelien] steht?

Sure 20:133

Wer die Bibel kennt, wird sich nun fragen, auf welche biblischen Prophezeiungen hier Bezug genommen wird. Eine Ankündigung Mohammeds in der Bibel? – Die Erklärung hierfür ist ganz einfach: Mohammed benutzte Stellen aus dem Alten und Neuen Testament, die das Kommen des Messias oder des Heiligen Geistes ankündigten und behauptete, in diesen Bibelstellen sei von ihm die Rede.

Die Juden verspotten Mohammed

Da Mohammed keine Wunder vollbringen konnte, um zu beweisen, dass seine Botschaft wirklich von Gott gesandt sei, lehnten die meisten Juden ihn als Propheten ab. Einige machten sich über ihn, seinen Islam und die Muslime lustig.

Es gibt welche unter den Juden, die ... sagen:
„Wir hören und wir gehorchen nicht...“,
indem sie mit ihren Zungen lügen und den Glauben verlästern.

Sure 4:46

Auch der folgende Vers berichtet vom Spott der Juden:

Allah hat sicherlich die Rede derer gehört, die sagten:
„Allah ist arm, und wir sind reich.“

Sure 3:181

Allmählich sahen sie in ihm allerdings nicht mehr nur einen unglaubwürdigen selbsternannten Propheten, sondern fingen an, sich in ihrer Existenz ernsthaft bedroht zu fühlen, und so kam es schließlich sogar zu einem Anschlag auf Mohammeds Leben.*

Das vergiftete Lamm

Der wohl bekannteste Mordanschlag gegen Mohammed war der, als eine jüdische Frau versuchte, ihn mit einem Lamm zu vergiften.

Es war nicht außergewöhnlich, dass Mohammed gelegentlich bei Juden

* Die Juden waren nicht die ersten, denen Mohammed ein Dorn im Auge war. Auch in Mekka war es bereits zu Mordanschlägen auf Mohammed gekommen, und zwar durch Götzenanbeter.

zum Essen war, hatte er doch während seines ersten Jahres in Medina zu einigen Juden ein freundschaftliches Verhältnis aufgebaut, als er sich bemüht hatte, die Juden mit freundlichen Worten von seiner neuen Religion zu überzeugen. So ereignete sich auch die *Geschichte von dem vergifteten Lamm*, als Mohammed wieder einmal bei Juden zu Besuch war. Eine jüdische Frau namens Zaineb bereitete das Essen zu. Es sollte gegrilltes Lamm geben. Mohammeds Freunde waren auch dabei und so vergiftete Zaineb ein ganzes Lamm. Da sie wusste, dass Mohammed am liebsten das Schulterstück aß, versetzte sie die Schulter zusätzlich mit einer Extradosis Gift. Als sie das Fleisch servierte, nahm Mohammed wie erwartet das Schulterstück und begann zu essen. Da ihm jedoch ein ungewöhnlicher Beigeschmack auffiel, spuckte er das Fleisch sofort wieder aus und warf seine ganze Portion fort. Seinem Freund hingegen schmeckte es sehr gut; er aß sein Stück vollständig auf und starb an der Vergiftung.

Als Mohammed klar wurde, dass es sich um einen gezielten Anschlag auf sein Leben gehandelt hatte, wurde er so zornig auf Zaineb, dass er einen seiner Leute zu ihr sandte, um sie umzubringen. Mohammed litt angeblich für den Rest seines Lebens unter den Nachwirkungen des Gifts, das er abbekommen hatte. Als er am Ende seiner Tage krank daniederlag und Besuch bekam von *Um Bashir*, der Schwester des Freundes, der damals an dem vergifteten Lamm gestorben war, Mohammed besuchte, sagte er zu ihr: *„Oh Um Bashir, was du hier siehst [meine Krankheit], kommt von dem Lamm, das ich damals zusammen mit deinem Bruder gegessen habe.“*[22]

Moslems glauben, dass das Gift Mohammeds Körper geschwächt und Magenprobleme verursacht hatte. Sie sehen den Vorfall als Beweis dafür, wie sehr die Juden den Propheten hassten und dass sie ihn vernichten wollten. Für sie war dies nur ein weiteres Beispiel dafür, wie die Juden dem Propheten Allahs widerstanden, und wie Allah Mohammed beschützt hatte. Auch sehen sie den Anschlag als Beleg dafür, dass Juden durch und durch böse seien.

Muslime sehen die Dinge grundsätzlich nicht aus der jüdischen Perspektive und berücksichtigen daher nicht, dass Mohammed den Juden allen Grund gab, sich vor ihm zu fürchten, nachdem sie den Islam abgelehnt hatten. Sie übersehen, dass die Juden verständlicherweise glaubten, sich vor ihm schützen zu müssen, um sich selbst zu retten. Muslime glauben einfach, Juden seien von Natur aus böse.

Der Koran widerruft alle freundlichen Worte über Juden

Als Mohammed klar wurde, dass es ihm nie gelingen würde, die Juden zu überzeugen, schlug seine anfängliche Freundlichkeit aus Enttäuschung in Hass um. Dieser Umschwung schlug sich im Koran nieder:

Allah hat sie von Sich gewiesen um ihres Unglaubens willen.
Sure 4:46; (vgl. Sure 26:196–197)

Auf den nächsten Seiten werden wir sehen, wie Mohammed die früheren freundlichen Aussagen widerrief.

1. Allah hat die Juden wegen ihrer Sünden verflucht

Die unter den Kindern Israels, die nicht glaubten, wurden verflucht...
Sure 5:78

Mit diesem Vers wurde die Aussage, dass die Juden Gottes auserwähltes Volk seien (Sure 2:47) widerrufen und ersetzt.

2. Allah strafte die Juden für ihre Verfehlungen, indem er sie in Affen und Schweine verwandelte

Als sie trotzig bei dem verharrten, was ihnen verboten war,
da sprachen Wir zu ihnen: „Werdet denn verächtliche Affen!“
Sure 7:166

Sprich: „Soll ich euch über die belehren, deren Lohn bei Allah noch schlimmer ist als das? Die Allah verflucht hat und denen Er zürnt und aus denen Er Affen und Schweine gemacht hat und die den Bösen anbeten. ...“
Sure 5:60

Und sicherlich habt ihr Kenntnis von (dem Ende) derer unter euch, die das Sabbatgebot übertraten. So sprachen Wir [Allah] zu ihnen: „Seid denn Affen, Verachtete.“
Sure 5:65

Die offizielle Auslegung dieser Verse besagt, dass Juden wirklich buchstäblich in Tiere verwandelt wurden. Wann und wo dies geschehen sein soll und ob Allah das ganze jüdische Volk oder nur einzelne Juden verwandelt haben soll, darüber schweigt der Koran sich ebenso aus wie die islamische Geschichtsschreibung.

Diese Verse annullieren die früheren Aussagen des Korans, die erklären, dass Allah Juden schätzt und schützt.

3. Allah wirft den Juden vor, die Propheten umgebracht zu haben

Und wenn ihnen [den Juden] gesagt wird: „Glaubet an das, was Allah niedersandte", sagen sie: „Wir glauben an das, was auf uns niedergesandt ward; [das Alte Testament]"
sie glauben aber nicht an das hernach (Gesandte) [den Koran]
obwohl es die Wahrheit ist und das bekräftigt, was sie haben.
Sprich: „Warum habt ihr denn immer gewollt, die Propheten Allahs zu erschlagen, wenn ihr Gläubige waret?"

Sure 2:91

Wir [Allah] hatten einen Bund mit den Kindern Israels geschlossen und Gesandte [Propheten] zu ihnen geschickt. Sooft aber ein Gesandter zu ihnen kam mit etwas, das ihre Herzen nicht wünschten, behandelten sie einige darunter als Lügner und suchten andere zu töten.

Sure 5:70

In früheren Offenbarungen waren die Juden noch dafür gelobt worden, dass Allahs Propheten aus ihren Reihen hervorgegangen waren.

4. Allah fordert von Juden und Christen, sich zum Islam zu bekehren.

Nach dem Alten und Neuen Testament sei der Koran das Letzte Testament – und der Islam sei die letzte Religion. Juden und Christen müssten sich daher zum Islam bekehren.

Und wer eine andere Glaubenslehre sucht als den Islam:
nimmer soll sie von ihm angenommen werden,
und im zukünftigen Leben soll er unter den Verlierenden sein.

Sure 3:85

Eine frühere Offenbarung hatte erklärt, Juden und Christen bräuchten nur ihre eigene Glaubenslehre zu befolgen und Gute Werke zu tun – sie bräuchten sich nicht zum Islam zu bekehren.

5. Vorwurf gegen Juden, die Heiligen Schriften Gottes verfälscht zu haben

In einer neuen Offenbarung wird den Juden vorgeworfen, ihre Heiligen Schriften verfälscht zu haben, indem sie Schriftstellen (beispielsweise über Mohammed) gelöscht hätten.

Ein Teil von ihnen [den Juden] hört das Wort Allahs, und verdreht es dann,... Sure 2:75 (vgl. V. 76–79)

Darum nun, weil sie ihren Bund brachen, haben Wir sie verflucht und haben ihre Herzen verhärtet. Sie verkehren die Worte aus ihren richtigen Stellen und sie haben einen (guten) Teil von dem vergessen, womit sie ermahnt wurden.

Sure 5:13

In früheren Offenbarungen wurden Juden und Christen ermutigt, ihre Heiligen Schriften gut zu befolgen.

Der Vorwurf, Juden hätten Heilige Schriften verfälscht

Auf diese Unterstellung möchte ich gern etwas näher eingehen, denn dieser Punkt spielt für Moslems eine sehr große Rolle. Mit diesem Argument, dass Juden und Christen die Heiligen Schriften verfälscht hätten, wird Moslems erklärt, warum die Bibel keine Prophezeiungen auf Mohammed hin enthält und warum es zwischen Bibel und Koran so viele Widersprüche gibt.

Diese Anschuldigung wirft viele Fragen auf: Wenn die heute vorliegende Bibel verfälscht ist, wo sind dann die Originale abgeblieben? Moslems sagen, sie seien verschwunden. Doch gibt und gab es nirgends je irgendwelche Hinweise auf die mutmaßlichen „Originaltexte“. Es gibt keinerlei Informationen über den Inhalt der angeblich gelöschten Texte. Auch ist völlig unklar, wann diese Texte gelöscht worden sein sollen. Es heißt lediglich, dies sei lange Zeit vor Mohammed geschehen. Wer das getan haben soll, und was genau geändert worden sei, ist völlig unklar. Es gibt nicht die geringsten Belege, die diesem Vorwurf untermauern könnten.

Islamgelehrte spekulieren, dass Christen Texte im Neuen Testament gelöscht haben könnten, die Mohammeds Kommen prophezeit hätten. Des Weiteren unterstellen sie den Christen, eigenmächtig Texte eingefügt zu haben: Die neutestamentliche Lehre über die Dreieinigkeit, sowie die Lehre über Jesus als Gottes Sohn, über sein Sterben am Kreuz und die Rettung durch das Blut Jesu – dies alles sei von Menschen erdacht und unzulässigerweise eingefügt worden.

Was das Alte Testament angeht, wird den Juden unterstellt, die Texte entfernt zu haben, die ihrem Ruf schadeten, wie beispielsweise die Berichte über das angebliche Töten der Propheten und die Verwandlung in Affen und Schweine als Strafe Allahs. Auch sämtliche Unterschiede zwischen den Berichten des Korans und denen des Alten Testaments werden den vermeintlichen Verfälschungen durch Juden zugeschrieben.

Einige Islamgelehrte behaupten, es gebe auch im Alten und Neuen Testament Verse, die auf Mohammed, den Propheten des Islam, hindeuteten. Dies hatte auch ich so gelernt, als ich noch Moslem war. Natürlich hatte ich diese Behauptungen einfach geglaubt, ohne die entsprechenden Verse je selbst in einer Bibel im Kontext nachgelesen zu haben. Spezialisten für Koranauslegung mögen dies getan haben. (Mein Hauptfach war *Islamische Kultur und Geschichte.*) Wer Judentum und Christentum kennt, erkennt auf den ersten Blick, dass die muslimischen Gelehrten diese Verse fehlinterpretieren. So kündigt Jesus gemäß dem Johannesevangelium an:

> *Aber der Tröster, der Heilige Geist, welchen mein Vater senden wird in meinem Namen, der wird euch alles lehren und euch erinnern alles, was ich euch gesagt habe.*
>
> *Johannes 14:26*

Etliche Islamgelehrte von heute deuten diesen neutestamentlichen Vers als Hinweis auf das Auftreten Mohammeds. Wie die Bibel jedoch sehr deutlich macht, hat sich diese Ankündigung bereits bei der Ausgießen des Heiligen Geistes, die in der Apostelgeschichte beschrieben wird, erfüllt. Mohammed ist weder im Namen Jesu aufgetreten, noch hat er an das erinnert, was Jesus gelehrt hat. Jesus hatte hingegen bereits vorausgesagt, dass viele falsche Christusse auftreten werden, die andere Lehren verbreiten werden.

In diesem Kapitel haben wir gesehen, dass die früheren positiven Aussagen über Juden widerrufen und Juden und Christen bezichtigt wurden, die Heiligen Schriften verfälscht zu haben. Aus diesem Grund habe Allah es als notwendig erachtet, den Koran zu senden. Auf den nächsten Seiten werden wir sehen, wie Mohammed seinen Propagandakrieg gegen die Juden immer weiter auf die Spitze trieb.

Die Verteufelung der Juden

Mohammed hatte die Juden inzwischen zum Feind erklärt, und die neuen Koranverse lieferten genügend Argumente und Vorwürfe gegen sie, um seine veränderte Haltung zu rechtfertigen.

Die folgenden Koranverse bilden das Fundament, auf dem der Hass der gesamten islamischen Welt gegen die Juden basiert.

1. Der Koran sagt, die Juden seien die größten Feinde des Islam.

Du wirst sicherlich finden, dass unter allen Menschen die Juden und die Götzendiener die erbittertsten Gegner der Gläubigen sind.

Sure 5:82

Juden und Götzendiener werden hier als die schlimmsten Feinde des Islam bezeichnet. Götzenanbeter erwiesen sich jedoch als eher ungefährlich, da sie sich leicht zum Islam bekehrten. Somit verblieben Juden allein als die größten Feinde des Islam, zumal sie dem Islam eisern widerstanden.

2. Der Koran sagt, dass Juden Moslems nicht lieben und dass ein Jude einen Moslem niemals akzeptieren wird, es sei denn, dieser bekehrt sich zum Judentum.

Und weder die Juden werden mit dir zufrieden sein noch die Christen, es sei denn, du folgst ihrem Glauben.

Sure 2:120

3. Der Koran sagt, Juden würden immer Kriege anzetteln und in der ganzen Welt für Ärger sorgen.

Und Wir haben unter sie Feindschaft geworfen und Hass bis zum Tage der Auferstehung.
Sooft sie ein Feuer für den Krieg anzündeten, löschte Allah es aus, und sie trachten nur nach Unheil auf Erden.

Sure 5:64 (vgl. V. 67)

Diese Überzeugung, dass sämtliche Kriege auf Juden zurückzuführen wären, ist in der gesamten islamischen Welt verbreitet. Ein Beispiel dafür ist der folgende Ausschnitt aus der Gründungscharta der Hamas, der islamischen Terrororganisation im Gazastreifen, die etliche Selbstmordattentate in Israel verübt hat.

Sie [die Juden] standen hinter dem Ersten Weltkrieg... und errichteten den Völkerbund, um durch ihn die Welt zu beherrschen. Und sie waren auch für den Zweiten Weltkrieg verantwortlich, durch den sie erheblichen finanziellen Gewinn schlugen...
Es gibt keinen Krieg, wo auch immer, bei dem nicht die Juden ihre Finger mit im Spiel hätten.

Art. 22 der Gründungscharta der Hamas[23]

Sogar die sogenannten *„Protokolle der Weisen von Zion"*, die von der Forschung längst als Fälschung der zaristischen Geheimpolizei entlarvt sind und angebliche Pläne der Juden zur Weltherrschaft „beweisen" sollen, sind in der islamischen Welt sehr beliebt. Obwohl alle Islamgelehrten wissen, dass dieses Dokument nicht echt ist, wird es weiterhin in der ganzen islamischen Welt als echt propagiert, da es mit Mohammeds Lehren übereinstimmt.

4. Der Koran wirft sowohl Juden als auch Christen vor, sie würden behaupten, Allah habe einen Sohn.

Es wird behauptet, Juden würden Esra als Sohn Gottes ansehen.

Die Juden sagen, Esra sei Allahs Sohn,
und die Christen sagen, der Messias sei Allahs Sohn.
Das ist das Wort ihres Mundes. Sie ahmen die Rede derer nach, die vordem ungläubig waren. Allahs Fluch über sie! Wie sind sie irregeleitet!
Sure 9:30 (s. auch 5:73; 4:159)

Diese Behauptung, die Juden würden Esra als Sohn Gottes ansehen, ist jedoch eine völlig haltlose und abwegige Unterstellung.

5. Der Koran wirft sowohl Juden als auch Christen vor, sich selbst als „Kinder Gottes" auszugeben.

Die Juden und die Christen sagen: „Wir sind Söhne Allahs und Seine Lieblinge."
Sprich: „Warum straft Er euch dann für eure Sünden?
Nein, ihr seid (bloß) Menschenkinder unter denen, die Er schuf."
Sure 5:18

Im Islam gilt es als schlimme Gotteslästerung zu sagen: „Ich bin ein Kind Gottes."

6. Der Koran wirft den Juden Gotteslästerung vor, weil sie Allah beleidigt hätten, indem sie sagten, er sei schwach.
Dies gilt als weiterer Beleg für die rebellische Haltung, die Juden vorgeworfen wird.

Und die Juden sagen:
„Die Hand Allahs ist gefesselt."

Ihre Hände sollen gefesselt sein und sie sollen verflucht sein um dessentwillen, was sie da sprechen.

Sure 5:64

7. Der Koran wirft Juden vor, nur das gegenwärtige Leben und diese Welt zu lieben, statt nach der Ewigkeit zu streben.

Und unter allen Menschen wirst du sie [die Juden]... gewiss am gierigsten nach Leben finden. Jeder einzelne von ihnen wünscht, es möchten ihm tausend Jahre Leben gewährt werden, allein selbst die Gewährung (solchen) Lebens hielte die Strafe nicht von ihm fern.

Sure 2:96

Aus Sicht des Islam gilt es als eines der schlimmsten Vergehen, die Ewigkeit aus den Augen zu verlieren und nur auf das irdische Leben fokussiert zu sein.

8. Der Koran sagt, Juden würden behaupten, sie hätten den Messias getötet

Den Juden wird vorgeworfen, sie würden sich zu unrecht damit brüsten, Jesus gekreuzigt zu haben.

Und wegen ihrer [der Juden] Rede:
„Wir haben den Messias, Jesus, den Sohn der Maria, den Gesandten Allahs, getötet"; während sie ihn doch weder erschlugen noch den Kreuzestod erleiden ließen,
sondern er erschien ihnen nur gleich (einem Gekreuzigten).

SURE 4:157

Dieser Vorwurf ist jedoch haltlos, da unlogisch. Die Juden glauben ja gar nicht, dass der Messias bereits erschienen sei, und sie haben Jesus nicht als Messias anerkannt. Wie sollten sie sich dann rühmen, ihn umgebracht zu haben?

Dieser Vers dokumentiert das völlige Unverständnis des Korans für Judentum wie Christentum und seine bedenkenlose Verdrehung von Sachverhalten: Er behauptet fälschlicherweise, die Juden würden an Jesus als den Messias glauben, und Jesus sei nie gekreuzigt worden.

Zusammenfassung

Die neue Lehre des Korans lautete also, Juden seien nun nicht mehr das auserwählte Volk, sondern an ihrer Stelle seien nun diejenigen, die an den

Islam glauben, Gottes Volk. Sie seien dazu auserkoren, den Glauben an den einen wahren Gott und die eine wahre Religion zu schützen.

Im Laufe der Zeit wurden die Lehren des Korans immer aggressiver und feindseliger. Auf den nächsten Seiten werden wir sehen, wie Mohammed schließlich allen Juden Arabiens buchstäblich den Krieg erklärte.

Mohammed plant, alle Juden aus Arabien zu vertreiben

Die Beziehung Mohammeds zu den Juden kann mit der Beziehung zweier Freunde verglichen werden, die sich so sehr zerstritten und in den Streit hineingesteigert haben, bis einer von ihnen im anderen nur noch Schlechtes sehen kann und alles vergisst, was er früher an ihm schätzte. Ich persönlich bin überzeugt, dass es nie zu der Ablehnung und dem Hass gegen die Juden und zum „Heiligen Krieg", dem Djihad, gekommen wäre, wenn Juden und Christen sich zum Islam bekehrt hätten, so wie Mohammed das anfangs gehofft hatte. Hätten Juden und Christen Mohammed als Allahs letzten Propheten anerkannt und seine sogenannten Offenbarungen geglaubt, so hätte Mohammed seine friedliche Strategie vermutlich weiterverfolgt.

Durch die Ablehnung durch Juden und Christen fühlte Mohammed sich von Feinden umzingelt und meinte, er müsse sich und seine neue Religion unbedingt verteidigen. Und so baute er seine militärische Macht mit größtem Eifer aus – zunächst zur Selbstverteidigung bzw. für Rachefeldzüge; später gebrauchte er diese Macht, um die Menschen, die seine Lehre ablehnten, mit Gewalt zu unterwerfen.

Keine Freundschaft mit Juden!

Mohammed litt sehr unter der Ablehnung durch die Juden in Medina. Seine Frustration über die Juden nahm immer mehr zu. Eines Tages erklärte Mohammed, eine neue Offenbarung von Allah erhalten zu haben, die Moslems jegliche Freundschaft mit Juden verbietet:

> *O die ihr glaubt, [O Moslems] schließt nicht Freundschaft mit einem Volke, dem Allah zürnt [mit Juden]; denn sie sind völlig am Jenseits verzweifelt.*
>
> *Sure 60:13*

Auch die Gebetsausrichtung, die Mohammed ursprünglich von den Juden übernommen hatte, wurde nun geändert. Anstatt nach Jerusalem sollte nun Richtung Mekka gebetet werden, wo die Kaaba steht. Diese Richtungsänderung wurde im Jahre 624 verkündet.

Bedrohung der Juden

Mit Mohammeds wachsender Frustration begann er, Juden und Christen ernsthaft zu bedrohen. Dies war ein weiterer Versuch, sie zu einer Bekehrung zum Islam zu drängen. Hier ein Beispiel für eine dieser letzten Androhungen:

O ihr, denen die Schrift gegeben wurde [Juden und Christen],
glaubet an das, was Wir [Allah] herabsandten [an Mohammed und den Koran], bestätigend das, was (schon) bei euch ist,
bevor Wir einige der Führer vernichten und sie umlegen auf ihre Rücken
oder sie verfluchen, wie Wir die Sabbatleute verfluchten.

Sure 4:47

Der Schwertvers

Schließlich erklärte Mohammed, er habe ein neues Wort von Allah erhalten. Diese neue Offenbarung, die als der berühmte „Schwertvers" bekannt wurde, zeichnet das endgültige Bild der Beziehung des Islam zu allen, die den Islam nicht angenommen haben, insbesondere zu Juden und Christen.

Tötet die Götzendiener, wo ihr sie trefft, und ergreift sie, und belagert sie,
und lauert ihnen auf in jedem Hinterhalt.
Bereuen sie aber und verrichten das Gebet und zahlen die Zakat,
dann gebt ihnen den Weg frei.

Sure 9:5

Dieser Vers ruft Moslems auf, alle Nichtmoslems dem Islam zu unterwerfen. Unterwerfung unter den Islam bedeutet, dass man Mohammed als Allahs Gesandten anerkennen und den Islam annehmen muss. Wer nicht an Allah und Mohammed glaubt, muss stattdessen eine Strafsteuer zahlen und kann so bei seinem bisherigen Glauben bleiben, allerdings nur, wenn er zu den „Schriftbesitzern" gehört, also Christ oder Jude ist. Durch das Zahlen der Strafsteuer ist man dem Islam indirekt unterworfen. Wer sich jedoch weigert, sich zum Islam zu bekehren und auch verweigert, die Strafsteuer zu zahlen[24], der muss gemäß der neuen Lehre getötet werden – und zwar durch Abschlagen des Kopfes mit dem Schwert*.

Aus der islamischen Geschichte wissen wir, dass dieser Vers speziell auf Juden und Christen abzielt, denn zum Zeitpunkt, als er verkündet wurde, war es Mohammed bereits gelungen, die Götzenanbeter in Mekka fast vollständig zum Islam zu bekehren. Die Götzenanbeter nahmen ihren Glauben nicht

* So wurde es von Mohammed praktiziert. Dies galt als maßgebliches Vorbild.

so wichtig, dass sie bereit gewesen wären, dafür zu sterben. Die Juden und Christen hingegen hielten eisern an ihrem Glauben fest und widerstanden dem Islam mit aller Entschiedenheit. Für sie findet sich in derselben Sure noch ein spezieller Vers:

„Kämpfet wider jene von denen, welchen die Schrift gegeben ward [d.h. Juden und Christen], die nicht glauben an Allah und den Jüngsten Tag und die nicht verwehren, was Allah und sein Gesandter verwehrt haben, und nicht bekennen das Bekenntnis der Wahrheit, bis sie den Tribut aus der Hand gedemütigt entrichten.“

Sure 9:29

Wir erinnern uns: Die Christen stellten zu Mohammeds Zeit nur eine kleine Minderheit dar, die noch nicht einmal ein reines Christentum praktizierte. Sie spielten daher für Mohammed keine bedeutende Rolle. Also kann man daraus folgern, dass der Vers in erster Linie den Juden galt. Diese waren für Mohammed von größter Bedeutung. Sie waren sehr wohlhabend und einflussreich, und sie widerstanden Mohammeds Lehren unerschütterlich und vor allem für jeden sichtbar und offenkundig. Sie stellten für Mohammeds neue Religion nicht nur ein großes Hindernis dar – zumal sie sogar versuchten, sich mit Mohammeds Feinden zu verbünden –, sondern stellten mit ihrem offenen Widerstand vor allem auch eine schwere Demütigung für Mohammed dar.

Mit diesen neuen Richtlinien war es nun Aufgabe eines jeden Moslems, aktiv gegen Juden vorzugehen und jeden zu töten, der sich weigerte, an den Islam und an Mohammed zu glauben oder die Steuer zu zahlen.

Die wohlhabenden Juden zahlten die Steuer und praktizierten weiterhin ihr Judentum. Einige der ärmeren Juden jedoch konnten die Steuer nicht bezahlen und weigerten sich trotzdem, den Islam anzunehmen – sie bezahlten dafür mit ihrem Leben.

Allah wird gegen die Juden kämpfen

Der Koran sagt, dass Moslems Werkzeuge Allahs zur Bestrafung der Juden sind, und dass sie dadurch das Seelenheil erlangen würden.

Bekämpfet sie; Allah wird sie strafen durch eure Hand und sie demütigen und euch verhelfen wider sie und Heilung bringen den Herzen der Gläubigen.

Sure 9:14–15

Das ist die Lehre, die auch in unserer heutigen Zeit Moslems motiviert und anspornt, gegen Israel und seine Verbündeten zu kämpfen – was ihnen in der Tat ein Gefühl der Genugtuung verschafft. Nach den Anschlägen des 11. September 2001 beispielsweise konnte man in der ganzen Welt in den Medien Bilder von Palästinensern und sonstigen Moslems im Nahen Osten sehen, die vor Freude in den Straßen tanzten. Der Tod von Tausenden unschuldiger Menschen, die als Freunde Israels galten, verschaffte den rastlosen Seelen vieler Moslems eine gewisse Befriedigung. Die Anschläge besänftigten ihren Zorn über die Existenz des Staates Israel – zumindest vorübergehend.

Alle anderen Religionen müssen verschwinden

Die letzten Offenbarungen des Korans befehlen Moslems, alle anderen Religionen auszulöschen. So wurde es zur religiösen Verpflichtung jedes Moslems, gegen Andersgläubige wie Juden, Christen und sonstige Nicht-Muslime zu kämpfen und sie zu töten, sofern sie sich nicht unterwerfen. Als oberstes Ziel gilt, dass es weltweit keine andere Religion mehr geben soll als den Islam, und dass die Scharia das einzige Gesetz sein soll, nach dem die ganze Welt gerichtet wird.

Und kämpfet wider sie, bis keine Verfolgung mehr ist und aller Glaube auf Allah gerichtet ist.

Sure 8:39

Der einzige Weg, wie Juden der Verfolgung durch Moslems entgehen könnten, wäre, dass sie sich von ihrem Gott und ihrem Glauben abwenden und Allah und Mohammed anerkennen.

In den letzten Abschnitten haben wir nun also gesehen, wie das Nasikh-Prinzip ganz praktisch aussieht:

Mohammeds anfängliche positive Äußerungen über Juden wurden später widerrufen, und durch die neueren Offenbarungen – wie beispielsweise den *Schwertvers* – ersetzt. Am Ende galt der Aufruf, Juden mit Gewalt dem Islam zu unterwerfen, oder sie zu töten. Und dies waren nicht nur leere Worte. Im nächsten Kapitel werden wir sehen, wie Mohammed persönlich diese Lehre praktisch angewandt und was er den jüdischen Stämmen in seinem Umfeld angetan hat.

Der erste islamische Völkermord

Es waren vor allem drei große jüdische Stämme, die zu Mohammeds Zeit in Medina lebten. Sie alle hatten unter der Hand des Propheten des Islam zu leiden, da Mohammed sich an ihnen für ihre Ablehnung rächte.

In diesem Kapitel werden wir drei zentrale Ereignisse betrachten:

- Mohammeds Rachefeldzug gegen den Stamm Banu Nadir im Jahr 625 wegen eines vermeintlichen Mordanschlages
- Das Massaker von 627, in dem Mohammed Hunderte Juden aus dem Stamm der Banu Quraiza abschlachtete wegen deren Beteiligung an einem erfolglosen Komplott Mekkas gegen Mohammed
- Im Jahr 628 Feldzug gegen die Juden, die nach Chaibar, einer Oase nördlich von Medina, geflohen waren[25]

Wie wir auf den folgenden Seiten sehen werden, war Mohammed, der bekanntermaßen als Gründer und zentrale Schlüsselfigur des Islam bekannt ist, vor allem auch ein Feldherr. Die hier genannten Schlachten bildeten den Auftakt seiner Karriere als Kriegsmann. Wir erinnern uns, dass Mohammed für Moslems als *vollkommenes Vorbild* gilt (Sure 33:21, 60:4). Sein Handeln wird als das Maß aller Dinge angesehen. Seinem Vorbild soll die gesamte islamische Welt nacheifern. Diese Aufforderung wird auch heute noch uneingeschränkt so aufgefasst. Wie sieht nun dieses Vorbild aus?

Mohammed der Feldherr

Um Mohammeds Angriffe auf die Juden zu verstehen, rekapitulieren wir zunächst seine Taten bis zu diesem Zeitpunkt.

Angriff aus dem Hinterhalt auf eine Karawane aus Mekka

Nachdem Mohammed von Mekka nach Medina übergesiedelt war, hatte er endlich seine Ruhe vor den Menschen, die ihm in Mekka das Leben schwer gemacht hatten. Keiner von Mohammeds Widersachern aus Mekka machte sich die Mühe, Mohammed nach seiner Ausreise zu verfolgen. Sie ließen ihn einfach ziehen. Mohammed hingegen war nicht gewillt, den Konflikt einfach hinter sich zu lassen und zu vergessen. Er wartete nur auf eine gute Gelegenheit, um sich zu rächen. Eines Tages beschloss er, einer mekkanischen Handelskarawane auf dem Rückweg aus Syrien aufzulauern. Dieser Angriff hätte Mekka nicht nur wirtschaftlich geschadet, sondern die Menschen dort ernsthaft in ihrer Existenz gefährdet, da die Karawanen diese Reise nur zweimal pro Jahr antraten, um die Bevölkerung Mekkas mit lebensnotwendigen Nahrungsmitteln, Zucker, Salz und Bekleidung zu versorgen. Mekka war auf diese Handelsgüter angewiesen, da die Stadt mitten in der Wüste lag und kaum über eigene Lebensmittel verfügte.

Die Karawane wurde allerdings rechtzeitig vor dem Hinterhalt gewarnt und konnte ihm daher ausweichen. Obwohl die Bevölkerung Mekkas auf diese Weise verschont blieb, beschlossen die Stadtoberhäupter, Mohammed für seine Hinterlist zu bestrafen. So machten sich Kämpfer aus Mekka auf den Weg in Richtung Medina, um sich an Mohammed zu rächen. Im Tal von Badr trafen sie auf Mohammeds Truppen. In einem Überraschungsangriff gelang es Mohammeds Kriegern, die Angreifer aus Mekka zu besiegen. Dieser überraschende Sieg in der berühmten *Schlacht von Badr* von 624 machte Mohammed zu einem der mächtigsten Männer Arabiens.

Zerstörung der Palmenhaine der Banu Nadir (625)

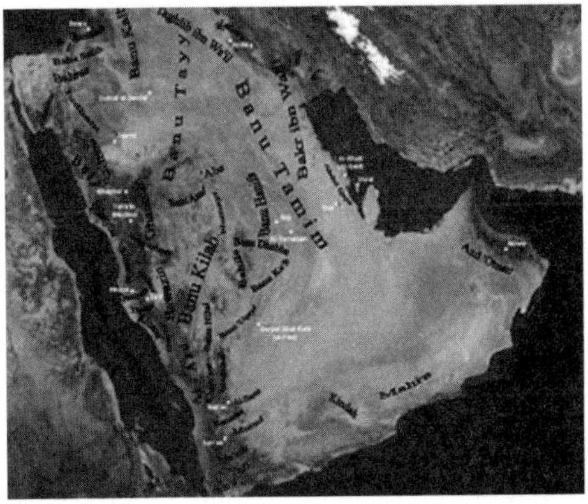

Die Arabische Halbinsel. Hier lebten bis zur Gründung des Islams viele Juden.

Der Stamm *Banu Nadir* war einer der drei großen jüdischen Stämme im vorislamischen Medina. Während Mohammeds erstem Jahr in Medina, als er den Juden noch wohlgesonnen war, hatte er auch zu den *Banu Nadir* einige freundschaftliche Kontakte aufgebaut. So kam es, dass Mohammed sie gelegentlich besuchte. Eines Tages, so wird berichtet, sei ein Mordanschlag geplant gewesen. Mohammed sei jedoch durch eine Offenbarung Allahs vor der Gefahr gewarnt worden und habe das Dorf daraufhin sofort verlassen und sei nach Medina zurückgekehrt.

Als Vergeltung für den vermeintlichen Mordplan rief Mohammed seine Leute zum Djihad auf und griff mit ihnen die *Banu Nadir* an.[26]

Mohammed und seine Truppen belagerten die Siedlung der Banu Nadir, die jedoch rund um ihre Siedlungen befestigte Stellungen errichtet hatten und kampfbereit waren. Statt es auf den Kampf ankommen zu lassen, ließ Mohammed die Dattelpalmenhaine abbrennen, die die Lebensgrundlage des

Stammes bildeten, und traf die Banu Nadir damit an ihrem empfindlichsten Punkt. Die Banu Nadir riefen: *„Oh Mohammed, du hattest doch selbst verboten, Bäume in der Stadt zu verbrennen. Wie kannst du uns das nur antun?“*

Die Banu Nadir ergaben sich und baten darum, die Stadt mit ihren Habseligkeiten verlassen zu dürfen. Mohammed willigte ein und ließ sie ziehen – mit Kühen, Kamelen, Lebensmitteln und Kleidung. Nur Waffen durften sie nicht mitnehmen. Ihr Geld nahm er ihnen ab und verteilte es als Kriegsbeute unter seinen Soldaten.[30]

Geschichtsschreiber berichten, dass die Frauen und Kinder der Banu Nadir bei ihrem Auszug aus Medina Lieder gesungen, in die Hände geklatscht und Psalmen rezitiert hätten.[31] Damit wollten sie Mohammed gegenüber deutlich machen, dass sie trotz dieser Niederlage nach wie vor voll hinter ihrem Gott standen – dem Gott Abrahams, Isaaks und Jakobs – und dass sie ihren Glauben niemals aufgeben würden. So zog der Stamm Banu Nadir Richtung Norden und ließ sich in Chaibar nieder.

Mohammed erklärte später öffentlich, dass Allah sich im Himmel überaus über diesen Sieg über die Banu Nadir gefreut habe. Der Koran enthält ein ganzes Kapitel über dieses Ereignis und erzählt mit vielen Details über die Zerstörung der Palmenhaine, den Auszug den Banu Nadir ins Exil, sowie die Verteilung der Beute.[32]

Das Massaker am Stamm der Banu Quraiza (627)

Als der jüdische Stamm Banu Quraiza sah, was Mohammed den Banu Nadir angetan hatte, war ihnen klar, dass auch sie in Medina in Lebensgefahr waren. Mohammed würde auch sie angreifen – wenn nicht heute, dann morgen. Sie beschlossen daher, sich mit Mekka zu verbünden, um ihn in einer gemeinsamen Aktion zu stürzen.

Mohammed erfuhr von dem drohenden Angriff und beschloss auf den Rat eines Freundes hin, einen Schutzgraben rund um die Stadt auszuheben. Als die Armee aus Mekka in die Stadt einfallen wollte, konnte sie den Graben nicht überwinden. Sie beschoss Medina mit Pfeilen, und Mohammeds Kämpfer schossen mit Pfeilen zurück. Es blieb bei einem kurzen Scharmützel, da die Armee aus Mekka schon bald frustriert aufgab und nach Hause zurückkehrte.

Kurze Zeit später erklärte Mohammed, ihm sei der Engel Gabriel in Gestalt eines Mannes mit Hut auf einem Maulesel erschienen. Gabriel habe Mohammed gefragt:

> *„Hast du deine Waffen zurückgelassen [bei der Schlacht am Graben]? Nimm doch dein Schwert, und dann geht der Heilige Krieg, der*

Djihad, weiter...
Die Engel Allahs legen ihre Schwerter niemals nieder.
Sie stehen jederzeit bereit, dich zu unterstützen.
Allah gebietet dir, dich gegen die Kinder von Quraiza aufzumachen und ich werde vor dir herziehen und ich werde ihre Wohnstätte erschüttern."

Nach dieser Erscheinung ging Mohammed direkt in die Moschee. Die dritte Gebetszeit stand kurz bevor, doch Mohammed verkündete: „*Heute werden wir die dritte Gebetszeit nicht hier [in Medina] verrichten, sondern im Gebiet der Banu Quraiza.*" Jeder verstand sofort, was gemeint war: Heute würden sie die Quraiza angreifen.[33]

Mohammed war voller Siegesgewissheit. Heute würde Allah ihm zum Sieg über diesen letzten großen jüdischen Stamm verhelfen.

Als sie im Gebiet der Banu Quraiza ankamen, fragte Mohammed seine Leute: „Habt ihr irgendjemand vor euch her reiten sehen auf dem Weg hierher?" Sie antworteten: „Ja, ein Mann namens De-Hayah Al-Kalbi. Er ritt auf einem Maulesel." Al-Kalbi war ein Mann, der in Medina lebte und den Leuten wohlbekannt war. Mohammed erwiderte: „Das war der Engel Gabriel! Er ist in Gestalt dieses Mannes erschienen, um das Gebiet der Juden zu erschüttern und um ihre Herzen in Angst und Schrecken zu versetzen."[34]

Die Banu Quraiza kapitulieren und werden abgeschlachtet

Mohammed und seine Streitkräfte belagerten das Gebiet der Banu Quraiza, und nach 25 Tagen war die jüdische Bevölkerung völlig erschöpft von der Anspannung und der Angst, von Mohammed und seinen Leuten getötet zu werden. Ihnen war klar, dass Mohammed nicht von ihnen ablassen würde, bis sie sich ergeben würden. Also kapitulierten sie und baten darum, die Stadt unter den gleichen Bedingungen wie die Banu Nadir verlassen zu dürfen – nämlich mitsamt ihren Habseligkeiten. Mohammed fragte einen Konvertiten unter seinen Leuten, der sich aus dem Heidentum zum Islam bekehrt hatte, was man seiner Meinung nach mit der jüdischen Bevölkerung tun solle. Der Mann antwortete:

„*Mein Urteil lautet:*
Die Männer sollen getötet werden und ihr Geld, ihre Frauen und Kinder sollen als Kriegsbeute unter den Soldaten aufgeteilt werden."

Das Urteil fand Mohammeds vollste Zustimmung. Er erklärte: "Du hast sie mit dem Richterspruch Allahs gerichtet."[35]

Mohammed lief auf den Marktplatz und ordnete an, Gräben auszuheben. Dann ließ er alle jüdischen Männer zu den Gräben kommen, wo sie sich in einer Reihe aufstellen mussten.

Auf ihrem Weg zu den Gräben sprachen die jüdischen Männer zum Oberhaupt ihres Stammes: *„Sieh nur, was Mohammed mit uns macht. Was meinst du, wo sie uns hinbringen? Und was denkst du, werden sie uns antun?"* Das Oberhaupt antwortete: *„Er führt uns in den Tod."* Und so war es. Sie wurden zu ihrer Hinrichtungsstätte geführt.

Mohammed und seine Leute töteten an diesem Tag allein zwischen 800 und 900 jüdische Männer.[36] Man ließ jeden Mann einzeln an die Kante des Grabens herantreten, schlug ihm mit dem Schwert den Kopf ab und warf die Köpfe und Körper direkt in die Gräben. Zuletzt brauchten nur noch die Gräben zugeschüttet zu werden, um die Massen von Toten zu begraben. Der erste Teil des Richterspruchs war somit erfüllt. Es fehlte nur noch der zweite Teil.

Frauen und Kinder als Sklaven verkauft

Mohammed nahm das Geld der Männer, sowie ihre Frauen und Kinder an sich, behielt 20 Prozent davon für sich selbst und verteilte den Rest unter seinen Soldaten. Die islamische Geschichtsschreibung berichtet darüber genauestens: Ein Soldat ohne Pferd erhielt ein Anteil, ein Soldat mit Pferd erhielt den dreifachen Anteil.[37] Der Bericht beschreibt auch, wie ein Mann seinen Anteil an Geld, Frauen und Kindern gleich in einer nahe gelegenen Stadt gegen Pferde und Schwerter umtauschte. Die jüdischen Frauen und Kinder wurden als Handelsware betrachtet. Meist wurden sie gleich wieder verkauft, um von dem Erlös mehr Kriegsgerät zu kaufen.

Zusammenfassung

Aus diesen geschichtlichen Ereignissen können wir über die Beziehung zwischen Mohammed und den Juden Folgendes lernen:

Mohammed war ein Angreifer. Als Mohammed nach Medina übersiedelt war und die Männer aus Mekka längst von ihm abgelassen hatten, da plante er seinen Rachefeldzug gegen sie. Aus einem Hinterhalt griff er die mekkanische Karawane an.

Die Juden griffen Mohammed nur zur Selbstverteidigung an. Selbst begingen sie keine Raubüberfälle und nahmen niemandem Geld, Land oder Häuser weg. Sie waren lediglich bemüht, sich selbst und ihr Hab und Gut zu schützen.

Mohammed war der Überzeugung, dass Allah im Kampf gegen die Juden auf seiner Seite sei.

Nach all den genannten Schlachten und Feldzügen waren im ganzen Gebiet um Medina nur noch wenige Juden übrig. Der verbleibende Rest lebte in Chaibar, einer Oase nördlich von Medina. Dorthin waren die aus Medina vertriebenen Juden geflohen. Nachdem Mohammed die Stadt Medina komplett von ihren jüdischen Bewohnern „gesäubert" hatte, galt nun seine ganze Aufmerksamkeit diesem Ort in der arabischen Wüste: Chaibar.

Vertreibung der Juden aus Chaibar (628)

Es war bereits Nacht, als Mohammed und seine Krieger in Chaibar ankamen und die Stadt belagerten. In dieser Nacht kündigte Mohammed seinen Leuten an:

„Morgen früh werde ich die Befehlsgewalt für diese Schlacht einem Mann unter euch übertragen – einem der Allah und seinen Gesandten liebt, und der von Allah und seinem Gesandten geliebt wird."

Jeder hoffte, der Auserwählte zu sein. Am nächsten Morgen gab Mohammed seine Wahl bekannt: Ali i bn Talib war der Glückliche, und Mohammed übergab ihm das Kriegsbanner.

Als einige jüdische Bauern an diesem Morgen zu ihren Feldern gehen wollten, sahen sie, dass Mohammed und seine Armee die ganze Stadt umzingelt hatten. Um ihre Leute zu warnen, riefen sie laut: *„Mohammed mit seiner Armee! Mohammed mit seiner Armee!"*

Als Mohammed sie hörte, pries er Allah:

„Allahu akbar – Allah ist groß!
Chaibar ist bereits seinem Untergang geweiht, seit wir das Land hier betreten haben.
Dies wird ein finsterer Morgen sein für die Menschen dieser Stadt."[38]

Die jüdische Bevölkerung griff sofort zu ihren Waffen. Wer auch immer imstande war zu kämpfen, nahm ein Schwert in die Hand und lief hinaus, um die Stadt zu verteidigen. Der stärkste Kämpfer der ganzen Stadt trat vor Mohammeds Heerführer Ali und forderte ihn zum Zweikampf heraus.

Es war unter Arabern so üblich, wenn zwei Armeen aufeinander trafen, dass sie beschließen konnten, statt einer großen blutigen Schlacht einen Zweikampf auszutragen. Dazu sandte jede Seite ihren stärksten Kämpfer, und wer den anderen besiegen konnte, dessen Armee war Sieger. Dies war das Prinzip, nach dem auch David und Goliath gegeneinander gekämpft hatten, wie in der Bibel berichtet wird.

So kam es also zum Kampf zwischen Mohammeds Heerführer Ali und dem stärksten Mann aus Chaibar. Ali konnte seinen Herausforderer bezwingen und tötete ihn. Damit war Chaibar Mohammed ausgeliefert. Die Armee der Moslems fiel in die Stadt ein, und die jüdischen Einwohner gaben sich geschlagen. Mohammeds Leute trugen eine sehr große Kriegsbeute aus Chaibar zusammen. Sie jubelten und feierten laut: *„Oh Sieg, oh Sieg, wir töten und töten."*

Mit diesem Tag hatten sie den letzten großen jüdischen Stamm auf der arabischen Halbinsel besiegt.

Mohammed erklärt den Juden ewigen Krieg

Nach dem Sieg über Chaibar verteilte Mohammed die Kriegsbeute an seine Soldaten. Dann machte er eine sehr bedeutende Aussage:

„Es soll in Arabien niemals zwei verschiedene Religionen geben!"[39]

Dieses Gebot Mohammeds wird von Moslems seit Jahrhunderten bis zum heutigen Tag treu eingehalten. In ganz Arabien wird keine andere Religion als der Islam geduldet. Man wird beispielsweise in ganz Saudi-Arabien keine einzige Synagoge finden. Obwohl Mohammeds Gebot fast 1400 Jahre alt ist, ist die Situation bis heute dieselbe wie damals: Es gibt in Saudi-Arabien kein jüdisches Leben. Dies zeigt, wie sehr Saudi-Arabien im islamischen Gesetz und Mohammeds Lehren verwurzelt ist.

Weniger als ein Jahr später gab Mohammed eine weitere Erklärung über die Juden ab, die von größter Tragweite für die gesamte islamische Welt werden würde. Er erklärte, dass die jüdische Gemeinschaft in Arabien auszulöschen sei, *„bis das Land vom Übel der Juden und des Judentums gesäubert"* sei.[40]

Dieses Ziel haben Mohammed und seine Nachfolger erreicht. Sie haben die jüdische Gemeinschaft aus Arabien vollständig ausgelöscht, indem sie viele Juden einfach töteten, manche von ihnen zum Islam bekehrten, einige vertrieben und andere als Sklaven verkauften. Mohammed erreichte sein Ziel: In Arabien gab und gibt es nur noch eine einzige Religion: den Islam.

Bis zum Jüngsten Gericht gegen Juden kämpfen

Eines machte Mohammed sehr deutlich – wie auch aus dem Koran klar hervorgeht: Der Kampf gegen die Juden würde nie enden.

Eine bekannte Religionswissenschaftlerin namens Karen Armstrong vertrat zwar die Ansicht, Mohammed habe nur ein Problem mit den drei widerspenstigen Stämmen der Juden in Medina gehabt, nicht aber mit Juden allgemein.[41] Mohammed selbst hat dies jedoch durch eine Aussage widerlegt, die in den Hadithen, der Sammlung von Mohammeds Lehren und Taten, festgehalten ist:

> *Der Tag des Gerichts wird nicht kommen, bevor Muslime nicht die Juden [=alle Juden] bekämpfen und töten, bis ein Jude sich hinter einem Stein oder einem Baum verstecken wird. Der Stein und der Baum werden sagen: ‚Oh Muslim, oh Diener Allahs, ein Jude versteckt sich hinter mir, komm und töte ihn.‘*[42]

Dieser Vers wird von den Islamgelehrten so interpretiert, dass das Jüngste Gericht erst dann kommen wird, wenn der auch letzte Jude getötet ist.

Das bedeutet, dass Mohammeds Kriegserklärung nicht nur den Juden seiner Zeit galt, sondern allen Juden auf der ganzen Welt und für alle Zeiten.

Anreize zum Kampf gegen Juden

Wir wissen, dass Mohammed einen tiefen Groll auf Juden in seinem Herzen trug, doch galt dies auch für seine Anhänger? Ich bin persönlich überzeugt, dass Mohammeds Anhänger seinen Hass auf Juden nicht in gleichem Maße teilten. Sie folgten lediglich Mohammeds Lehre über Heiligen Krieg, über den Djihad. Ein großer Ansporn war dabei, dass sie jeweils von der Kriegsbeute profitierten, und da die Juden sehr wohlhabend waren, war dies sicher ein beträchtlicher Anreiz. Dass Geld allein als Motivation nicht ausreichte, zeigte sich allerdings bei der Schlacht von Uhud gegen Mekka im Jahre 625, als viele von Mohammeds Soldaten während der Schlacht feige davonliefen.

Um zu verhindern, dass so etwas noch einmal passierte, entwickelte Mohammed eine neue Strategie: Er versprach seinen Kämpfern, dass jeder, der im Kampf für Allahs Sache fiele, direkt ins Paradies eingehen werde, wo 70 Jungfrauen ihn erwarteten[43] und wo es unbegrenzt Alkohol gebe[44]. Fahnenflüchtigen hingegen sei die Hölle gewiss[45].

Eine ganze Koransure (55) beschreibt die wunderbaren Belohnungen, die im Paradies winken – insbesondere denjenigen, die ihr Leben im Djihad verlieren[46].

Mohammed lehrte auch, zwei himmlische Frauen würden jeden gefallenen Djihadkämpfer in Empfang nehmen, und ihm den Staub vom Gesicht wischen. Sie würden zu ihm sprechen: „*Allah wird diesen Staub auf das Angesicht deiner Mörder bringen und er wird töten, die dich getötet haben.*"[47] Mit anderen Worten, Mohammed versprach, dass Allah jeden Moslem, der sein Leben im Djihad verliert, rächen wird.

Angesichts solch glorreicher Aussichten fiel es Mohammeds Anhängern leicht, gegen die jüdischen Nachbarn und sonstige Andersgläubige in Arabien zu Felde zu ziehen und dabei selbst das eigene Leben aufs Spiel zu setzen. Das funktioniert noch heute: Jeder Kämpfer weiß, dass ihn so oder so eine große Belohnung erwartet, wenn er für Allahs Sache kämpft. Eine Win-win-Situation.

Teil 3

Der Staat Israel
und
die islamische Welt

Die Gründung des Staates Israel

Man braucht keinen Krieg zu erklären, wenn man schon gewonnen hat. Dies war der Stand der Dinge zwischen Moslems und Juden bis zum Ende des 19. Jahrhunderts. Die Juden waren über die ganze Welt zerstreut. Sie stellten für den Islam keine Gefahr mehr dar.

Doch plötzlich wendete sich das Blatt: Die Juden kehrten ins heutige Israel zurück. Die islamische Welt beschloss daher, den Kampf wieder aufzunehmen.

In diesem Kapitel werden wir sehen, wie die Unabhängigkeitserklärung des Staates Israel eine Kette von Ereignissen auslöste, die zum heutigen Terrorismus führte.

Zunächst ein kurzer Abriss der Ereignisse:

Bereits Ende des 19. und Anfang des 20. Jahrhunderts kehrten Massen von Juden in die Heimat ihres Volkes zurück. 1948 wurde der Staat Israel gegründet. Dies löste den ersten Angriff arabischer Staaten auf Israel aus.
In den arabisch-israelischen Kriegen von 1948, 1956, 1967 und 1973 besiegte das neu gegründete Israel seine Gegner, diese waren teils mächtige Koalitionen islamischer Staaten.
Fromme Muslime machten ihre Führer und deren unislamische Politik für die Niederlagen verantwortlich.
1978 kam es zu einem offiziellen Friedensabkommen zwischen Israel und Ägypten. Der Großteil der Moslems und der islamischen Länder, einschließlich der Mehrheit der ägyptischen Bevölkerung, lehnte dies jedoch ab.
Mehr und mehr radikalislamische Gruppen beschlossen – auch unabhängig von ihren Regierungen – sich für die Sache des Islam einzusetzen und gegen Israel zu kämpfen und damit Mohammeds Kampf durch Terrorismus fortzusetzen.

Nehmen wir nun einige dieser Ereignisse unter die Lupe: Wir werden feststellen, wie der Kampf gegen Israel von der islamischen Lehre unaufhörlich befeuert wird.

Die Rückkehr der Juden in ihre Heimat

1897 organisierte Theodor Herzl in Basel den ersten Zionistenkongress. Hier wurde das sogenannte *„Basler Programm"* mit dem Ziel der *Schaffung einer Heimstätte in Palästina für Juden* verabschiedet. ‚Palästina' war der geographische Begriff, der Teile des heutigen Syriens, Jordaniens und Israels umfasste. Einen palästinensischen Staat gab es damals freilich noch nicht. Das Gebiet gehörte zum damaligen *Osmanischen Reich*. Herzl suchte dessen Staatsoberhaupt, den islamischen Monarchen Sultan Abdülhamid II auf, um mit ihm über das fragliche Land zu verhandeln. Er bot dem finanziell angeschlagenen Reich des Sultans finanzielle Unterstützung an, wenn er im Gegenzug zuließe, dass Juden in das heutige Israel einwanderten. Dies sollte ein erster Schritt zur späteren Gründung eines jüdischen Staates sein. Der Sultan lehnte Herzls Angebot jedoch ab. So musste Herzl sich nach einer anderen Lösung umsehen.[48]

Unabhängig davon beschloss der zionistische Kongress, eine eigene Bank zu gründen, die dem Zweck dienen sollte, Land in Palästina zu kaufen. So wurde 1899 in London die *Jewish Colonial Trust* mit einem Aktienkapital von 2 Mio. Pfundsterling eröffnet. Ferner beschloss der fünfte zionistische Kongress 1901 die Schaffung eines Nationalfonds, der zur Hälfte zum Ankauf von Land dienen sollte. Auch Baron Rothschild aus dem Hause der einflussreichen jüdischen Bankiersfamilie Rothschild, war unter den maßgeblichen wohlhabenden Investoren, die sich stark für die Ansiedlung von Juden einsetzten. Er kaufte das gesamte Wüstengelände nördlich von Jaffa, wo später unter anderem die heutige Stadt Tel Aviv errichtet wurde. Da die Osmanen das Geld dringend benötigten, verkauften sie das Land bereitwillig, zumal dies ohnehin nur spärlich besiedelt war. Es lebten dort nur einige wenige Araber. Jerusalem hingegen war schon damals eine große und bedeutende Stadt und hatte im Jahr 1900 bereits 60.000 Einwohner – darunter 41.000 Juden, 12.000 Christen und 7.000 Moslems.

Auch Hebron war zu dieser Zeit bereits eine größere Stadt mit seinen 14.000 Moslems und 1.000 sephardischen Juden, die bereits seit Jahrhunderten mit den dortigen Moslems friedlich zusammen lebten. Interessanterweise bezeichnete der alte *Brockhaus*, das wohl bekannteste deutsche Nachschlagewerk, die Bewohner Hebrons in seiner Ausgabe von 1904 als *fanatische Moslems*. Bemerkenswert ist diese Wertung insofern, als der Brockhaus als anerkannte Enzyklopädie gerade für seine Objektivität bekannt ist. Zum anderen stammt diese Information aus einer Zeit lange vor Ausbruch des bekannten Konfliktes zwischen Juden und Arabern im ‚Heiligen Land'. Tatsächlich kam es dann 1929 in Hebron zu einem schlimmen Massaker, bei dem 67 Juden öffentlich massakriert wurden. Die restlichen Juden verließen daraufhin die Stadt.

Als im Ersten Weltkrieg das Osmanische Reich von Großbritannien besiegt wurde, fiel das Gebiet des heutigen Israel unter die Kontrolle der Briten. Diesen wurde später auch vom Völkerbund offiziell das Mandat und damit die

Verantwortung für dieses Gebiet übertragen. In der Balfour-Deklaration von 1917 erklärten sich die Briten mit der *„Gründung einer nationalen Heimstätte für das jüdische Volk in Palästina"* einverstanden.

So kam es, dass noch mehr Juden als zuvor aus aller Welt nach Israel einwanderten. Sie bauten sich dort ein normales Leben auf, eröffneten Geschäfte, trieben Landwirtschaft, gründeten Organisationen und viele der bekannten *Kibbuzim*. Sie richteten auch einen bewaffneten Selbstschutz ein, um sich vor feindlich gesinnten Menschen in ihrem Umfeld zu schützen.

Während der Ausbau der israelischen Infrastruktur zügig vorankam, zerfiel die islamische Welt: Das osmanische Kalifat wurde im Jahre 1924 abgeschafft, die Türkei unter Kemal Atatürk als säkularer Staat neu konstituiert. Dies war ein schwerer Schlag für die islamische Welt. Der türkische Herrscher war bis dahin nicht nur durch das Kalifat oberste religiöse Autorität der islamischen Welt, sondern auch Staatsoberhaupt eines mächtigen islamischen Reiches gewesen, das viele islamischen Länder unter einer zentralen Regierung vereint hatte. Dies alles gab es nun nicht mehr. Das Kalifat war abgeschafft, und die islamischen Länder wurden von westlichen Kolonialmächten wie Großbritannien, Frankreich und Italien dominiert.

Durch diese Probleme waren den Muslimen lange Zeit die Hände gebunden; sie mussten sich mit den Erfolgen der Zionisten abfinden. Bei der offiziellen Staatsgründung im Jahre 1948 sah die Situation jedoch schon ganz anders aus.

Die offizielle Staatsgründung und die Reaktion der islamischen Welt

Als die Briten ihr Mandat für Palästina 1948 niederlegten und somit ein rechtliches Vakuum entstand, war der Zeitpunkt für Israel endlich gekommen. Am 14. Mai 1948 rief David Ben-Gurion die offizielle Staatsgründung Israels aus. Es war ein historischer Moment von größter Tragweite. Die Welt hielt den Atem an, als Ben Gurion die israelische Unabhängigkeitserklärung verlas. Der Staat Israel war gegründet – und zwar in den Grenzen, die von der UNO-Vollversammlung im Jahr 1947 beschlossen worden waren.

In der islamischen und arabischen Welt löste dieses Ereignis explosionsartige Reaktionen aus.[49] Überall hörte man den Ruf nach Djihad. Der erste offizielle Aufruf zum Heiligen Krieg gegen Israel kam vom Gründer der Muslimbruderschaft* in Ägypten. Auch die berühmte Al-Azhar-Universität in Kairo, das ‚Harvard der islamischen Welt', verurteilte Israel öffentlich.

* Die Muslimbruderschaft gilt als Mutter all der Terrororganisationen weltweit.

Einer der zentralen Vorwürfe gegen Israel, der bis heute von verschiedensten Seiten immer wieder hochgespielt wird, ist der, dass die Juden die arabische Bevölkerung aus ihrem Land vertrieben hätten. In der Tat flohen nach der Staatsgründung Israels etwa 800.000 Moslems aus dem Land. In dem Zusammenhang sollte man jedoch nicht vergessen, dass gleichzeitig 900.000 Juden aus den arabischen Staaten fliehen mussten. Nach der Staatsgründung kehrten Juden aus aller Welt in die neue alte Heimat zurück. Innerhalb der ersten vier Jahre wuchs die Bevölkerung des neugegründeten Staates Israel von anfänglich 675.000 auf 1,577 Millionen Juden an. Zusammen mit den 118.000 Moslems, 15.000 Drusen und 39.000 Christen war die Gesamtbevölkerung im Jahr 1952 auf knapp 1,8 Millionen Einwohner angestiegen.

Die Serie von Kriegen gegen Israel

Der Krieg von 1948

Als direkte Reaktion auf die Staatsgründung rüsteten sich die arabischen Nachbarstaaten sofort zum Angriff auf Israel. Tausende Syrer, Iraker, Ägypter, Jordanier und Libanesen meldeten sich freiwillig zum Kampf und drängten ihre Regierungen zu schnellem Handeln. Tatsächlich erfolgten die militärischen Reaktionen schon nach wenigen Monaten. Im sogenannten *Krieg von 1948* sollte der neu gegründete Staat gleich wieder zerstört werden. Doch zum großen Entsetzen der muslimischen Völker konnte Israel all die gegnerischen Angriffe erfolgreich abwehren – und dies, obwohl die Armeen der islamischen Angreiferstaaten zahlenmäßig um ein vielfaches überlegen waren.

Als die muslimischen und arabischen Armeen nach ihrer ersten Niederlage gegen Israel in ihre Heimat zurückkehrten, war die Enttäuschung und Frustration der Bevölkerung groß.

Neuausrichtung nach der Niederlage

Die Muslimbruderschaft hatte eine andere Erklärung für die Niederlage und ermahnte die Menschen:

> *Araber und Muslime, ohne den Islam könnt ihr diesen Kampf zwischen euch und den Juden nicht gewinnen. Euer Kampf gegen Israel muss vom Islam her geführt werden.*
> *Eure Armeen konnten zerschlagen werden, weil sie säkular sind.*
> *Ihr habt nur um das Land gekämpft. Bei dem wahren Kampf geht es aber nicht um Land, sondern um den Kampf zwischen Islam und Judentum.*

Dieser Appell enthält drei entscheidende Kernaussagen:

- Die Regierungen der islamischen Länder galten als verweltlicht, da nicht vollständig an islamischen Prinzipien ausgerichtet. Sie ließen vielmehr westliche Einflüsse zu, indem sie sich beispielsweise an nichtislamischen europäischen Rechts- und Bildungssystemen orientierten. Auch die Zeitungen wurden nicht von einer islamischen Instanz kontrolliert und enthielten daher Veröffentlichungen über Hollywoodfilme und Sex sowie Frauenfotos etc., statt sich auf islamische Themen zu konzentrieren. Derartiges sei insbesondere für die jüngere Generation äußerst schädlich, da es dazu beitrage, dass die Gesellschaft sich immer weiter von ihren islamischen Wurzeln entferne.
- Diese verweltlichten Regierungen seien für die Niederlage im Kampf gegen Israel verantwortlich gewesen.
- Bei dem Kampf gegen Israel ging es im Kern nicht um das Land, sondern um die Religion. Aus Sicht der Muslimbruderschaft war es ein Kampf des Islam gegen das Judentum.

Die Unzufriedenheit über die Verweltlichung der Regierung war auch der Grund dafür, dass islamische Extremisten unter der Führung des Obersten Gamal Abdel Nasser den ägyptischen König Faruk stürzten. Ihr Ziel war nicht zuletzt, das ägyptische Militär unter dem Banner des Islam gegen Israel in den Krieg zu schicken, um dieses endlich zu besiegen.

Nach dem Putsch wurde Nasser Premierminister und später Staatspräsident. Die Muslimbruderschaft setzte große Hoffnungen in ihn. Er sollte in Ägypten endlich einen rein islamischen Staat aufrichten. Nasser lehnte dies als Sozialist und Nationalist jedoch ab. Als er sich den Zielen der Islamisten entgegenstellte, versuchten diese, ihn umzubringen. Nasser, der dem Anschlag gerade noch entkommen war, ging daraufhin energisch gegen die Muslimbruderschaft vor und verbrachte einen Großteil seiner Amtszeit damit, die Organisation der Muslimbrüder zu zerschlagen, obwohl diese ihm zur Macht verholfen hatten.

Der Sinai-Krieg

Vier Jahre nach seinem Machtantritt geriet Nasser dennoch in kriegerische Auseinandersetzungen mit Israel, ohne den Nachbarstaat jedoch selbst angegriffen zu haben. Dieser Krieg war vielmehr ein Kampf um den Suezkanal. Der Kanal stellte die einzige direkte Seeverbindung vom Mittelmeer zum Indischen Ozean dar. Sein Bau war im 19. Jahrhundert von einem französischen

Unternehmen begonnen worden, das dafür von Ägypten die Zusicherung erhalten hatte, den Kanal für 99 Jahre betreiben zu dürfen. Entgegen dieser Zusicherung verstaatlichte Präsident Nasser den Kanal 1956 – also noch vor Ablauf der Konzession der Kanalgesellschaft. Daraufhin kam es mit israelischer Unterstützung zum Angriff Frankreichs und Großbritanniens auf Ägypten. Die Angreifer waren dem Sieg über Ägypten schon sehr nahe, als sich die USA einschalteten, um den Konflikt friedlich beizulegen. So mussten die Angreifer schließlich nachgeben und sich zurückziehen. Ägypten behielt die Kontrolle über den Kanal und Nasser ließ sich als Sieger feiern.

Der Sechs-Tage-Krieg

Als Nasser die Lage im eigenen Land unter Kontrolle bekommen hatte, indem er die Muslimbruderschaft weitgehend zerschlagen hatte, konnte er sich endlich außenpolitischen Zielen zuwenden. Er wollte die islamische Welt mobilisieren, um Israel gemeinsam anzugreifen. Nasser war für folgende zwei Parolen bekannt:

> „*Wir werden Israel bekämpfen und den, der hinter Israel steht [=Amerika]*" und „*Wir werden Israel ins Meer werfen*".

Ich kann mich gut an die Zeit erinnern, als ich noch klein war und die Menschen zu Tausenden in den Straßen zusammenliefen, um Nassers Reden zuzuhören.

Israel beschloss indes, Nassers zu erwartendem Angriff zuvorzukommen. Am 5. Juni 1967 überraschte Israel Nasser und die anderen arabischen Herrscher, indem es gleichzeitig Ägypten, Syrien und Jordanien angriff. Es dauerte nur sechs Tage, bis das israelische Militär das ägyptische, syrische und jordanische Militär völlig zerschlagen und Syrien die Golanhöhen, Jordanien das Westjordanland und Ägypten die Sinai-Halbinsel abgenommen hatte.

Nach diesem überwältigenden Sieg Israels verließen viele Palästinenser die israelischen Gebiete und zogen in die umliegenden arabischen Länder, nach Jordanien, Ägypten, Syrien und Tunesien. Die islamische, vor allem die arabische Welt war erschüttert über die verheerende Niederlage im Sechs-Tage-Krieg. Sie suchte neuen Halt und fand ihn im Koran, der das Fundament ihrer Welt darstellte. Der Koran war die einzige Quelle, die definieren konnte, wie die Beziehung zwischen Moslems und Juden aussehen sollte. Selbst säkulare Muslime und die Regierungen dieser Länder begrüßten die Rückbesinnung auf die Grundlagen des Korans, und selbst die arabischen Medien wandten sich den Lehren des Korans über Juden und Judentum zu. Ich erinnere mich gut, wie in den Medien plätzlich permanent Koranverse präsentiert wurden, die darüber sprachen, wie böse Juden seien und wie sehr sie den Islam hassten.

Der Jom-Kippur-Krieg 1973

Als Nasser starb, wurde Anwar al-Sadat zum neuen Präsidenten Ägyptens gewählt. Sadat baute das Militär wieder auf und traf Vorbereitungen für einen vernichtenden Schlag gegen Israel. Im Oktober 1973 überfiel Ägypten gemeinsam mit Syrien Israel an Jom Kippur, einem hohen jüdischen Feiertag. Als die Welt bereits dachte, das Ende Israels sei besiegelt, da Sadat kurz vor einem Sieg zu stehen schien, vollbrachte der israelische Oberbefehlshaber Ariel Sharon eine strategische Meisterleistung: Es gelang ihm, die ägyptischen Truppen von Kairo abzuschneiden und ihre Kommunikation zu unterbinden. Damit hatte Israel den Krieg gewonnen.

Friedensverhandlungen

Nach dem Jom-Kippur-Krieg begannen die Vereinten Nationen und die Vereinigten Staaten von Amerika, Friedensverhandlungen zwischen Israel und Ägypten zu vermitteln. Die Moslems fühlten sich nach dieser wiederholten Niederlage vor allem enttäuscht und verwirrt. Doch eines wussten sie mit Sicherheit: Frieden mit Israel konnten, wollten und würden sie keinesfalls akzeptieren. Mit vereinten Kräften wollten die arabischen Länder Sadat davon abhalten, sich mit Israel auf ein Friedensabkommen einzulassen. Auch der irakische Staatspräsident Saddam Hussein setzte sich hierfür ein. Er lud die arabischen Länder zu einer Widerstandskonferenz in Bagdad ein, um über die Situation zu beraten.[50] Es gelang den Staatsoberhäuptern der arabischen Länder allerdings nicht, Sadat umzustimmen, und so brachen sie ihre diplomatischen Beziehungen zu Ägypten ab. Den Weg zum Frieden musste Sadat allein beschreiten.

1978 unterzeichnete er im Camp David ein Friedensabkommen zwischen Ägypten und Israel und ebnete damit erstmals in der modernen Geschichte den Weg für normale, friedliche Beziehungen zwischen Ägypten und Israel. Im Gegenzug für Ägyptens Friedensversprechen gab Israel die Sinai-Halbinsel an Ägypten zurück.

Aufstand der islamischen Welt

Die Unterzeichnung des Camp-David-Friedensabkommens löste in Ägypten und verschiedenen anderen Ländern des Nahen Ostens eine Welle der Empörung aus. Die Arabische Liga suspendierte die Mitgliedschaft Ägyptens für 10 Jahre.

Der Aufruhr in der islamischen Welt breitete sich immer weiter aus, insbesondere nach der islamischen Revolution im Iran von 1979. Der Iran unterstützte viele radikale Gruppen und nannte Israel den „kleinen" und und Amerika den „großen" Satan. Beide galten als die größten Feinde der islamischen Welt. Das Ziel der radikalislamischen Gruppen bestand darin, die säkularen Regierungen im Nahen Osten zu stürzen und sie nach iranischem Vorbild durch wahrhaft islamische Regierungen zu ersetzen. Bis dahin waren die Angriffe auf Israel immer von säkularem Militär und verweltlichten Regierungen geführt worden. Nun aber sollte der wahre Islam endlich wieder im Mittelpunkt stehen und das Fundament allen Handelns darstellen. Und auch der Kampf gegen Israel sollte von seinen religiösen Wurzeln heraus betrieben werden. Damit war die Djihad-Bewegung geboren.

Noch mehr radikale Gruppierungen zum Kampf gegen Israel

Die islamischen Bewegungen wie die *Muslimbruderschaft*, die Gruppierungen *Islamischer Djihad* und *Jamaa al-Islamiya*, sowie *Hisbollah* und *Hamas* gewannen immer mehr an Aufwind, da es ihnen gelang, Millionen Menschen in der Region davon zu überzeugen, dass säkulare Armeen niemals in der Lage sein würden, die Juden zu bekämpfen und gegen Israel zu gewinnen. Sie bezeichneten Sadat als Ungläubigen und abtrünnigen Verräter des Islam. Sie warfen ihm vor, dem *Volk der Affen und Schweine* die Hand gereicht zu haben. Ihr Leitspruch war:

> *„Wir müssen dafür sorgen, dass unsere Länder wieder vom Islam regiert werden. Der Islam muss an die Macht, um in der Geschichte des Kampfes zwischen Moslems und Juden ein neues Kapitel zu schreiben."*

Vor dem Jom-Kippur-Krieg von 1973 hatte Sadat die Medien genutzt, um die ägyptische Nation auf den Kampf gegen Israel vorzubereiten. Jetzt nutzte er sie, um die Menschen vom Frieden mit Israel zu überzeugen. Man hörte keine aufstachelnden Koranverse mehr, die Hass gegen Juden schürten, sondern Verse aus Mohammeds friedlicher Anfangszeit. Diese Strategie blieb jedoch ohne Erfolg. Das ägyptische Volk brachte auf verschiedenste Weise zum Ausdruck, dass es unter keinen Umständen zu einem Frieden mit Israel bereit sei und dem jüdischen Volk niemals die Hand reichen werde.

Das Volk führt den Kampf fort[51]

Nach dem Frieden von Camp David kamen israelische Touristen nach Ägypten, um die Pyramiden zu besichtigen, den Nil und viele andere Stätten, wo ihre Vorfahren einst gelebt hatten. Sie waren glücklich, dass zwischen Israel und Ägypten endlich Frieden herrschte, und wollten die Gelegenheit dieser neu geschlossenen Freundschaft nutzen. So kamen sie nach Ägypten, mussten jedoch persönlich erleben, dass dieser Friede höchstens auf dem Papier bestand. Statt auf Gastfreundschaft stießen sie nach wie vor auf Ablehnung und Hass.

Am 4. Februar 1990 wurde in der Stadt Ismailia ein Bus mit israelischen Touristen von islamischen Fundamentalisten angegriffen. Neun Israelis wurden getötet und 21 weitere verletzt.[52]

Einmal hatte ein verliebtes jüdischen Pärchen auf dem Tahrirplatz in Kairo eine tödliche Begegnung. Als der junge Mann seine Freundin in aller Öffentlichkeit küsste und dabei von einem Mitglied einer fundamentalistischen Gruppierung gesehen wurde, zog dieser ein Messer, ging auf den jungen Mann zu, der das Mädchen geküsst hatte, stach auf ihn ein und tötete ihn.

Auch kann ich mich noch gut an eine ähnliche Begebenheit erinnern, von der ich damals aus den Medien erfahren hatte. Es ging um einen jungen ägyptischen Soldaten, der an der Grenze zu Israel in der Sinaiwüste stationiert war. Es war zur Zeit des Fastenmonats Ramadan. Als der junge Soldat eine Gruppe jüdischer Mädchen sah, die mit T-Shirts und kurzen Hosen bekleidet und somit nach islamischen Maßstäben nicht ordnungsgemäß verhüllt waren, fühlte er sich in seinem religiösen Empfinden durch dieses „unsittliche" Auftreten so angegriffen, dass er mit seinem Gewehr auf die Gruppe schoss und alle sieben Mädchen tötete.[53]

Im Jahr 1981, also etwa drei Jahre nach Unterzeichnung des Friedensabkommens, wurde Sadat von militanten Moslems ermordet. Die Attentäter wollten die Macht in Ägypten an sich reißen, doch sie konnten durch schnelles militärisches Eingreifen gestoppt werden. Diese Militäraktion wurde durch Sadats Vizepräsident, Hosni Mubarak, befehligt, der daraufhin selbst Präsident wurde und für die nächsten 30 Jahre im Amt blieb.

Zusammenfassung

Wieder haben wir gesehen, wie die Lehren des Islam Moslems dazu getrieben haben, an der Feindschaft mit Israel festzuhalten. Als eine säkulare Regierung endlich bereit war, mit Israel in Frieden zu leben, standen djihadistische Gruppen auf, um den Kampf weiterzuführen. Sie machten ihren Standpunkt unmissverständlich klar: Sie würden Israel als Staat niemals anerkennen, niemals ein Abkommen mit ihm akzeptieren und niemals Frieden mit Israel schließen.

Bis hierher konnte Israel sich jeweils selbst erfolgreich verteidigen. Doch was wird die Zukunft bringen? Im Folgenden wollen wir uns die aktuelle Strategie anschauen, die im Konflikt der Palästinenser gegen Israel angewendet wird. Gibt es Hoffnung, dass dieser Konflikt je gelöst wird?

Der Anspruch des Islam auf das Heilige Land

An der Front des Konfliktes: Palästinenser gegen Israel

Die Frontlinie in dem Konflikt zwischen Israel und der islamischen Welt verläuft zwischen Israel und den Palästinensern und vordergründig geht es dabei um Land.

Die Thematik des Palästinenserkonfliktes ist sehr vielschichtig, zumal man sie aus verschiedensten Perspektiven beleuchten könnte – vor allem auch aus der jüdischen oder christlichen. So könnte man beispielsweise auf die biblischen Lehren zu dem Thema eingehen oder auf die geschichtlichen Entwicklungen abstellen, um zu dokumentieren, wer während der vergangenen Jahrhunderte in dem Land gelebt hat und daher möglicherweise längeres ‚Wohnrecht' hat. Wir wollen uns in diesem Kapitel jedoch ausschließlich mit der islamischen Sicht befassen, weil man auf diese Weise am besten erkennen kann, wie ernst die Lage in Israel ist.

Wenn wir hier von ‚Palästinensern' sprechen, dann geht es dabei wohlgemerkt um die arabisch sprechenden Bewohner des Westjordanlandes und des Gazastreifens und nicht um die sogenannten arabischen Israelis, also die arabischsprachigen Staatsbürger Israels, die etwa 20 % der israelischen Staatsbürger ausmachen. Aus Sicht der islamischen Welt werden die arabischen Israelis teilweise nicht einmal als vollwertige Moslems anerkannt, da sie durch ihre israelische Staatsbürgerschaft quasi auf der Seite des Feindes stehen. Und tatsächlich bekennen sich immer mehr der arabischen Israelis ganz klar zum Staat Israel, da sie die Freiheiten schätzen, die sie als israelische Staatsbürger genießen.

Doch wie stehen die Palästinenser im Westjordanland und im Gazastreifen zu Israel? Gibt es unter ihnen auch solche, die daran interessiert oder zumindest dazu bereit sind, einen Weg zu finden, um in Frieden und Harmonie mit den Juden als ihren Nachbarn zusammenzuleben? Der eine oder andere mag nun erwidern: „*Diese Frage können nur die Palästinenser selbst beantworten.*" – Dem kann ich allerdings nicht ganz zustimmen. Schließlich sind Palästinenser überwiegend arabische Moslems. Das bedeutet, dass der Koran und die Lehre des Islam für sie oberste Autorität haben und absolut verbindlich sind. Daher ist die Frage weniger, was die Palästinenser, die vor Ort leben, persönlich zu dem Thema denken. Die Frage ist vielmehr, was der Islam über die Beziehung zu Israel sagt. Und das wollen wir uns hier etwas genauer anschauen.

Sie werden in diesem Kapitel zwei islamische Glaubensüberzeugungen kennenlernen, die dafür verantwortlich sind, dass der Konflikt mit Israel niemals zur Ruhe kommen wird, nämlich

1. die Überzeugung, dass das Land dem Islam gehört
2. die Überzeugung, dass die Heilige Moschee in Jerusalem, die Al-Aqsa Moschee rein gehalten werden muss

Aus diesen Überzeugungen resultiert der Glaube

- dass Friedensverhandlungen inakzeptabel sind
- dass Israel als Nation ausgelöscht werden muss

Um die Wurzel des Problems zu verstehen, müssen wir die Situation aus der religiösen Perspektive sehen. Es wäre zu oberflächlich betrachtet, wenn man meint, es ginge hier lediglich um eine Heimat für die Palästinenser. Darum geht es sicherlich auch, doch das ist nicht der Punkt, der den Konflikt so unlösbar macht.

Die islamische Überzeugung, dass das Land dem Islam gehört

Aus Sicht der Moslems gehört das Land des heutigen Israel nicht einer bestimmten Personengruppe, sondern *das Land gehört dem Islam.* Aus diesem Grund war das Ausrufen eines jüdischen Staates aus islamischer Sicht ein Affront. Die Gründung des Staates Israel war nicht nur für die dort lebenden Palästinenser ein Problem, sondern es war in erster Linie für die gesamte islamische Welt ein Schlag ins Gesicht, weil dies als Angriff auf ihre Religion gesehen wurde. Das Land als jüdisches Eigentum zu deklarieren bedeutete aus ihrer Sicht, dem Islam sein rechtmäßiges Eigentum zu entziehen.

Dieser Aspekt wird von der Schar derer, die gegen Israel und seine Verbündeten kämpfen, jeweils deutlich betont. Die Hamas als größte und aktivste djihadistische Gruppierung im Kampf gegen Israel bringt ihre Haltung gegenüber Israel in ihrer Gründungscharta, die 36 Artikel umfasst, klar zum Ausdruck. In Artikel 11 erklärt sie den Besitzanspruch auf das ganze Land:[54]

> ***Palästina ist ein Islamischer Wafq [= heiliger Besitz/heiliger Ort],***
> ***geheiligt für künftige Moslemgenerationen bis zum Tag des Gerichtes.***
> ***Weder darf man es oder ein Teil von ihm aufgeben,***
> ***noch darf man darauf oder auf einen Teil davon verzichten.***
>
> *Charta der Hamas, Artikel 11*

Palästina ist ein islamisches Land... Und weil das so ist, ist die Befreiung Palästinas die Pflicht jedes einzelnen Moslems, wo immer er auch sein mag.

Charta der Hamas, Artikel 13

Im Jahr 2000 veröffentlichte die islamische Organisation IANA[55] ein Buch mit dem Titel ‚Nein zur Normalisierung mit Israel'. Der Autor, ein Islamgelehrter, zeichnet darin ein ähnliches Bild von den Rechten am ‚Heiligen Land':

Die Juden sind gekommen und haben dieses Land angegriffen und gestohlen.
Doch das ändert nichts an der Tatsache, dass es muslimisches Land ist und auch immer bleiben wird.

Auch wenn wir heute nicht in der Lage sind, das Land von den Juden zu befreien, bedeutet das noch lange nicht, dass wir es einfach aufgeben können.
Wir müssen dranbleiben, bis die Zeit kommt, und dann werden wir es in die islamische Welt zurückholen.[56]

Der Gedanke, dass der Islam einen Anspruch hat auf das Land Palästina (Israel) ist nicht neu. Schon der Prophet des Islam hatte vorausgesagt, dass Moslems kämpfen würden, um die Welt zu erobern:

„Der Gesandte Allahs [Mohammed] sagte:
Mir wurde geboten, gegen die Menschen zu kämpfen bis sie bezeugen, dass es keinen Gott außer Allah gibt und das Mohammed der Gesandte Allahs ist."[57]

*Dies bedeutet, dass Moslems kämpfen müssen bis die Welt vom Scharia-Gesetz regiert wird – nicht bis sich alle zum Islam bekehrt haben. Wenn die Menschen erst einmal unter islamischem Recht leben, dann können sie ‚für sich selbst entscheiden'.**

Da Israel einst Teil des ‚Hauses des Islam' war, von islamischem Gesetz regiert und von Moslems kontrolliert, müssen Moslems kämpfen, bis die Scharia dort wieder in Kraft ist.
Das islamische Gesetz kann jedoch nicht wieder eingeführt werden,

* Die Wahl wird die sein, sich zum Islam zu bekehren, die Strafsteuer zu zahlen oder zu sterben.

bevor Israel bezwungen ist. Darum wird Israel/Palästina ja auch als ‚besetztes Gebiet' bezeichnet.
Da das Land einst zur islamischen Welt gehört hat, muss es auch wieder zum Islam zurückgeholt werden.

In diesem Abschnitt haben wir nun die herrschende Meinung unter radikalen Moslems gesehen. Vielleicht ist Ihnen aufgefallen, dass hier nur Zitate radikaler Gruppen aufgelistet sind und keine Koranzitate. Wir werden darauf am Ende des Buches noch einmal ausführlich zu sprechen kommen.

Auf das zweite Argument, mit dem der Besitzanspruch auf Israel gerechtfertigt wird, das Argument, dass die Al-Aqsa-Moschee rein gehalten werden müsse, werden wir auf den nächsten Seiten ausführlich eingehen.

Zunächst sollten wir einige Begriffe klären. Die Al-Aqsa-Moschee ist die Moschee in Jerusalem, auf die wir im Anschluss näher eingehen werden. Im arabischen Denken bedeutet der Begriff *Al-Aqsa* jedoch mehr als nur dieses Gebäude an sich – er meint meist ganz Jerusalem. Die Begriffe „Al-Aqsa", „Felsendom" und „Jerusalem" werden oftmals gleichbedeutend benutzt. Auch die Bedeutung von „Jerusalem" und „Israel" geht – je nach Zusammenhang – im Sprachgebrauch oft fließend ineinander über. Entscheidend ist dabei, dass Al-Aqsa im Islam als Heilige Stätte gilt und deshalb so große Bedeutung für die islamische Welt hat.

Die zentrale Bedeutung der Al-Aqsa Moschee

Der zweite zentrale Grund für den Kampf gegen Israel liegt in der Überzeugung, die Al-Aqsa Moschee in Jerusalem, die als drittheiligste Stätte des Islam gilt, müsse ‚rein gehalten' werden. Erbaut wurde diese Moschee von Umar ibn al-Khattab, dem zweiten Kalifen des Islam. Seit ihrer Errichtung wurde sie ohne Unterbrechung genutzt und gehört der islamischen Welt. Diese Moschee *rein zu halten* bedeutet, dass sie keinesfalls unter die Herrschaft von ‚Ungläubigen' fallen darf.*

Menschen aus westlichen Ländern können meist nur schwer erfassen, von welch immenser Bedeutung es für Moslems ist, die Heiligen Stätten *rein zu halten* und sie nötigenfalls zu verteidigen. Aus jüdischer oder christlicher

*Ein absolutes Zutrittsverbot für ‚Ungläubige' gilt zwar nur für die beiden Heiligsten Stätten des Islam, die Moscheen in Mekka und in Medina. Alle anderen Moscheen, selbst die Moschee in Al-Azhar in Kairo, als auch die Al-Aqsa in Jerusalem, dürfen von Ungläubigen grundsätzlich, aber nicht immer betreten werden.

Sicht ist das nicht so leicht nachzuvollziehen, weil Kirchen und Synagogen nicht die gleiche Bedeutung als *Heilige Stätte* beigemessen wird. Als beispielsweise im Jahre 2002 die Geburtskirche in Bethlehem von gewalttätigen Palästinensern belagert wurde, sah man nirgendwo Christen zu den Waffen greifen. Wäre umgekehrt eine heilige Stätte des Islam von Christen besetzt worden, hätten Moslems im ganzen Nahen Osten mit größter Wahrscheinlichkeit zu den Waffen gegriffen.

Derzeit wird die Stadt Jerusalem von Israel regiert und die Al-Aqsa Moschee und das Gelände um sie herum gehört den Moslems. Auf dem Hügel, wo die Al-Aqsa Moschee liegt, dem sogenannten Tempelberg, stand früher der große Tempel, den Salomo erbaut hatte. Zu Jesu Lebzeiten stand hier der Tempel des Herodes, der im Jahre 70 n. Chr. zerstört wurde. Moslems haben ihre heiligen Stätten auf dem Tempelberg mit einer großen Mauer umgeben.

Das Wissen, dass rings um die Al-Aqsa-Moschee „Ungläubige“ leben und arbeiten, ist für strenggläubige Moslems unerträglich. So hatte auch Osama Bin Laden 1998 eine entsprechende Fatwa gegen Amerika und Israel erlassen:

> *Die Anordnung, Amerikaner und ihre Verbündeten – Zivilisten und Militär – zu töten, ist Pflicht jedes einzelnen Moslems, der dies ausführen kann, in welchem Land auch immer, wo es eben möglich ist, dazu beizutragen, dass die Al-Aqsa Moschee und die heilige Moschee [in Mekka] aus deren Griff befreit werden, und dass ihre Armeen die Länder des Islams verlassen – geschlagen und unfähig, irgendeinen Moslem zu bedrohen.*[58]

Die radikale Befreiung heiliger Stätten ist nicht nur ein Vorwand islamischer Gruppen, um von ihren wahren Motiven abzulenken, sie ist das wahre Motiv!

Aus radikal islamischer Sicht genügt es nicht, dass die heiligen Stätten selbst unter muslimischer Kontrolle stehen, sondern auch das ganze Umfeld soll von der Verunreinigung durch die Gegenwart unreiner nicht-Muslime, wie beispielsweise von Amerikanern und Juden gesäubert werden.

Was ist das Besondere an der Al-Aqsa-Moschee?

Haben Sie sich schon einmal gefragt, was an der Al-Aqsa-Moschee eigentlich so außergewöhnlich ist, dass sie als drittheiligste Stätte der islamischen Welt gilt? Diese Moschee gilt deshalb als besonders heilig, weil hier Mohammeds berühmte nächtliche Reise stattgefunden haben soll. Die islamische Geschichtsschreibung berichtet darüber Folgendes:

Eines Morgens habe Mohammed seinen Anhängern mitgeteilt, dass Allah ihn in der Nacht zuvor auf eine übernatürliche Reise geführt hätte. Der Engel Gabriel sei gekommen und hätte eine Art Maulesel dabei gehabt. Auf diesem Tier sei Mohammed durch den nächtlichen Himmel geritten, beziehungsweise geflogen – von Mekka, wo er wohnte, nach Jerusalem. In Jerusalem hätten die Propheten Allahs schon auf ihn gewartet, und zwar an der Stelle, wo der jüdische Tempel stand.

Mohammed habe die Propheten dann im islamischen Gebet angeleitet. Dann habe der Engel Gabriel Mohammed auf eine weitere Reise geführt, nämlich in den Himmel, wo er Allah begegnet sei. Dieses Ereignis wird auch oft *„Mohammeds Himmelsreise"* genannt. Bei dieser Begegnung habe Mohammed mit Allah die Anzahl der täglichen Gebetszeiten verhandelt und habe die Zahl von fünfzig auf fünf Gebetszeiten pro Tag herunterhandeln können. Danach habe der Engel Gabriel Mohammed auch in die Hölle geführt. Wie Mohammed seinen Anhängern hiervon berichtete, sei die Hölle überwiegend von Frauen bevölkert gewesen – vor allem von Frauen, die zu viel gemurrt hätten und ihren Männern gegenüber undankbar gewesen seien. Eine der Frauen sei deshalb in der Hölle gelandet, weil sie ihre Katze in einem Zimmer ohne Futter und ohne Wasser eingeschlossen habe. Eine andere Frau sei in Ketten aufgehängt gewesen, weil sie Ehebruch begangen habe.

Am Ende der Nacht sei Mohammed wieder auf dem Tier nach Mekka zurückgereist.

Die Details des Berichtes von dieser nächtlichen Reise sind alle in den Hadithen zu finden. Doch auch im Koran findet sich eine Offenbarung darüber:

> *Preis Ihm [Allah],*
> *der bei Nacht Seinen Diener [Mohammed] hinwegführte*
> *von der Heiligen Moschee [Mekka]*
> *zu der Fernen Moschee [Jerusalem],*
> *deren Umgebung Wir [Allah] gesegnet haben.*
>
> Sure 17:1

Als Jerusalem weniger als ein Jahrhundert nach Mohammeds Tod vom islamischen Militär erobert wurde, erinnerte man sich an den Bericht von der *nächtlichen Reise*. Der Heerführer habe daher angeordnet, die Stätte des ehemaligen Tempels ausfindig zu machen, um dort eine Moschee zu bauen. Entsprechend dem oben genannten Koranvers nannte man die Moschee *Al-Aqsa Moschee,* was *die ferne Moschee* bedeutet.

Die Juden und die Moschee

Verschiedene jüdische Gruppen arbeiten bereits seit vielen Jahren intensiv an Plänen zum Wiederaufbau des jüdischen Tempels in Jerusalem, und zwar genau an der Stelle, wo der frühere Tempel gestanden hatte. Für diesen *Dritten Tempel* müsste die Al-Aqsa Moschee jedoch weichen. Es gab bereits mehrere Versuche, vor allem von orthodoxen Juden, die Al-Aqsa Moschee zu beseitigen. Mehrmals sind Juden in die Moschee eingedrungen und haben dort jüdische Gebete verrichtet. Es kam auch zu Schießereien am Felsendom und zahlreiche Bombenanschläge wurden aufgedeckt.

Dies zeigt, dass der Kampf um den Tempelberg auch von einigen radikalen jüdischen Kräften mit Eifer betrieben wird. Diese Bestrebungen, das Gelände des Tempelberges mit der Al-Aqsa Moschee an sich zu reißen, werden vermutlich auch nicht nachlassen bis das Ziel erreicht ist. Sollte dies gelingen, würden die Reaktionen seitens der muslimischen Welt verheerend sein. Meiner Ansicht nach ist es nur eine Frage der Zeit, bis dieser Fall eintreten wird – es sei denn der Tempelberg stürzt vorher auf natürlichem Wege ein. Durch die unterirdische Freilegung der von König Salomon erbauten Räumlichkeiten ist die Stabilität des Tempelberges bereits stark gefährdet. So könnte schon ein Erdbeben ausreichen, um den darüber liegenden Tempelberg zum Einsturz zu bringen.

Wie heftig die Reaktionen der islamischen Welt sein werden, kann man sich ausrechnen, wenn man vergleicht, wie maßlos sie in einer ähnlichen Situation ausfielen, als es jedoch um eine gewöhnliche Moschee in Indien ging – also keine besonders heilige Stätte. Nachdem die islamische Armee in Indien eingefallen war, hatte sie im Jahr 1528 in der Stadt Ayodhya eine Moschee an genau der Stelle erbaut, wo vorher ein Hindutempel gestanden hatte, der als Geburtsstätte des Hindugottes Rama gegolten hatte. Als diese Moschee im Jahr 1992 – also ein paar hundert Jahre später – von Hindus zerstört wurde, kam es zu einem Racheakt, in dem Moslems tausende Hindus töteten. Dessen ungeachtet behielten die Hindus die Kontrolle über die Stätte und bauten ihren Tempel wieder auf. 2002 kam es erneut zu einem Anschlag durch radikale Moslems. Diese griffen einen Zug hinduistischer Pilger an, die gerade ihren Tempel besucht hatten. Die Angreifer warfen mit Steinen und schossen mit Feuerwaffen auf die Gläubigen. 58 Hindus starben und hunderte wurden verletzt. Dieses Ereignis entfachte heftige Kämpfe zwischen moslemischen und hinduistischen Aktivisten in ganz Indien.[59]

Wenn wir bedenken, dass diese erbitterten und ausufernden Gefechte mit unzähligen Toten und Verletzten der Verteidigung einer einfachen Moschee galten, kann man sich ausmalen, welche Katastrophe ausgelöst würde, wenn man der islamischen Welt mit der Al-Aqsa-Moschee ihre drittheiligste Stätte nehmen würde. Dies würde explosionsartig zu Ausschreitungen auf der ganzen Welt führen. Es würde die gesamte islamische Welt gegen die gesamte westliche Welt aufbringen. Und Terroristen würden überall Anschläge auf Israel und seine Verbündeten verüben.

Wir haben nun die zwei zentralen Aspekte betrachtet, warum die islamische Welt das Land Israel beansprucht. Im Folgenden wollen wir die Haltung der islamischen Welt gegenüber den Juden näher betrachten.

Diskriminierung der Juden im islamischen Gesetz

Was die Haltung der islamischen Welt gegenüber Juden angeht, ist wiederum das Vorbild Mohammeds maßgeblich!

Mohammed beseitigte noch zu seinen Lebzeiten alles jüdische Leben in Arabien. Er tötete die Juden oder vertrieb sie aus Arabien, ebenso wie Kaiser Titus die Juden aus Rom vertrieben hatte. Wohin sie aber auch gingen, der Islam folgte ihnen. Immer und immer wieder gerieten sie unter islamische Herrschaft.

Wann immer der Islam ein Land kontrollierte, wurde automatisch das islamische Gesetz zum Standard. Und gemäß dem islamischen Gesetz hatten Juden und Christen nur drei Möglichkeiten: sich zum Islam zu bekehren, der islamischen Herrschaft eine Strafsteuer zu zahlen oder getötet zu werden.*

Ferner wurde in islamisch regierten Ländern die Richtlinie über den Umgang mit den „Schriftbesitzern" oder „Leuten des Buches" (Juden und Christen) angewendet.** Diese stammt aus der Regierungszeit des zweiten Kalifen, Umar Ibn al-Khattab. Umar war Mohammeds Schwiegervater – der Vater von Hafsa, der als solcher im engsten Umfeld von Mohammed gelebt und auch einige der Hadithen verfasst hatte. Er hatte vier Jahre nach Mohammeds Tod dessen Nachfolge übernommen. Da Umar dem Propheten sehr nah gestanden hatte, können wir sicher sein, dass er das islamische Reich ganz im Sinne Mohammeds regierte. Aus diesem Grund sind auch seine Richtlinien über den Umgang mit den Leuten des Buches von so großer Bedeutung.

Diese Richtlinien waren dazu bestimmt, von Moslems und und muslimischen Herrschern befolgt zu werden – zu jener Zeit und für alle Zukunft. Hier nun eine thematisch gegliederte Übersicht über diese Richtlinien:

* Für Götzendiener entfiel die Option der Strafsteuer. Sie hatten nur die Wahl, sich zum Islam zu bekehren oder zu sterben.

** Auch Samariter galten als *Leute des Buches*, da auch sie Teile des Judentums praktizeirten.

Scharia-Richtlinien über den Umgang mit Juden

Demütigung der Juden

- Den „Leuten des Buches“* war es strengstens untersagt, sich Moslems gegenüber in irgendeiner Art respektlos zu verhalten. Auch durften sie gegenüber dem Islam, dem Propheten oder dem Koran keinerlei Ablehnung zum Ausdruck bringen.
- Wenn ein Moslem an einem Juden vorüberging, der am Straßenrand saß, so musste der Betreffende aufstehen, um dem Moslem Respekt zu erweisen.
- Wenn ein Jude die Straße entlang lief und ein Moslem kam ihm entgegen, so musste er umkehren und sich einen anderen Weg suchen.
- Juden war es nicht gestattet, auf einem Pferd zu reiten. Sie durften höchstens auf Eseln reiten. Pferde waren Moslems vorbehalten.
- Beim Reiten mussten Juden seitlich sitzen, also im Damensitz. Der normale Sitz (mit einem Bein auf jeder Seite) war Moslems vorbehalten.
- Leuten des Buches war es nicht gestattet, Häuser zu bauen, die höher waren als die Häuser der Moslems. (Die Höhe eines Hauses war insofern von Bedeutung, als sie als Zeichen von Ehre galt. Moslems sollten in jeder Hinsicht immer höher stehen als Andersgläubige.)
- Einem jüdischen Mann war es nicht erlaubt, eine muslimische Frau zu heiraten. Einem moslemischen Mann hingegen war es gestattet, eine jüdische oder christliche Frau zu heiraten.

Juden durften Moslems nicht beleidigen

- Juden war es nicht erlaubt, in Gegenwart von Moslems Alkohol zu trinken. Wenn sie in ihren Häusern Alkohol konsumierten, mussten sie darauf achten, das Haus nicht in angetrunkenem Zustand zu verlassen, um nicht von Moslems so gesehen zu werden.
- Juden war es nicht erlaubt, ihre Toten bei Tageslicht zu begraben, wenn Moslems sie sehen könnten. Sie mussten ihre Särge in aller Stille bei Nacht zum Friedhof bringen, um sie dort zu begraben. Sie durften auch nicht in der Öffentlichkeit um ihre Toten weinen, wo Moslems sie hören konnten.

Religionsausübung

- Juden durften ihre Stimmen in ihren Synagogen nicht so laut erheben, dass man sie außerhalb des Gebäudes hören könnte.

* Diese Regeln gelten alle für ‚die Leute des Buches‘ – also auch für Christen, auch wenn diese im Folgenden nicht explizit genannt werden.

- Juden durften ihre religiösen Feste nicht öffentlich feiern, damit Moslems sie nicht bei ihrer Religionsausübung sehen mussten.
- Juden war es nicht erlaubt zu versuchen, Moslems missionieren.

Gesetzgebung, Regierung und Militär – Ausschluss von Juden

Juden war es nicht erlaubt,

- hohe Regierungsämter zu bekleiden,
- Militärdienst zu leisten,
- irgendeine Gruppierung zu unterstützen, die Moslems den Krieg erklärt hatten,
- Waffen zu tragen,
- vor Gericht gegen einen Moslem auszusagen.
  Wenn ein Moslem einen Juden oder Christen umgebracht hatte, durfte er dafür nicht mit dem Tode bestraft werden. (Mohammed sagte in einem Hadith: „Ein gläubiger Moslem kann nicht für einen Ungläubigen getötet werden.“)

Kleidungsvorschriften

- Für Juden waren nur spezielle Kleidung und spezielle Farben erlaubt, damit man sie als Ungläubige identifizieren konnte. (Die Farbe der Christen war blau. Die Farbe der Juden gelb. Für Samariter galt rot.)
- Jüdische und Christliche Frauen mussten verschiedenfarbige Schuhe tragen. Mit anderen Worten, sie sollten unpassende Schuhe tragen: der rechte Schuh sollte eine andere Farbe haben als der linke.

Der Grundgedanke hinter diesen Regeln war der, dass die Leute des Buches als unreine und dreckige Ungläubige galten und daher wie Aussätzige behandelt werden sollten. Sie sollten von Moslems ferngehalten werden und in der Öffentlichkeit Moslems gegenüber immer untergeben sein.

Die jüdischen Leiter waren verantwortlich dafür, dass die Regeln auch wirklich befolgt wurden. Im Falle eines Verstoßes konnte der Beschuldigte vor das islamische Gericht gebracht werden, wo über die Strafe entschieden wurde.

Die Reaktion meiner Studenten

Als ich in Ägypten islamische Geschichte und Kultur lehrte, behandelte ich mit meinen Studenten auch diese Richtlinien über den Umgang mit Andersgläubigen. Meine Studenten waren davon stets begeistert. Es gefiel ihnen, dass Mohammeds Nachfolger den Islam gegen die „Ungläubigen“ durchgesetzt hatten. Wehmütig und frustriert klagten sie: *„Schaut nur, wie weit wir gefal-*

len sind. Heute werden diese Regeln nicht mehr eingehalten. Unsere islamischen Leiter sind nicht stark genug, sie auch weiterhin durchzusetzen." Sie wünschten, solche Standards wieder erleben zu können.

Die Richtlinien in der Praxis

Umar, der zweite Nachfolger Mohammeds, hatte diese Regeln zur Zeit seiner Führung der islamischen Welt eingeführt, und jeder islamische Führer, der danach kam und den Islam treu und gewissenhaft fortführte, sorgte auch für die Einhaltung dieser Regeln. Wenn es ein Führer damit nicht so genau nahm, konnte es vorkommen, dass die Moslems selbst die Sache in die Hand nahmen. Hier einige Beispiele dafür:

- Im Jahr 1066, als Spanien unter islamischer Herrschaft stand, brachte eine militante Gruppe von Arabern 5000 Juden um, weil sie der Ansicht waren, dass diese zu großen politischen Einfluss hatten.
- Als im Jahr 1465 von einem jüdischen Mann behauptet wurde, er habe eine muslimische Frau respektlos behandelt, brachten Araber in ganz Marokko tausende Juden um. In der Stadt Fez blieben nur elf Juden am Leben.

Dies sind nur zwei Beispiele. Es gäbe unendlich viele weitere Beispiele für Massenmorde, Zerstörung von Synagogen und Zwangsbekehrungen zum Islam.

Die vermutlich schlimmsten Judenverfolgungen durch Moslems fanden zwischen 996 und 1301 in Ägypten statt, dem damaligen Zentrum der islamischen Welt. Im Jahr 1006 erließ das damalige islamische Oberhaupt, Sultan Al-Hakim Beamur-Allah, die Anordnung, dass Juden und Christen künftig nur noch zwei Optionen haben sollten: sich zum Islam zu bekehren oder Ägypten zu verlassen. Millionen von Christen nahmen den Islam an. Den verbleibenden Juden und Christen nahm der Sultan all ihr Geld und Eigentum. Die jüdische Gemeinschaft in Kairo musste miterleben, wie man ihre gesamte Wohnsiedlung abbrannte – Häuser, Geschäfte, Synagogen – einfach alles. Als nächster Schritt wurden die verbleibenden Juden in ein Gebiet außerhalb Kairos im Süden der Stadt verbannt.[60]

Tolerante Moslems

Um das Thema zu vervollständigen, sei erwähnt, dass es schon damals einige Moslems gab, die Juden und Christen akzeptierten, zumal sie sehr von deren besonderen Talenten profitierten. Hier ein paar Beispiele:

- Muawiya (661-680), der erste Kalif, der kein Gefährte Mohammeds war, zeigte sich Juden gegenüber sehr tolerant und bezeichnete sie als „treue Verbündete".[61]

- Im islamischen Bagdad von 880-930 gab es viele einflussreiche jüdische Bankiers.[62]
- Von Spanien, wo die islamische Regierung in kleine Fürstentümer aufgeteilt war, gibt es Berichte aus dem Jahr 1031, die belegen, dass auch jüdische Würdenträger zu hohen Ämtern zugelassen waren.[63]

Es gab sie also – solche „rühmlichen Ausnahmen" friedlichen Zusammenlebens. Und doch waren es eben nur Ausnahmen, da sie der Lehre des Islam und dem Vorbild ihres Propheten widersprachen.

Die Rolle muslimischer Gelehrter und ihrer Fatwas

In diesem Kapitel wollen wir uns anhand einiger Beispiele der islamischen Rechtsprechung anschauen, wie die muslimischen Gelehrten von heute das Vermächtnis Mohammeds fortführen und wie die Islamgelehrten von heute gegenüber Israel eingestellt sind.

Wenn wir den Begriff „Rechtsprechung" hören, verstehen wir ihn in der Regel als Element der Gewaltenteilung, wie wir sie in all den westlichen Ländern kennen: Legislative (Gesetzgebung) – Exekutive (Vollziehung) – Judikative (Rechtsprechung). Da wir in der westlichen Welt außerdem eine Trennung von Staat und Kirche haben, hat bei uns die Rechtsprechung in der Regel nichts mit Religion zu tun.

Wenn wir jedoch über den Islam sprechen, müssen wir uns bewusst machen, dass es nach der islamischen Lehre keine Trennung von Staat und Religion gibt. Mohammed verkörperte sowohl Gesetzgebung als auch vollziehende Gewalt (Militärführung) und Rechtsprechung. Das ureigenste Prinzip des Islam besteht gerade in dem Verständnis, dass Allah die oberste und einzige(!) Autorität darstellt. Nach islamischem Verständnis hat Allah allein das Recht, Gesetze zu machen. Wenn also Menschen sich das Recht herausnehmen, nach eigenem Ermessen Gesetze zu erlassen, wie dies in den Demokratien der westlichen Welt üblich ist, so gilt dies nach islamischer Lehre als Gotteslästerung (Blasphemie). Deshalb ist Demokratie nach westlichem Verständnis aus islamischer Sicht unzulässig.

Taucht nun in der islamischen Welt eine rechtliche Frage auf, die bisher nicht eindeutig geklärt ist, so haben die muslimischen Gelehrten die Aufgabe, in Anwendung des islamischen Rechts eine Antwort zu formulieren. Das Recht hierzu haben nur qualifizierte Islamgelehrte. Die Rechtsauskunft des Gelehrten, die sogenannte *Fatwa*, wird dann Bestandteil des islamischen Gesetzes und somit verbindlich für alle Moslems für alle Zeit.

Im Folgenden sehen wir einige Beispiele solcher Fatwas.

Fatwa über die Juden von heute

Einmal fragte ein Moslem an, ob all die bestehenden islamischen Lehren über Juden auch heute noch verbindlich seien, oder ob sie nur für die Juden zu Mohammeds Zeit galten. Der berühmte Islamgelehrte Scheich Abdul Rahman Al-Gebren beantwortete die Frage mit der folgenden Fatwa, in der er erklärte, dass es zwischen den heutigen Juden und den Juden zu Mohammeds Zeit keinen Unterschied gebe:

Allah bezeichnete die Juden als ‚die Leute des Buches'.
Dieses Buch (die Thora) wurde durch ihre Hand verändert und verfälscht und es wurde durch die Botschaft des Propheten Mohammed aufgehoben, dessen Prophetenschaft von Juden abgelehnt wird.[64]

Fatwa nr. 6423

Mit anderen Worten: Der Koran definiert Juden als die Menschen der Thora, die nicht an Mohammed glauben. Dieser Definition folgend gibt es keinen Unterschied zwischen den Juden von heute und denen von damals. Infolgedessen – so der Rechtsspruch dieses Gelehrten – „gelten sämtliche islamische Lehren über den Umgang mit Juden noch heute ebenso wie damals".

Fatwa gegen Friedensabkommen

Bei dieser Fatwa geht es um die Frage, ob Versöhnung und Friedensabkommen mit Juden heute erlaubt sind. Das maßgebliche Al-Azhar-Komitee für Rechtsfragen hat dazu 1956 die folgende Fatwa herausgegeben:[65]

„Moslems können sich nicht mit Juden versöhnen oder irgendeine Art von Friedensabkommen mit ihnen abschließen, da sie [die Juden] moslemisches Land (Palästina) besetzt halten, [Moslems] angegriffen und ihr Geld gestohlen haben.
Es ist Pflicht aller(!) Moslems, ungeachtet der Unterschiede hinsichtlich der Sprache, Hautfarbe oder Rasse, sich als Moslems zusammenzuschließen, um dieses Land zu befreien und es ihrem Volk zurückzugeben.
Ein Moslem, der diesbezüglich Kompromisse macht oder andere Moslems vom Djihad abhält oder der auf irgendeine Weise Spaltung unter den Moslems bewirkt oder die Besetzer gegen Araber und den Islam stärkt, der gilt in den Augen des islamischen Gesetzes nicht mehr als Moslem. Eine solche Tat wird als schwerstes Verbrechen angesehen."

Vielleicht fragen Sie sich jetzt, wie es dann zu dem Friedensabkommen zwischen Ägypten und Israel kommen konnte, das 1979 in Camp David unterzeichnet und von Ägypten auch tatsächlich eingehalten wurde.

Nun, wie wir bereits in einem früheren Kapitel gesehen haben, war dieses Friedensabkommen in der moslemischen Gesellschaft auf breiten Widerstand gestoßen, weil es der islamischen Lehre und der öffentlichen Meinung der islamischen Welt widersprach. Auch von den meisten Islamgelehrten wurde das Friedensabkommen scharf verurteilt.

Nicht umsonst wurde dem ägyptischen Präsidenten Sadat in den letzten Jahren seiner Amtszeit von seinem eigenen Volk Verrat vorgeworfen – Verrat an seinem Volk, den Moslems und Arabern und vor allem Verrat am Islam selbst.

Aufgrund der oben erwähnten Fatwa galt Sadats Handeln als schweres Verbrechen, und Sadat wurde nicht mehr als Moslem anerkannt. Da das islamische Gesetz vorschreibt, dass auf den Abfall vom Islam (Apostasie) die Todesstrafe steht, wurde Sadat ermordet. Radikale islamische Gruppen vollstreckten das islamische Gesetz auf eigene Faust. Sadat musste für das Friedensabkommen einen hohen Preis bezahlen – es kostete ihn sein Leben.

Vielleicht mag der eine oder andere jetzt fragen: *„Aber was ist mit Ägypten heute? Obwohl nach dem Arabischen Frühling mit der Muslimbruderschaft und den Salafisten* die radikalislamischen Gruppen an die Macht gekommen sind, wurde das Friedensabkommen dennoch nicht sofort aufgehoben. Bedeutet das nicht, dass diese radikalen Moslems das Friedensabkommen akzeptieren?"*

Die Tatsache, dass die Muslimbruderschaft das Friedensabkommen nicht sofort aufgehoben hat, bedeutet noch lange nicht, dass sie das Friedensabkommen tatsächlich toleriert oder gar akzeptiert. Es wurde zwar seitens der Leitung der Muslimbruderschaft öffentlich angekündigt, dass das bestehende Friedensabkommen mit Israel im Falle eines Wahlsieges der Muslimbruderschaft nicht aufgehoben werde. Gleichzeitig wurde jedoch darauf hingewiesen, dass letztlich das ägyptische Volk darüber zu entscheiden habe. Wie die ägyptische Bevölkerung sich im Falle einer Abstimmung zu dieser Frage entscheiden würde, war jedoch klar: Sie würde das Friedensabkommen auf jeden Fall aufheben. Schließlich ist die große Mehrheit der Ägypter tief im Glauben verwurzelt, und nach dem islamischen Gesetz sind Friedensabkommen mit Feinden des Islam inakzeptabel, insbesondere, wenn Moslems in einer über-

* Der Begriff ‚Salafi' kommt aus dem Arabischen und bedeutet 'Vorgänger' oder ‚Vorfahre'. Salafisten glauben, dass die ersten Anhänger Mohammeds am besten wussten, wie der Islam zu interpretieren sei. Sie nehmen sich daher die frühen Anhänger und Nachfolger Mohammeds zum Vorbild und versuchen, deren Lebensstil möglichst originalgetreu nachzuahmen.

legenen Position sind (und nicht in einer Position der Schwäche). Der Koran schreibt Moslems vor, dass sie keinen Frieden schließen sollen, wenn sie in einer überlegenen Position sind:

> *So ermattet nicht [im Kampf], damit ihr nicht nach Frieden rufen müsst; denn ihr sollt obsiegen.*
>
> Sure 47:35

Mit dem Wahlsieg der Muslimbruderschaft nach dem Arabischen Frühling sind die Moslems nun an der Macht in Ägypten und haben somit diese Position der Überlegenheit erreicht. Aus diesem Grund hat Dr. Muhammad Badia, der Vorsitzende der Muslimbruderschaft, unmittelbar nach dem Sieg der ägyptischen Revolution kampflustig erklärt: „*Israel und das zionistische Regime werden ab dem heutigen Tag nicht mehr ruhig schlafen können, bis Palästina befreit ist.*"[66]

Wenn die Muslimbrüder den Friedensvertrag von einer Volksabstimmung abhängig machen, heißt das nicht, dass sie daran festhalten. Das ist nur Taktik. Darauf werden wir später noch genauer eingehen.

Fatwa über Hebräisch für Moslems

Eine weitere Fatwa befasst sich mit der Frage, ob es Moslems gestattet ist, Hebräisch zu lernen. Die folgende Frage wurde den Islamgelehrten unterbreitet:

> *In unserer heutigen Zeit sehen wir immer öfter junge Leute, die gerne Hebräisch lernen würden und wir haben gehört, dass einige Universitäten und Schulen im Nahen Osten spezielle Fachbereiche eröffnet haben, wo Hebräisch gelehrt wird. Ist es uns als Moslems denn erlaubt, Hebräisch zu lernen?*

Scheich Yasir Burhami veröffentliche in Beantwortung dieser Frage am 30. Dezember 2008 folgende Fatwa:

> *Ein Moslem, der Hebräisch lernt, um mehr über die Juden zu erfahren, über ihre verruchten Taten, ihre boshafte Haltung und ihre gottlosen Pläne für alle Menschen, und darüber, wie wenig vertrauenswürdig sie sind – wer darüber mehr lernen möchte, um all diese Dinge aufzudecken und öffentlich bekannt zu machen, der erweist dem Islam einen großen Dienst, und Allah wird diesen Moslem, der dies tut, belohnen.*

Wenn aber ein Moslem Hebräisch lernen möchte, um den Juden näher zu kommen, um sich mit ihnen anzufreunden oder ihnen zu dienen, der wird als einer angesehen, der sich mit den Feinden Allahs verbündet. Und nach dem islamischen Gesetz fällt solch ein Verhalten unter die Regelung über das Verbrechen der Apostasie (Abfall vom Islam).[67, 68]

Aus dieser Fatwa geht hervor, dass sich die Haltung gegenüber Juden bis zum heutigen Tag nicht verändert hat. Juden gelten nach wie vor als übel, bösartig, gottlos, nicht vertrauenswürdig und als Feinde Allahs. Darum gilt jeder Moslem, der es wagt, mit ihnen Gemeinschaft zu haben, sich gar mit ihnen anzufreunden oder ihnen Gutes zu tun, als vom Glauben abgefallen, als Abtrünniger, als Apostat. Und auf Abfall vom Islam steht bekanntlich die Todesstrafe.

Man erkennt an solchen Fatwas, wie sehr das islamische Gesetz, die Rechtsprechung der islamischen Gelehrten und die Lehren und Handlungsweisen radikalislamischer Gruppen übereinstimmen. Fundamentalistische Moslems werden bezüglich ihres Glaubens niemals Kompromisse eingehen – egal, wie die Umstände sind.

Wenn wir die Positionen heutiger radikaler Moslems, aber auch konservativer Islamgelehrter mit dem vergleichen, was wir über Mohammed und seine Anhänger aus dem siebten Jahrhundert wissen, so werden wir feststellen, wie sehr sie sich gleichen: Die Art und Weise, wie Mohammed damals gelebt und die Dinge gehandhabt hat, prägt auch heute noch einen großen Teil der islamischen Gesellschaft.

Als ich noch ein Kind war und als strenggläubiger Moslem aufwuchs, hörte ich immer und immer wieder den folgenden Spruch: *Islamak, Islamak, Lahmak wadinak* – was so viel bedeutet wie: *Islam, Islam, dein Fleisch und deine Religion.*

Die Juden in den arabischen Medien

Antijüdische und antiisraelische Propaganda durchzieht sämtliche arabischen Medien: das Fernsehen – in allen Programmen: die Nachrichten, Spielfilme und sogar Bildungsprogramme. Man findet sie in Zeitungen und Zeitschriften – selbst auch in Karikaturen und Statistiken. Überall sind antijüdische Statements zu finden – in allen Sparten und von den verschiedensten Autoren – sei es von Islamgelehrten, Wissenschaftlern oder Journalisten, von konservativen Moslems oder von liberalen. Und das nicht nur in Fernsehen und Zeitungen, sondern ebenso in Büchern.

In diesem Kapitel werden wir einen kleinen Einblick in die arabischen islamischen Medien bekommen. Auf den nächsten Seiten möchte ich Ihnen exemplarisch ein erst kürzlich veröffentlichtes Buch vorstellen, auf das ich bei meinen Recherchen, Studien und Analysen gestoßen bin. Es ist ein anschauliches Beispiel für die antijüdische Propaganda, die die öffentliche Meinung prägt. An diesem Buch kann man sehen, welch verzerrtes Schreckensbild von Juden in den Medien gezeichnet wird.

„Das Ende Israels ist Fakt – keine Phantasie"

„Das Ende Israels ist Fakt – keine Phantasie", so der Titel dieses Buches von Abdul Hassan Dehani[69]. Der Islamgelehrte zeichnet darin ein extrem negatives Zerrbild von Juden. Auf dem Titelbild des Buches ist der Koran zu sehen, aus dem heraus eine Flamme lodert und den Davidstern verbrennt. Über diesem Bild sind zwei arabische Worte zu lesen, die bedeuten: *Allahs Verheißung*. Die Botschaft der Darstellung in Worte gefasst würde dementsprechend wohl lauten: *„Früher oder später werden wir Moslems euch Juden vernichten und Israel auslöschen – denn so hat es Allah versprochen."*

Auf dem Buchrücken ist ein jüdischer Rabbiner mit Affengesicht abgebildet. Damit sollte offensichtlich die Lehre des Korans bildlich dargestellt werden, die behauptet, Allah habe Juden in Affen und Schweine verwandelt.

Judenfeindliches Buch mit dem Titel
Das Ende Israels ist Fakt – keine Phantasie

Im Folgenden wollen wir einen Blick auf den Inhalt des Buches werfen. Dabei werden Sie sehen, wie der Autor, ein Moslem unserer modernen Zeit, immer noch an Mohammeds Vermächtnis originalgetreu festhält, und wie sehr er auf die Vernichtung Israels fixiert ist.

Im ersten Kapitel stellt der Autor all die Koranverse vor, die darüber sprechen, was Allah den Juden ursprünglich Gutes getan hatte. Danach werden all die Koranverse aufgelistet, die über Treulosigkeit der Juden sprechen, über ihre Rebellion gegenüber Allah und ihre bösen Taten gegenüber Allahs Volk, den Moslems. Hier eine gekürzte Fassung der Liste dieser Vorwürfe:

Sie beten Götzen an
Sie brechen Zusagen und Vereinbarungen
Sie verschleiern die Wahrheit
Sie haben Allahs Worte verdreht und sein Buch verfälscht
Sie glauben nicht an Allah und sein Buch
Sie sind Feinde derer, die an Allah glauben
Sie versuchen, Moslems von Allah abzubringen
Sie machen sich über Moslems lustig
Sie glauben Lügen, stehlen das Geld von Waisen und sprechen Böses
Sie kämpfen gegen Allah, nehmen Zinsen und ziehen den Menschen ihr Geld aus der Tasche
Sie haben die Propheten Allahs abgelehnt und getötet
Sie leben ein böses Leben
Sie lügen Allah an
Sie sind stolz, rebellisch und arrogant
Sie sind feige und laufen auf dem Schlachtfeld immer davon
Sie sind von Allah davongelaufen
Sie haben ihre Herzen verhärtet
Sie betreiben Zauberei und Hexerei
Sie genießen lieber das irdische Leben und kümmern sich nicht um das Leben nach dem Tod
Sie lieben das Leben zu sehr
Sie lügen Moslems an und sind ihnen gegenüber heuchlerisch

Dann spricht der Autor über Allahs Strafe für die Juden, indem er all die Koranverse und historischen Berichte über Allahs Beziehung zu den Juden darlegt.

- *Allah hat (einige der) Juden in Affen und Schweine verwandelt*
- *Allah hat den Juden Dinge vorenthalten, die für sie gut gewesen wären und er sorgte dafür, dass sie in der Wildnis leben mussten*
- *Er hat ihre Herzen verhärtet und Feindschaft unter ihnen gesät*
- *Allahs Zorn bleibt auf ihnen und er sendet ihnen unentwegt Menschen, um sie zu bestrafen und zu verfolgen und zu demütigen*
- *Er legt seinen Fluch und Demütigung auf sie und droht ihnen eine schlimme Strafe an: Nach dem Tod wird er sie für ewig in die Hölle schicken*

In Kapitel zwei diskutiert der Autor den historischen Bericht des Neuen Testaments über die Juden. Er versucht, die Lehre des Korans zu untermauern, indem er Übereinstimmungen zwischen Koran und Neuem Testament aufzeigt. Außerdem bemüht er sich zu beweisen, dass Juden nicht nur Feinde der Moslems und Feinde Allahs, sondern gleichzeitig Feinde der Christen seien.

In Kapitel drei versucht der Autor anhand des Alten Testaments aufzuzeigen, dass Juden die schlimmsten und boshaftesten Menschen auf Erden seien.

In Kapitel vier und fünf spricht der Autor über das Schicksal der Juden und versucht, seine Thesen damit zu belegen. Er nimmt dabei Bezug auf die Berichte des Alten und Neuen Testaments, wobei er jedoch Texte aus dem Zusammenhang reißt und falsch interpretiert. Ganz offensichtlich verfügt der Autor nur über sehr mangelhafte Kenntnisse der Bibel.

In Kapitel sechs präsentiert der Autor Aussagen Mohammeds über das Schicksal der Juden. Dazu zieht er die Hadithe heran, die sowohl von Schiiten als auch von Sunniten anerkannt sind.

Wie Sie sehen, hat der Autor wirklich alles daran gesetzt, den Hass gegen die Juden so überzeugend wie möglich zu rechtfertigen und auf ein unerschütterliches Fundament zu stellen.

Das Buch zeigt anschaulich, wie die islamische Lehre über Juden das Denken von Moslems prägt. Und es ist nur ein Beispiel von vielen, das die tiefe Verachtung der Moslems gegenüber Juden zum Ausdruck bringt. Diese Art von Propaganda wird über die Medien im ganzen Nahen Osten verbreitet. Wie sehr die öffentliche Meinung davon tatsächlich geprägt wird, werden wir im folgenden Kapitel sehen.

Die öffentliche Meinung über Juden

Eine Meinungsumfrage, die 2009 vom Pew-Forschungszentrum in Washington D.C. durchgeführt wurde[70], kam zu folgendem alarmierenden Ergebnis:

In überwiegend muslimischen Nationen, die untersucht wurden,
ist die Meinung über Juden extrem negativ.

95-98% der Befragten brachten Ihre Ablehnung gegenüber Juden zum Ausdruck:

Eine Auswertung nach Ländern ergab:

In Jordanien haben fast alle:	97 % eine äußerst schlechte Meinung von Juden
in den Palästinensergebieten	97%
in Ägypten	95%
und im Libanon	98%.

Eine Auswertung nach Religionszugehörigkeit am Beispiel des Libanon ergab:

Unter den Moslems (Schiiten und Sunniten) waren es 98%, die eine äußerst schlechte Meinung von Juden haben und selbst unter den Christen im Libanon waren es mit 97% ebenfalls die Mehrheit.

Im Gegensatz dazu waren es erstaunlicherweise unter den israelischen Arabern nur 35% (!), die eine schlechte Meinung von Juden hatten.

Es wäre zu erwarten gewesen, dass die Araber in Israel, die zum größten Teil Moslems sind, aufgrund ihres Glaubens eine negative Haltung gegenüber Juden hätten. Doch gerade diese Moslems, die am engsten mit den Juden zusammenleben, haben offensichtlich ein sehr positives Bild von ihnen. Das bedeutet auch, dass die positiven Erfahrungen im Zusammenleben mit Juden hier die Auswirkungen der negativen Lehren des Islam entkräften konnten.

Dieses äußerst überraschende Ergebnis zeigt, dass die Wirkung der Propaganda noch stärker ist, als der Einfluss der islamischen Lehre an sich.

Auf den folgenden Seiten sehen Sie ein paar weitere Beispiele dieser Propaganda in den arabischen Medien.

„Töte einen Juden – und du kommst in den Himmel"[71]

Die palästinensische Hamas veröffentlichte im Dezember 2002 auf ihrer Website eine Anzeige des bewaffneten Hamas-Arms *Essedin-al-Kassam-Brigaden*, die wohl Moslems ermutigen sollte, Juden zu töten. In der Anzeige wird darauf hingewiesen, dass das Töten von Juden mit einem Platz im Paradies belohnt werde. Es ist eine Axt abgebildet, die das Wort *„Juden"* zerschmettert. Daneben liegt ein Schädel. Der Text darüber lautet: *„Ich klopfe an die Himmelstür mit dem Schädel eines Juden."*

Hamas-Propaganda – Der abgebildete Imad Aqle war Anfang der 90er Jahre führender Terrorist und gilt unter Moslems als Märtyrer, weil er sein Leben im Kampf gegen Israel verlor.

„Juden werden in einem weiteren Holocaust verbrennen"

„Durch Feuer leiden ist das Schicksal der Juden in dieser und der nächsten Welt"[72], so lautete die Überschrift eines Artikels des Imam und Rechtsgelehrten der Hamas, Scheich Yunus al-Astal aus dem Jahr 2008, in dem er den Juden einen künftigen Holocaust prophezeit.

Zunächst zitierte er einen Koranvers, der besagt, dass Juden in der Ewigkeit im Höllenfeuer brennen werden. Der Vers zitiert Allah, als er zu den Juden sagt:

„Kostet die Strafe des Brennens."

Sure 3:181

Scheich Yunus al-Astal erklärt dazu:

„Dieser Vers kündigte den Juden die Strafe des Feuers an.
Und der Grund für diese Strafe ist, dass dies die angemessene Strafe dafür ist, was die Juden getan haben.

Dann wirft er die Frage auf:

Aber die dringliche Frage ist, ob es möglich ist, dass sie die Strafe des Verbrennens [bereits] in dieser Welt erleiden werden, vor der großen Bestrafung [im ewigen Höllenfeuer]?

Er erklärt:

Viele der [islamischen] religiösen Führer glauben, dass die Strafe des Feuers [für die Juden] [bereits] in dieser Welt sein wird."

Schließlich kommt er zu dem Ergebnis:

„Daher sind wir gewiss, dass ein [weiterer] Holocaust auf die Juden wartet."

Die Hamas als palästinensischer Zweig der Muslimbruderschaft glaubt also, dass es einen weiteren Holocaust für die Juden geben wird, in dem sie alle verbrennen und vollständig ausgerottet werden.

Damit beziehen sie sich auch auf die islamische Prophetie, die besagt, dass der letzte und große Holocaust gegen die Juden im Nahen Osten stattfinden wird und durch die Hand von Moslems ausgeführt werden wird.

Der letzte Holocaust

Bevor der Tag der Auferstehung kommt, müssen Moslems die Juden ausrotten[73], so lehrt es auch der Palästinenser Muhammad Abd Al Hadi Lafi, der im Ministerium für religiöse Angelegenheiten für Religionsunterricht zuständig ist.

Er schreibt:

„Der Kampf gegen die Juden wir auf jeden Fall kommen...
Der Prophet hat davon in mehreren Hadithen gesprochen und
die Auferstehung wird nicht kommen, bevor die Gläubigen [die
Moslems] die Nachkommen der Affen und Schweine [die Juden]
besiegt und vollständig ausradiert haben."

Kein Jude oder Zionist soll auf der Erde übrig bleiben

Im April 2009 übertrug das Al-Aqsa-Fernsehen eine Freitagspredigt mit dem Titel *Kein Jude oder Zionist soll auf Erden übrig bleiben.* In dieser Predigt sagte der Geistliche der Hamas, Scheich Abu al-Haj:

„Die Juden führen heute den allumfassenden Krieg gegen Moslems an ...
Wir Moslems kennen die Natur der Juden am besten, denn der Heilige
Koran hat uns gelehrt... sie sind wie ein Krebsgeschwür, das die Welt
regieren möchte.
Die Zeit wird kommen, wo nach dem Willen Allahs
ihr Eigentum zerstört sein wird
und ihre Kinder ausgerottet sein werden
und wo kein Jude oder Zionist mehr auf Erden übrig bleiben wird."[74]

Diese Predigt zeigt wieder einmal, was das wirkliche Problem hinter dem Konflikt zwischen Moslems, Arabern und Juden ist, nämlich die Lehre des Islam. Das Problem ist der Koran. Der Geistliche bestätigt dies:

„Wir Muslime kennen die Natur der Juden am besten, denn der
Heilige Koran hat uns gelehrt..."

Damit bestätigt er, dass all das judenfeinliche Gedankengut dem Koran entstammt.

Verteidigung von Selbstmordterror

In der offiziellen Zeitung der Hamas erschien ein Artikel, der ausdrücklich dazu aufruft, den Selbstmordterror unermüdlich fortzusetzen. Der Autor verteidigt darin die Ausübung von Selbstmordattentaten gegenüber der „Kritik, mit der Selbstmordanschläge gelegentlich verurteilt werden".

Er schreibt:

„Wir finden gelegentlich Verurteilung und werden angeprangert für die Widerstandseinsätze und Bombenanschläge [Selbstmordanschläge], die von Hamas und den palästinensischen Widerstandseinheiten ausgeführt werden."

Er erklärt, Allah habe Selbstmordanschläge befohlen

[Schlussendlich] wird jeder wissen, dass wir das [die Selbstmordanschläge] nur deshalb getan haben, weil unser Herr [Allah] es so befohlen hat.

und er geht sogar so weit zu behaupten, Juden auszurotten sei ein Gewinn für die ganze Welt[75].

„Die Vernichtung der Juden bringt Segen"

Ein geistlicher Führer der Hamas bestätigte, dass „der Koran die Juden zur Vernichtung verurteilt" habe. In einem Interview unter dem Titel „Die Vernichtung der Juden wird Segen bringen"[76], das im Al-Aqsa-Fernsehen ausgestrahlt wurde, erklärte er:

*„Das [Koran-]Kapitel mit dem Titel 'Kinder Israels' [oder auch ‚Nächtliche Reise'] ist bemerkenswert... Es spricht über die Juden von heute in unserem Jahrhundert und spricht über Ausrottung und Gräberschaufeln ... Dieses Kapitel spricht über die Verurteilung der Juden zur Ausrottung [zu einem Zeitpunkt] als noch kein einziger Jude auf Erden existierte...**

* Die islamische Lehre besagt, der Koran sei bereits vor Grundlegung der Erde geschrieben worden und sei nur verborgen gewesen.

Der Segen Palästinas ist an die Zerstörung des Zentrums globaler Korruption, des Kopfes der Schlange [die Zerstörung Israels] geknüpft. Wenn der Kopf der Schlange von [globaler] Korruption abgeschnitten ist, hier in Palästina, und wenn die Fangarme der Tentakel [die Juden] auf der ganzen Welt abgeschnitten sind, dann wird mit der Zerstörung der Juden der wahre Segen kommen hier in Palästina.“

In diesem Interview kommt der tiefe und unerschütterliche muslimische Glaube bezüglich Israels und der Juden zum Ausdruck – der Glaube, dass die Ausrottung der Juden das wichtigste Ziel darstellt.

Wir haben nun etliche Beispiele dieser judenfeindlichen Propaganda gesehen. Ansichten und Überzeugungen, die erschüttern. Und leider sind das nicht nur leere Worte.

Mehr als nur Worte

Es ist erstaunlich, mit welchem Eifer und persönlichem Einsatz sich Massen von Menschen für dieses Ziel einsetzen, Palästina zu befreien und die Juden auszurotten. Diese Menschen lassen sich weder durch weltliche Vergnügungen noch durch persönliche Angelegenheiten von diesem Ziel ablenken. Dieses Glaubensziel hat oberste Priorität und alle persönlichen Belange sind nachrangig. Diese selbstlose und völlige Hingabe vieler Moslems, wird von Gläubigen anderer Religionen immer wieder mit einer gewissen Bewunderung bestaunt.

Wie hingegeben radikale Muslime ihren Glauben leben, zeigt beispielsweise das Leben des iranischen Präsidenten, Mahmud Ahmadinejad. Er schläft nicht standesgemäß in einem komfortablen Bett, sondern auf einer dünnen Matte auf dem Fußboden, isst jeweils auf dem Fußboden sitzend sehr einfache Kost, fährt auch keine große, teure Limousine, sondern ein ganz kleines, altes Auto. Damit folgt er dem Vorbild Mohammeds, der als Beduine ein sehr einfaches Leben führte.

Auch sein Amtskollege Mursi in Ägypten hat sich nach seiner Wahl zum Präsidenten zunächst geweigert, in den Präsidentenpalast zu ziehen, und zog es vor, seine Wohnung beizubehalten, weil ihm ein einfaches Leben nach dem Vorbild Mohammeds wichtiger war als ein Leben im Luxus. Auch ließ er sich durch seine wichtige Aufgabe nicht davon abhalten, seine fünf Gebetszeiten am Tag einzuhalten. Die Glaubensziele haben oberste Priorität.

Dieses Beispiel zeigt den großen Unterschied zwischen der Mentalität radikaler Muslime und der der Menschen in der westlichen Welt. Für radikale Muslime sind religiöse Überzeugungen wichtiger als ein bequemes Leben. Sie haben ein völlig anderes Wertesystem. Für die Sache Allahs zu kämpfen ist für sie wichtiger als alles andere auf der Welt – wichtiger sogar als ihr eigenes Leben. Aus diesem Grund sehen wir auch so viele Selbstmordattentäter in der islamischen Welt. Es sind nicht nur hunderte, sondern tausende.

Es gibt immer wieder Spekulationen darüber, was Menschen wohl dazu bewegen mag, ihr Leben in einem Selbstmordattentat zu opfern. Dabei hört man immer wieder das Argument, dass sich nur ungebildete Menschen mangels Perspektiven im Leben zu solch einer Tat überreden lassen würden. Leider gibt es jedoch genügend Beispiele, die diese Theorie widerlegen. Es sind Menschen aus allen Bildungsschichten, die sich mit vollem Einsatz für diese radikalen Ziele einsetzen.

Zusammenfassung

Wir haben in diesem Kapitel gesehen, welch unfassbares Verbrechen an den Juden aufgrund der islamischen Lehre zu erwarten ist. Und wir haben gesehen, mit welchem Maß an Hingabe und persönlichem Einsatz dieses Ziel verfolgt wird.

Ich warne die Weltöffentlichkeit dringend davor, dies auf die leichte Schulter zu nehmen. Die Weltgemeinschaft sollte sich hier geschlossen hinter Israel stellen, denn solch ein Anschlag auf das jüdische Volk bedeutet gleichzeitig ein Verbrechen gegen die Menschheit – und gegen die Menschlichkeit.

Teil 4

Der Arabische Frühling und seine Auswirkung auf Israel

2011 waren die Weltmedien fast das ganze Jahr über von einem einzigen großen Thema dominiert: dem sogenannten Arabischen Frühling, der Revolution, in deren Verlauf in mehreren Ländern des Nahen Ostens Menschenmassen auf die Straßen gingen und nach Freiheit und Demokratie riefen. Der Arabische Frühling breitete sich über den Nahen Osten aus wie ein Buschfeuer. Diktatoren, die über Jahrzehnte an der Macht gewesen waren, wurden innerhalb weniger Tage gestürzt.

Der Funke, der diesen überdimensionalen Flächenbrand entzündete, war die dramatische Selbstverbrennung eines jungen Straßenhändlers in Tunesien, der sich aus Verzweiflung über seine ausweglose wirtschaftliche Lage und als Protest gegen Behördenwillkür selbst anzündete. Die dadurch ausgelösten Massenproteste, die innerhalb kürzester Zeit zum Sturz des Staatschefs führten, griffen schnell auf den gesamten Nahen Osten über – zunächst auf Ägypten, dann auf Libyen, Syrien, Jemen, Bahrain und weitere islamische Länder.

Das Ergebnis der Revolution veränderte die politische Landschaft im Nahen Osten stark:

- Der tunesische Präsident Ben Ali floh aus seinem Land und seine Regierung wurde gestürzt.
- Der ägyptische Präsident Hosni Mubarak trat infolge heftiger Proteste zurück und wurde zusammen mit seinen beiden Söhnen und sechs seiner engsten Regierungsbeamten verhaftet. Mubarak wurde später zu einer lebenslangen Haftstrafe verurteilt.
- Der libysche Diktator Gaddafi wurde nach monatelangen bürgerkriegsähnlichen Kämpfen und internationaler Militärintervention getötet und sein Regime gestürzt.
- Der jemenitische Präsident Ali Saleh wurde seines Amtes enthoben, und die Macht ging an eine nationale Einheitsregierung über.
- In Syrien kam es zu einem langanhaltenden Bürgerkrieg zwischen dem korrupten Regime und militanten Oppositionellen.
- Im Königreich Bahrain kam es zu einem Bürgeraufstand, der den König zwang, einige Änderungen in seiner Regierung vorzunehmen. Es kam zu einer Verfassungsreform.
- Auch in Jordanien, Marokko, im Libanon, in Oman, Kuwait, Algerien und im Irak und kam es aufgrund des großen öffentlichen Drucks zu Verfassungsänderungen und Umstrukturierungen in den Regierungen.

Die Tatsache, dass das Schicksal eines einzelnen Straßenverkäufers in Tunesien solch eine gigantische Revolution in der ganzen arabischen Welt auslösen konnte, zeigt, wie angespannt die Situation zu dem Zeitpunkt bereits war. Die arabische Welt glich einem ausgetrockneten, verdorrten Wald nach langer Hitze und Trockenheit. Die Länder waren ausgedorrt von der Korruption, der Härte ihrer Diktaturen und von wirtschaftlichem Missmanagement. Neben der wirtschaftlichen Not hatte vor allem auch die Ungerechtigkeit der korrupten Regimes die Gemüter erhitzt. All die Menschenrechtsverletzungen, die willkürlichen Verhaftungen und Folterungen unschuldiger Menschen durch die korrupten staatlichen Sicherheitsbehörden und Polizeikräfte hatten die Völker an die Grenzen ihrer Belastbarkeit gebracht. Die Menschen sehnten sich so sehr nach Freiheit und Gerechtigkeit, dass der kleinste Funke ausreichte, um einen Feuersturm auszulösen.

Als Gründe für das Ausbrechen der Revolution können wir zusammenfassen:

- Strukturelle Faktoren
- Autoritäre Staatsoberhäupter
- Korrupte Regierungen
- Menschenrechtsverletzungen
- Hohe Arbeitslosigkeit
- Extreme Armut

Ziele der Revolution waren:

- Regimewechsel
- Wiederherstellung der Menschenrechte
- Freie, faire Wahlen
- Demokratie an Stelle der korrupten Diktaturen

Meine persönliche Erfahrung

Über 30 Jahre meines Lebens habe ich die Dürre einer korrupten Diktatur selbst erlebt. Meine Menschenrechte wurden verletzt, und die mangelnde Meinungsfreiheit und Religionsfreiheit wurden mir zum Verhängnis. Von klein auf war ich überzeugter und aktiver Moslem gewesen und hatte nur für meine Religion gelebt. Und als ich schließlich die erstrebenswerteste Position in meinem Leben erreicht hatte, selbst Dozent an der weltberühmten islamischen Al-Azhar-Universität in Kairo zu sein, wurde ich plötzlich von einem Tag auf den anderen hinausgeworfen – aus dem einzigen Grund, dass ich es gewagt hatte, meinen Studenten die Freiheit zu geben, in meinen Vorlesungen alle Fragen zu stellen, die sie wollten. Ich wollte ihnen einfach mehr Freiheiten geben, als ich sie während meines Studiums erlebt hatte, da ich sehr unter der Enge gelitten hatte. Kritisches und analytisches Denken, wie es in der westlichen Welt ganz normal ist, war dort nicht erlaubt und wurde mir zur Stolperfalle.

Während all der Jahre des Studierens war es mir nicht gestattet gewesen, die Fragen, die mich bewegten, zu stellen. Immer wieder war ich von meinen Professoren in die Schranken gewiesen worden. Hintergrund dafür ist der, dass das islamische Gesetz verbietet, die grundlegenden Lehren des Islam in Frage zu stellen. Ich hatte das Gefühl, mein wahres Denken und meine wahre Identität verleugnen zu müssen. Dies war der Grund dafür, dass ich es meinen Studenten etwas leichter machen wollte. Doch das allein war für die Universitätsleitung Grund genug, sich meiner zu entledigen. Noch am gleichen Abend nach meiner Entlassung wurde ich nachts vom ägyptischen Geheimdienst verhaftet und ins Gefängnis geworfen, wo ich tagelang verhört und gefoltert wurde.

Bis zu diesem Zeitpunkt war ich immer noch Moslem, und trotz all meiner inneren Fragen und Zweifel war ich stets standhaft für meinen Glauben eingestanden und so konnten meine Peiniger nichts finden, was eine Verurteilung gerechtfertigt hätte. Dass ich nach zwei Wochen aus dem Gefängnis wieder frei kam, war aber groteskerweise nicht meiner Unschuld zuzuschreiben, sondern Ergebnis des korrupten Regimes, denn ich hatte einen Onkel, der ein hoher Funktionär in Mubaraks Partei und einflussreich genug war, mich aus dem Gefängnis herauszuholen.

Diese Erfahrung der Folter und des Ausgeliefertseins erschütterten mich zutiefst. Ich fühlte mich als Opfer dieses korrupten, tyrannischen Regimes, das mein Leben und meine Würde zerstört hatte. Erschwerend kam hinzu, dass die Männer, durch deren Hand ich gefoltert wurde, vermeintliche Glaubensbrüder waren. Da ich hinsichtlich meiner Religion ohnehin im inneren Konflikt war, zerbrach mein verbleibender, angenagter Glaube an dieser Erfahrung.

Als ich ein Jahr später durch eine Bibel zu innerem Frieden fand und Christ wurde, bekam ich erneut zu spüren, was es heißt, keine Meinungsfreiheit, keine Glaubensfreiheit und keinen Schutz des Lebens und der körperlichen Unversehrtheit zu genießen. Das System gestand mir nicht die Freiheit zu, für mich selbst zu entscheiden, was ich glauben kann und was nicht. Nach islamischem Recht hatte ich das Verbrechen der Apostasie begangen: Ich war vom Glauben an Allah abgefallen und hatte den Islam verlassen. Wie bereits erwähnt, ist Apostasie nach dem islamischen Gesetz mit dem Tode zu bestrafen. So hielt ich meinen neuen Glauben geheim, und für ein Jahr konnte ich ihn vor meiner Familie und meinem Umfeld erfolgreich verbergen.

Als mein Vater jedoch ein Jahr später erfuhr, dass ich Christ geworden war, versuchte er in einer spontanen Reaktion, mich zu töten. Noch am gleichen Tag floh ich aus meiner Heimat. Nun hatte ich alles verloren, was mir wertvoll und heilig gewesen war: meinen ursprünglichen Glauben, meinen Beruf, meine geliebte Familie und Heimat und all meine Freunde.

Dies war meine persönliche Erfahrung mit dem korrupten Regime in Ägypten und mit der Religion des Islam, die meine Menschenrechte mit Füßen trat. Aus dieser Erfahrung heraus bin ich so überaus froh und dankbar, heute in einem Land leben zu können, wo Menschenrechte geschützt werden. Ich erachte es als eines der größten Geschenke auf Erden, Religionsfreiheit zu genießen und von meinem Recht auf Meinungsfreiheit und Redefreiheit Gebrauch machen zu können. Und darum möchte ich auch tun, was in meiner Macht steht, um für den Schutz dieser Menschenrechte einzutreten um zu verhindern, dass der Einfluss des Islam sich auch in unserer westlichen Welt auf Kosten der Menschenrechte ausbreitet.

Die Wende in Ägypten

Als die Revolution Anfang 2011 von Tunesien nach Ägypten überschwappte, verfolgte ich die Ereignisse per Internet fast Tag und Nacht. Mein Herz machte Freudensprünge, als das alte Regime endlich zurücktrat. Ich war überglücklich über das Ende dieser korrupten, unmenschlichen Diktatur. Gleichzeitig war diese Freude jedoch von einer schlimmen Befürchtung überschattet: Es konnte sehr leicht passieren, dass die junge Generation moderater Muslime, die die Revolution maßgeblich angeführt hatten, ihres Sieges beraubt werden würde. Wenn es den radikalislamischen Kräften im Land gelingen würde, das entstandene Machtvakuum auszufüllen und den Sieg an sich zu reißen, dann würde an die Stelle der bisherigen korrupten Diktatur eine noch viel schlimmere Diktatur treten – die Diktatur des radikalen Islam, die durch ihre religiöse Verwurzelung noch mehr Autorität haben würde.

Inzwischen haben sich diese anfänglichen Befürchtungen längst bestätigt. Bei den Parlamentswahlen nach der Revolution gewannen in Ägypten Muslimbruderschaft und Salafisten die Mehrheit im Parlament. Und auch bei den Präsidentschaftswahlen gewann ein Vertreter der Muslimbruderschaft. Damit waren die Voraussetzungen geschaffen für eine schrittweise Einführung des islamischen Gesetzes.

Zu Beginn der Revolution hatte es noch ganz anders ausgesehen.

Friedliche Anfänge und große Hoffnungen

Man schrieb den 25. Januar 2011, als der Funke von Tunesien nach Ägypten übersprang und auch hier der Kampf für eine bessere Zukunft begann. Atemlos verfolgte die ganze Welt die friedlichen Proteste der Menschenmassen auf dem Tahrirplatz in Kairo, der in diesen Tagen in die Geschichte einging. Die junge, gemäßigte Generation Ägyptens, die nach Freiheit und Demokratie schrie, zog in diesen Tagen die Sympathien der ganzen Welt auf sich.

Der wohl berühmteste Repräsentant dieser Generation war Wael Ghonim, der Google-Marketingleiter für den Nahen Osten und Nordafrika. Er benutzte Facebook als Sprachrohr, um die Menschen zusammenzutrommeln. Seine Facebook-Seite hieß ‚*Wir sind alle Chalid Said*'. Er bezog sich damit auf das tragische Schicksal eines jungen Mannes, der in Alexandria auf offener Straße von Polizisten zu Tode geprügelt worden war. Der Vorfall hatte große Empörung und erste Proteste gegen die Repression und Willkür des autoritären Regimes unter Hosni Mubarak ausgelöst. Auch Wael Ghonim wurde auf dieses Ereignis hin aktiv und erklärte auf seiner neu gegründeten Facebook-Seite: *„Diese Willkür der Polizei und von Mubaraks korruptem Regime können wir uns nicht länger gefallen lassen!"* Er rief für den 25. Januar zu einer Kundgebung in Kairo auf, und tausende junger Ägypter folgten seinem Aufruf. Der Ruf breitete sich im ganzen Land aus und fand in fast allen Städten Ägyptens großen Widerhall. In der ganzen Welt war davon zu hören, und innerhalb kürzester Zeit kam Mubarak dadurch so sehr unter Druck, dass er die Aufstände unter allen Umständen unterbinden wollte. Er kappte die Telefon-, Mobilfunk- und Internetverbindungen im Land, um die Kommunikation der Aufständischen zu blockieren. Er hoffte, dadurch die Organisation weiterer Demonstrationen verhindern zu könnten. Seine Rechnung ging jedoch nicht auf. Mit seiner Aktion hatte er nur noch mehr Öl ins Feuer gegossen und so fanden sich von da an nicht nur tausende, sondern Millionen Ägypter auf den Straßen und öffentlichen Plätzen ein. Was anfangs als Aktion der jungen Generation begonnen hatte, wurde nun vom Großteil der ägyptischen Bevölkerung mitgetragen.

Ab diesem Punkt schreckte Mubarak nicht mehr davor zurück, zur Niederschlagung der Proteste auch Gewalt einzusetzen. Mehr als 800 der friedlichen Demonstranten kamen ums Leben. Diese Aktion führte jedoch letztlich dazu, dass der Druck auf Mubarak so groß wurde, dass er ihm schließlich nicht mehr standhalten konnte und zurücktreten musste, was das Ende seines Regimes bedeutete.

Der ägyptische Militärrat übernahm zunächst die Macht, um die Stabilität im Land zu wahren.

Nur 18 Tage lang dauerte es von der ersten Demonstration am 25. Januar bis zum endgültigen Sturz des alten Regimes. Die ganze Welt verfolgte den außergewöhnlichen Verlauf dieser Revolution mit großer Spannung. Man fieberte mit der Menge der friedlichen Demonstranten dem Sieg entgegen.

Auch in Tunesien war die Revolution außerordentlich schnell und friedlich verlaufen. Sie hatte völlig unerwartet und plötzlich begonnen und genauso schnell war sie auch wieder zu Ende. Dies lag vor allem daran, dass der tunesische Präsident gleich zu Beginn der Demonstrationen das Land verließ. Er erkannte frühzeitig, dass er unter den gegebenen Umständen nicht im Amt bleiben konnte, und so versuchte er, zumindest seine Haut zu retten. Der tunesische Diktator Ben Ali galt im Nahen Osten schon davor als feiger, korrupter Diktator. Aus meiner Sicht sollte man ihm jedoch zugutehalten, dass er durch seinen schnellen Abgang viel Blutvergießen verhindert hat. Wie blutig es enden kann, wenn ein Diktator gegen den Willen seines Volkes darauf besteht, im Amt zu bleiben, zeigt die Situation in Syrien, wo die Halsstarrigkeit des Diktators, der auf Biegen und Brechen an der Macht festhielt, Tausende von unschuldigen Menschen das Leben gekostet hat.

Was die friedfertige, disziplinierte Haltung der Demonstranten anging, folgte Ägypten dem tunesischen Vorbild. Hinsichtlich ihrer Auswirkung war die ägyptische Revolution jedoch wesentlich bedeutender als die tunesische, da Ägypten nicht nur ungleich bevölkerungsreicher, sondern vor allem auch, weil es das mächtigste und einflussreichste Land des Nahen Ostens ist. Was immer in Ägypten geschieht, wirkt sich auch auf die ganze Region aus. Es ist wie bei einem Stein, den man ins Wasser wirft. Er zieht weite Kreise in jede Richtung – und die Wellen reichen oft sehr weit. So ist es auch mit Ägypten und so hat die Revolution von Ägypten aus auch all die anderen Länder des Nahen Ostens in Bewegung gebracht: Libyen, Jemen, Bahrain, Algerien, Marokko, Jordanien und Syrien.

Der friedliche Beginn der ägyptischen Revolution wird als Meilenstein in die Geschichte eingehen.

Tahrir-Platz in Kairo während der Demonstrationen gegen das alte Regime..

Hoffnung auf Freiheit und Demokratie

Die Hoffnung auf eine große positive Wende, auf Freiheit und Demokratie breitete sich etwa genauso schnell aus, wie die Revolution des Arabischen Frühlings selbst. All die Menschen, die weltweit mit den Demonstranten in den Straßen mitfieberten, waren erfüllt von der Hoffnung auf einen großen Aufbruch in eine bessere Zukunft – eine Zukunft mit Freiheit, Gerechtigkeit, wirtschaftlichem Aufschwung, Demokratie und Menschenrechten. Überall war in den Medien von „Demokratie im Nahen Osten" die Rede. Dabei dachten offensichtlich viele, aus einem Land wie Ägypten könnte über Nacht ein demokratisches Land nach dem Vorbild der westlichen Länder werden.

Auch unter den koptischen Christen in Ägypten, die während der Revolution erstmals friedlich mit Muslimen Seite an Seite gestanden hatten und gemeinsam mit ihnen für ihr Land demonstrierten und beteten, keimte Hoffnung auf eine bessere, friedlichere Zukunft auf. Sie glaubten, dass dieser Umbruch eine Antwort auf ihre jahrzehnte- und jahrhundertelangen Gebete war.

Zunehmende Besorgnis

Wie bereits erwähnt, war auch ich anfangs voll Freude über den Sturz des alten Regimes und hatte eine gewisse Hoffnung auf eine bessere Zukunft. Doch während man in den Medien immer mehr über die neue Ära der Demokratie spekulierte und sich über die großen Veränderungen im Nahen Osten freute, wuchs in mir – wie vermutlich in vielen anderen – immer mehr die Besorgnis über die weitere Entwicklung und Sorge um die junge Generation, die diesen Sieg maßgeblich erfochten hatte. Würde diese junge Generation auch die Früchte ihres Sieges genießen können? Diese Bewegung der jungen Leute hatte weder eine zentrale Leitfigur noch irgendwelche Strukturen. Meine persönliche Überzeugung ist die, dass das Fehlen einer zentralen Führungspersönlichkeit einer der entscheidenden Schwachpunkte dieser Bewegung war. Es gab niemanden, keinen Namen, kein Gesicht, dem die Menschen hätten folgen können.

Die radikalislamischen Organisationen hingegen – vor allem die Muslimbruderschaft – waren sehr stark und gut organisiert. So lag der Gedanke für mich nahe, dass radikalislamische Kräfte das Ruder in eine entgegengesetzte Richtung herumreißen und damit die Hoffnungen der Demonstranten zerschlagen könnten.

Als ich am 2. Februar 2011, also wenige Tage nach Ausbruch der Revolution in Ägypten, bei einer politischen Veranstaltung in Savannah als Referent eingeladen war, wurde ich in einem Interview nach der Veranstaltung von einem Journalisten des lokalen Fernsehsenders zur Lage in Ägypten befragt.

Bereits zu diesem Zeitpunkt teilte ich dem Journalisten meine Befürchtungen mit, dass die bestehende Diktatur womöglich durch eine noch schlimmere, eine radikalislamische, ersetzt werden könnte. Der Artikel, der anschließend über unser Interview verfasst wurde, trug den Titel

> *„Ägypter im Exil hofft auf Unterstützung der Demonstranten durch Amerika."*[77]

In dem Artikel wurde ich folgendermaßen zitiert:

> *„Gabriel erklärte, die Ägypter befänden sich derzeit im Spannungsfeld zwischen zwei verschiedenen Regimes: Dem derzeitigen Präsidenten Hosni Mubarak und der islamischen Organisation [der Muslimbruderschaft], die nach der Macht strebt.*
>
> *Er hofft, dass mehr Amerikaner und auch Präsident Barack Obama dem ägyptischen Volk ihre Unterstützung zeigen werden, um ihnen die gleiche Chance auf Freiheit und Demokratie zu verschaffen, die Amerikaner tagtäglich genießen. ...*
>
> *Gabriel sagte: ‚Es ist Zeit für einen Wechsel. Und dieser Diktator [Mubarak] muss gehen.'"*
>
> *WTOC, Savannah TV News, 2. Feb. 2011*

Bedauerlicherweise haben sich meine Befürchtungen, dass die Revolution von radikalislamischen Gruppen wie der Muslimbruderschaft geraubt werden könnte, voll bestätigt.

Die Räuber der Revolution

Auch der berühmte ägyptische Menschenrechtsaktivist Dr. Saad Eddin Ibrahim, der sich dem Kampf für die Freiheit des ägyptischen Volkes verschrieben hat, beklagte die Entwicklungen nach der Revolution. Wie die ägyptische Zeitung El-Gomaa am 5. April 2011 berichtete, kritisierte er, dass in dem neu gewählten Parlament weder die junge Generation, noch Frauen, noch koptische Christen vertreten waren.

Dr. Ibrahim warf den islamistischen Gruppen vor, die Revolution gestohlen und ihren Sieg an sich gerissen zu haben, indem sie sich nach der Revolution auf dem Tahrirplatz in den Vordergrund gedrängt hätten.

In demselben Artikel wird auch Dr. Heyam Saafan, die Leiterin der politischen Abteilung der liberalen Partei namens „*Morgen*" zitiert. Diese Partei war eine der wenigen liberalen Parteien Ägyptens, die sich aktiv gegen den „Raub" des Sieges der Revolution wehrten.

Dr. Saad Eddin Ibrahim
Professor für Soziologie an der Amerikanischen Universität in Kairo.
Er war im Jahr 2000 unter Mubaraks Regime verfolgt und inhaftiert worden.
Ihm wurde vorgeworfen, EU-Gelder für Wahlbeobachtung verwendet zu haben.
Die offizielle Anklage lautete auf „Diffamierung Ägyptens".

Dr. Safaan teilte Dr. Ibrahims Meinung und protestierte gegen den Plan, die neue ägyptische Verfassung von einem Komitee erarbeiten zu lassen, das aus den neu gewählten Parlamentariern zusammengesetzt war und nur radikalislamische Gruppen vertrat. Sie forderte, eigens für die Erarbeitung einer Verfassungsreform ein Komitee zu bilden, das die gesamte ägyptische Gesellschaft unter Einschluss aller Bevölkerungsschichten und auch der Minderheiten repräsentieren sollte. Dr. Safaan drückte ihre Bedenken folgendermaßen aus:

> *„Ägypten geht gerade durch eine schwierige Zeit, in der die glorreiche Revolution des 25. Januar ernstlich bedroht wird. Die Gefahr, die der Revolution droht, kommt aus allen Richtungen, von verschiedensten Bewegungen, die alles daran setzen, uns die Macht zu stehlen und uns erneut in das gleiche Elend zu führen, das wir vor der Revolution bereits 60 Jahre lang erlitten haben."*

Sie erklärte, dass die größte Gefahr dabei von den radikalislamischen Gruppen ausgehe, die bereits das Parlament besetzt hätten. Sie appellierte daher an die gesamte ägyptische Gesellschaft, diesen gefährlichen Organisationen mit vereinten Kräften entgegenzutreten, um die Zukunft Ägyptens zu verteidigen.

Die bisherigen ägyptischen Diktaturen unter Mubarak und davor unter Sadat hatten den radikalislamischen Gruppen der *Muslimbruderschaft*, der *Salafisten* und der *Jamaa al-Islamiya* das Leben schwer gemacht. Beide Diktatoren waren politisch gemäßigt eingestellt gewesen und hatten den radikalen Islam vehement bekämpft.

Die Situation nach der Revolution war eine einmalige Chance für die Radikalen, aus ihrem Schattendasein und ihrer defensiven Position herauszutreten. Dank der Massenproteste der vorwiegend jungen Generation war das alte Regime aus dem Weg geräumt, und der Weg für eine bessere Zukunft schien frei. Da die junge Generation nicht stark genug war, ihren Sieg auch zu verteidigen, war es für die Islamisten ein Leichtes, die Macht an sich zu reißen.

Erstaunlicherweise zogen die radikalislamischen Gruppen, die sich bis dahin immer gegenseitig bekämpft hatten, plötzlich an einem Strang. Die erste Gelegenheit, bei der man sie in Einheit zusammenstehen sah, war, als sie sich auf dem Tahrirplatz versammelten, um die Situation zu ihren Gunsten zu wenden.

Die größte und einflussreichste unter diesen Gruppen war und ist die sogenannte *Muslimbruderschaft*.

Die Muslimbruderschaft

Die Führung der Muslimbruderschaft bei der Eröffnung ihres neuen Hauptsitzes in Kairo

Die *Muslimbruderschaft* ist die bestorganisierte und stärkste unter den radikalislamischen Bewegungen der modernen Geschichte. Sie wurde 1928 als Reaktion auf den Zusammenbruch des Kalifats von dem hochgebildeten Scheich Hassan Al-Banna gegründet. Das Hauptziel bestand darin, den Islam wieder in den Mittelpunkt des gesamten gesellschaftlichen Lebens zu rücken – in Politik, Wirtschaft, sozialen Angelegenheiten, Bildung, Rechtsprechung und selbst beim Militär.

Die Haltung der Muslimbruderschaft gegenüber Israel und den Juden war von Anfang an eindeutig. Unmittelbar nach der Gründung des Staates Israel 1948 rief die Organisation ihre Mitglieder zum Djihad gegen die Juden auf. Vor allem in der Zeit zwischen 1949 und 1955 wurden Kämpfer in den Gazastreifen, in das Westjordanland und in verschiedene Städte Israels gesandt, um die Juden zu bekämpfen.

Auch vor der Staatsgründung Israels war die Muslimbruderschaft bereits im Kampf gegen die Juden aktiv gewesen. Scheich Ezadeen Al-Qasam vom palästinensischen Zweig der Muslimbruderschaft hatte den Kampf gegen die Juden in der Zeit zwischen 1920 und 1935 angeführt.

Er war entschlossen, Palästina von den Juden zu befreien. Ich halte ihn für denjenigen, der die Grundlagen für die spätere Gründung der Hamas schuf, die den Kampf um die Befreiung Palästinas, den die PLO unter Jassir Arafat als säkularen Kampf um Land angefangen hatte, später zu einem Religionskrieg erhob mit dem Ziel, die gesamte Gegend unter die Herrschaft des Islam zu bringen. In den Jahren 1967 bis 1987 wurde Scheich Ahmed Yassin als geistiger Führer der Muslimbruderschaft zum Stern am Himmel der islamischen Welt und zum Mitbegründer der Hamas als palästinensischem Flügel der Muslimbruderschaft. Das oberste Ziel der Hamas sollte darin bestehen, der PLO den Boden unter den Füßen wegzuziehen und im Kampf gegen Israel unter dem Banner des Islam die Führung zu übernehmen.

Der Aufstieg der Hamas war eine große Bedrohung für die PLO, da diese fürchten musste, dass sich nun viele Palästinenser der Hamas anschließen und ihr den Rücken kehren würden. Daher versuchte die PLO-Führung, mit der Hamas zusammenzuarbeiten und eine gemeinsame Palästinenserregierung zu bilden, die sowohl Hamas als auch PLO repräsentieren sollte.

Die Hamas hielt jedoch mit aller Entschiedenheit an ihrem Standpunkt fest, dass das Land der Palästinenser nicht nur dem palästinensischen Volk, sondern der gesamten islamischen Welt gehöre, da es heiliges Land des Islam sei. Aus diesem Grund dürfe auch nicht ein einziger Quadratzentimeter des Heiligen Landes abgegeben werden und es dürften auch keinesfalls Friedensverhandlungen mit Israel geführt werden. In der Charta der Hamas war festgeschrieben, dass die Existenz des Staates Israel nicht anerkannt noch akzeptiert werde durfte und dass die israelische Bevölkerung als unrechtmäßige Okkupantin islamischen Bodens anzusehen war. Aus diesem Grund gelte es, sie aus dem Land zu vertreiben.

Da die PLO als nationalistische Befreiungsorganisation diese religiöse Sicht nicht teilte, war der Plan, PLO und Hamas zu vereinigen, von Anfang an zum Scheitern verurteilt. Es kam zu einer tiefen Kluft zwischen den beiden Organisationen und so gingen sie von da an getrennte Wege. Die Hamas übernahm den Gazastreifen und die PLO das Westjordanland.

Heute, insbesondere da Arafat als historischer Führer der PLO nicht mehr da ist und sein Nachfolger Mahmud Abbas als korrupt gilt, hat die PLO ihre Glaubwürdigkeit in den Augen der meisten Muslime verloren. Die Hamas hingegen gilt als legitime und aufrichtige Vertreterin der arabischen und islamischen Welt im Kampf gegen Israel.

Als der Arabische Frühling mit seinem Wind des Wandels über den Nahen Osten zu tosen begann und sich auf der einen Seite viele Menschen bereits Hoffnungen auf eine echte Veränderung in Richtung Freiheit und Demokratie machten, zeichnete sich auf der anderen Seite bald ab, wie gut der politische Boden für eine Machtübernahme durch die Muslimbruderschaft vorbereitet war. Diese radikalislamische Bewegung ließ sich diese Gelegenheit nicht entgehen und bereitete sich sofort eifrig auf ihre nächsten Schritte vor, um den Islam im Nahen Osten weiter auszubreiten und den Kampf gegen Israel voranzutreiben.

Wenige Wochen nach dem Sturz des Mubarak-Regimes und kurz nach der Abstimmung in Ägypten über eine Änderung der Verfassung, die ganz im Sinne der radikalislamischen Bewegung ausgefallen war, äußerte sich der Vorsitzende des Internationalen islamischen Komitees für Rechtsfragen, Dr. Muhammad Salim Al-Awa, der der Muslimbruderschaft nahesteht, voller Stolz und Erleichterung über die jüngsten Entwicklungen:[78]

> *„Das Ergebnis der nationalen Abstimmung über die Verfassungsänderung ist eine großartige Errungenschaft, und mit diesem Erfolg haben wir den ersten Schritt in eine neue Ära der Geschichte geschafft. Endlich sind wir eine unabhängige, souveräne Nation, brauchen uns nicht mehr nach dem Westen oder dem Osten zu richten und brauchen uns nicht mehr von den Amerikanern oder den Zionisten zu fürchten. Nach 57 Jahren der Furcht und der Unterdrückung sind wir nun endlich eine souveräne Nation."*

Weiter erklärte er:

> *„Unser Konflikt mit Israel ist nicht nur ein religiöser Konflikt, sondern ein Kampf ums Überleben...*
> *Das Ende Israels ist sehr nahe und von größter Wichtigkeit und größerer Bedeutung, als die Menschen denken."*

Diese Zeilen machen deutlich, wie präsent das Thema Israel selbst unmittelbar nach der Arabischen Revolution war. Auch wenn das Friedensabkommen nicht sofort zurückgenommen wurde: An der Haltung der Islamisten hat sich nichts geändert, und das Thema Israel hat immer noch oberste Priorität.

Die neue Strategie der Muslimbruderschaft

Zwei Tage vor dem Sturz des ägyptischen Regimes im Februar 2011, als die Revolution in mehreren Ländern des Nahen Ostens voll im Gange war, veröffentlichte die *Frankfurter Allgemeine Zeitung* (FAZ) ein Interview mit Hussein Mahmoud, dem Generalsekretär der Muslimbruderschaft in Ägypten.[79] Hussein Mahmoud machte darin mehrere irreführende Äußerungen, die offensichtlich das Bild vermitteln sollten, als würde die Muslimbruderschaft für Freiheit, Demokratie und Menschenrechte stehen, als sei sie nicht an der Macht interessiert und als würde sie an dem Friedensabkommen mit Israel festhalten.

In der westlichen Welt wurde zu jener Zeit gerade auf verschiedensten Ebenen heftig darüber diskutiert, ob und inwieweit man die Muslimbruderschaft künftig anerkennen und unterstützen könne. Immerhin hatte die Organisation in der Vergangenheit vor allem durch Terroranschläge Schlagzeilen gemacht. Die Frage stellte sich nun, ob sich an der bisherigen Einstellung etwas geändert hatte, und inwieweit man mit der Muslimbruderschaft kooperieren könne.

Auch ich beobachtete die Entwicklungen innerhalb der Muslimbruderschaft sehr aufmerksam und stellte fest, wie eifrig sie bemüht war, der Welt ein ganz neues Image zu vermitteln. An den grundlegenden Überzeugungen und Zielen hatte sich nichts geändert, doch der Öffentlichkeit sollte ein anderes Bild vermittelt werden. Das erwähnte FAZ-Interview mit Hussein Mahmoud ist dafür ein anschauliches Beispiel. Zwischen den Aussagen, die in dem Artikel abgedruckt sind und deren wahrer Bedeutung, die nur zwischen den Zeilen steht und dem westlichen Leser verborgen bleibt, bestehen große Widersprüche.

Als ich diesen Artikel las und feststellte, wie gekonnt Mahmoud die Leser zu täuschen versuchte, sah ich mich veranlasst, einen Kommentar dazu zu verfassen, um auf die Dinge hinzuweisen, die Mahmoud bewusst verschwiegen hat:[80]

Auf demokratischem Wege an die Macht – die neue Strategie der Muslimbruderschaft

Seit Wochen hält die ganze Welt den Atem an und verfolgt die historischen Geschehnisse im Nahen Osten und Nordafrika. Dabei bewegt fast jeden die zentrale Frage, ob diese Revolution letztlich wirklich Demokra-

tie und den Menschenrechte hervorbringen wird oder ob sie lediglich den Weg von der einen Diktatur zu einer viel schlimmeren Unterdrückung ebnen wird, die mit der gnadenlosen eisernen Faust des islamischen Rechts in einem islamischen Staat herrschen wird.

Auf der Suche nach einer Antwort auf diese Frage hat die deutsche ‚Frankfurter Allgemeine Sonntagszeitung' einen ersten Schritt getan, indem sie Hussein Mahmud, den Generalsekretär der Muslimbruderschaft in Ägypten, interviewte. Sein Engagement bei der Muslimbruderschaft hatte Mahmoud während der Regierungszeit Mubaraks dreimal ins Gefängnis gebracht. Bei den derzeitigen Entwicklungen in Ägypten, dem einflussreichsten Land der Region, spielt die Muslimbruderschaft eine Schlüsselrolle. Sollte Ägypten in die Hände einer Regierung fallen, die auf der Philosophie der Islamisten aufbaut, so würde dies auch auf alle anderen Länder der Region ausstrahlen.

Welche Schlüsse lassen sich also aus dem Interview mit Hussein Mahmud ziehen?... Auf den ersten Blick lesen sich die Antworten Mahmuds, als würde die Muslimbruderschaft Demokratie befürworten und als wollte sie die Bildung einer neuen Regierung tatsächlich im Sinne der Revolutionsführer unterstützen. Ich möchte Ihnen jedoch anhand dieses Artikels aus der FAZ aufzeigen, was sich hinter Mahmuds Worten tatsächlich verbirgt, welchen Sinn er selbst ihnen beimisst, und warum der Einfluss der Muslimbruderschaft in der Region besorgniserregend ist.

Am Ende dieses Artikels werden wir anhand des Beispiels einer ganz ähnlichen Revolution der späten 70er-Jahre sehen, wie sich die Dinge in Ägypten weiter entwickeln könnten.

Betrachten wir jedoch zunächst die Kernaussagen Mahmouds in dem Interview:

Mahmoud erklärte: ‚Das Militär genießt großen Respekt bei den Ägyptern und auch bei den Muslimbrüdern'. Weiter drückte er seinen Wunsch aus, dass die Armee die Macht so bald wie möglich an eine zivile Regierung übergibt. Man erinnere sich, dass Muslimbrüder in den achtzig Jahren ihrer Existenz vom Militär vielfach verfolgt, eingesperrt, gefoltert und ermordet worden waren. Warum sagt Mahmud nun, dass die Muslimbruderschaft das Militär respektiert? Der Grund liegt auf der Hand: Er will, dass das Militär eine zivile Regierung einsetzt, an der die Muslimbrüder beteiligt sind. Er glaubt, dass freie Wahlen seine Organisation an die Macht bringen werden.

Was wird die Muslimbruderschaft tun, wenn es ihr gelingt, den gewünschten Einfluss zu gewinnen? Wird sie versuchen, einen islamischen Staat zu errichten? Mahmud erklärt, die Muslimbruderschaft sei keines-

falls daran interessiert, einen theokratischen Staat nach dem Vorbild des Iran zu errichten. Und hier spricht er die Wahrheit. Denn der Iran hat eine schiitische Regierung unter dem obersten geistlichen Führer, einem Ayatollah, dessen Stellung in etwa vergleichbar ist mit der des Papstes für die katholische Kirche – allerdings mit zusätzlich nahezu uneingeschränkter politischer Macht. Die Muslimbruderschaft hingegen gehört der sunnitischen Glaubensrichtung an. Die Sunniten haben keinen obersten geistlichen Leiter und würden auch keinen anerkennen. Folglich werden die Muslimbrüder keinen theokratischen Staat nach dem Muster Irans errichten. Dies heißt jedoch nicht, dass sie stattdessen einen säkularen demokratischen Staat befürworten würden.

In dem Interview behauptet Mahmoud zwar einerseits, das demokratische Grundverständnis zu teilen: ‚Wir glauben, dass das Volk die Quelle der Macht ist. Es wählt seinen Präsidenten selbst. Es hat das Recht ihn zur Rechenschaft zu ziehen und ihn abzusetzen'. Andererseits betont er: ‚Keinesfalls darf Ägypten ein säkularer Staat werden, denn dann entfernt es sich von seiner Geschichte und seiner Zivilisation'. Mit anderen Worten: Das Volk kann gerne selbst die Entscheidung treffen – aber nur für einen islamischen Staat.

Mahmud kennt die Verfassung der Muslimbruderschaft genau. Diese stammt aus dem Jahre 1928 und ist auf der Homepage der ägyptischen Muslimbruderschaft nachzulesen (http://www.ikhwanonline.com) – allerdings nur auf Arabisch, nicht auf Englisch. Diese Verfassung der Muslimbruderschaft verpflichtet die Organisation auf das Ziel, einen islamischen Staat zu errichten, der das islamische Gesetz praktisch umsetzt. Dabei gelte es einerseits, die Einhaltung des islamischen Gesetzes zu überwachen und andererseits das islamische System auch in andere Länder zu exportieren' (s. Teil 2, Artikel 2, Paragraf F). Aus diesem Grund musste Mahmoud die Frage, ob er die Einführung der Scharia in Ägypten befürworte, auch klar mit ‚ja' beantworten.

Dabei bemühte er sich jedoch, das islamische Gesetz als etwas sehr Positives darzustellen. So behauptet er gegenüber der FAZ: ‚Das islamische Gesetz garantiert die Rechte und Freiheiten des Einzelnen und die Ausübung der Religion, auch wenn die Menschen verschiedene Religionen haben.' Dies klingt fast nach einer Zusicherung von Rechten und Freiheiten selbst für Anhänger anderer Religionen. Viele Menschen wollen einem solch positiven Bild nur zu gerne Glauben schenken. Doch die Realität der Scharia sieht anders aus. Und die leidgeprüften Menschen im Iran können bezeugen, wie schwer das Joch des islamischen Gesetzes auf ihren Schultern wiegt und wie hart das Vorgehen gegen Menschen anderer Religionen ist.

Hier einige Beispiele für die Strafen nach dem Scharia-Gesetz:

- *Apostasie (Abwendung vom Islam) wird mit dem Tod bestraft. Nur drei Tage lang hat der Betreffende Zeit, Reue zu zeigen und zum Islam umzukehren. Andernfalls muss er am dritten Tag getötet werden.*
- *Sex ohne Trauschein ist mit 100 Peitschenhieben zu bestrafen.*
- *Auf Ehebruch steht als Strafmaß die Todesstrafe durch Steinigen.*
- *Konsum von Alkohol oder Drogen ist mit 80 Peitschenhieben zu bestrafen.*
- *Für Diebstahl muss die Hand am Handgelenk abgeschlagen werden.*
- *Rufschädigung ist mit 80 Peitschenhieben zu bestrafen.*
- *Auf Mord steht die Todesstrafe – allerdings nur, wenn die ermordete Person dem Mörder gleichwertig ist. Die Ermordung eines Sklaven oder eines Ungläubigen ist entsprechend nicht mit dem Tode zu bestrafen.*
- *Auf Widerstand gegenüber dem geistlichen Leiter steht die Todesstrafe oder Verbannung.*

Diese Gesetze basieren auf den folgenden Koranversen: 4:88-89, 24:2, 5:90-91, 2:219, 5:38, 24:13, 2:178, 5:33 und den folgenden Hadithen: Buch Muslim, Band 17, Nr. 4206 und 4226.

Dies ist das Scharia-Gesetz, das Mahmud und die Muslimbruderschaft in Ägypten durchsetzen wollen. Derzeit ist der Iran das einzige Land weltweit, das die Scharia nahezu vollständig anwendet. In den westlichen Medien hört man hiervon eher selten. Ein Fall, der die Weltöffentlichkeit erschütterte, war das öffentliche Hängen einer 16-jährigen Iranerin in der Stadt Neka. Das Mädchen wurde exekutiert, weil man ihm einen Verstoß gegen die guten Sitten vorwarf (berichtet in den BBC Nachrichten am 27.7.2006).

Was wird es für die Christen in Ägypten bedeuten, wenn der islamische Staat, von dem die Muslimbruderschaft träumt, Realität würde? Christen werden dem Scharia-Gesetz in gleicher Weise unterworfen sein wie Muslime. Daran lässt auch Mahmud in dem Interview keinen Zweifel: Der Islam sei eine wesentliche Komponente im Hinblick auf Werte, Kultur und Lebensführung und betreffe Muslime und Christen gleichermaßen.

Welche Grundeinstellung die Muslimbruderschaft gegenüber den Christen in ihrem Land hat, wurde anhand eines Falles im Jahre 2009 deutlich. Zwei christliche Ehepaare aus den USA wollten christliche Kinder aus einem ägyptischen christlichen Waisenhaus adoptieren. Nach islamischem

Gesetz ist Adoption nicht erlaubt. Die Muslimbruderschaft stellte sich daher gemeinsam mit den Gelehrten der Al-Azhar-Universität gegen diese Adoptionen. Die adoptionswilligen christlichen Ehepaare wurden daher von den ägyptischen Gerichten zu zwei Jahren Gefängnis verurteilt, und mehrere Mitarbeiter des Waisenhauses mussten für fünf Jahre hinter Gitter, wie ein BBC-Nachrichtensprecher mitteilte. Dies ist nur ein Beispiel dafür, wie das islamische Gesetz durch den Einfluss der Muslimbruderschaft auch Christen aufgezwungen wurde, und dies, obwohl das alte ägyptische Regime unter Mubarak als säkular und gemäßigt galt. Nicht auszudenken, unter welchen Druck die ägyptischen Christen geraten würden, wenn die Muslimbruderschaft erst die volle Macht hätte.

Abschließend wurde Mahmoud nach seiner Meinung gefragt, ob das neue Ägypten das Friedensabkommen mit Israel weiterhin respektieren solle? Mahmoud erklärte, bestehende Abkommen sollten auch künftig respektiert werden, allerdings – und hier liegt nun der Knackpunkt – müsse der genaue Wortlaut der Vereinbarungen überprüft werden und letztlich solle das ägyptische Volk darüber entscheiden. Es ist kein Geheimnis, dass die Mehrheit der Ägypter (inklusive der meisten säkularen Ägypter) das bestehende Friedensabkommen ablehne. Was Mahmoud also zwischen den Zeilen sagt: Das Friedensabkommen wird geändert, da die Menschen dagegen stimmen werden.

Sie sehen also, dass Mahmouds Worte etwas anderes bedeuten, als es auf den ersten Blick scheint. Die Methoden der Muslimbruderschaft haben sich geändert seit der Zeit, als sie darauf ausgerichtet waren, alle Schlüsselfiguren umzubringen, die ihrer Ideologie im Wege standen. Doch die Ziele haben sich nicht geändert. Das Ziel ist und bleibt die Errichtung eines islamischen Staates und die weltweite Ausbreitung des Islam.

Es stellt sich nun die Frage, was aus dem ägyptischen Volk wird, wenn die Muslimbruderschaft tatsächlich an die Regierung kommt.

Ein mögliches Szenario ist das, was sich 1979 im Iran abgespielt hat. Wie die ägyptische, so hatte auch die iranische Revolution breite Unterstützung aus allen Gesellschaftsschichten, sowohl von religiöser als auch weltlicher Seite. Alle begrüßten die Rückkehr zu einem islamischen Staat mit einem obersten geistlichen Schia-Leiter. Doch als die iranische Regierung das Scharia-Gesetz einführte, erfuhren die Menschen, was es heißt, in einem islamischen Staat zu leben: Politische Gegner wurden auf öffentlichen Plätzen erhängt und Frauen wurden geschlagen oder eingesperrt, wenn sie sich weigerten, sich zu verhüllen. Heute bemüht sich die iranische Bevölkerung, das Joch des islamischen Gesetzes wieder loszuwerden, doch bisher hat die islamische Regierung im Iran genug Macht, die Men-

schen unterdrückt zu halten. Wenn die Muslimbruderschaft in Ägypten an die Macht kommt, könnte der ägyptischen Bevölkerung das gleiche Schicksal bevorstehen. ...

24. Februar 2011

Wie Sie nun gesehen haben, sind die Vertreter der Muslimbruderschaft sehr geschickt darin, die Wahrheit so zu verschleiern, dass insbesondere die westliche Welt zu hören bekommt, was sie hören möchte: Bekenntnisse zu Demokratie und Menschenrechten. Die Wahrheit ist oft zwischen den Zeilen versteckt. Auf die direkte Frage nach der Scharia musste jedoch selbst Mahmud zugeben: ‚*Ja, die Muslimbruderschaft wird sich für die Einführung der Scharia einsetzen.*' Die Scharia ist für die Muslimbruderschaft von so zentraler Bedeutung, dass er dies nicht verleugnen konnte. Dieses Interview mit Mahmud fand wie gesagt noch während der Revolution statt. Zu diesem Zeitpunkt war noch völlig offen, wie sich die Dinge weiter entwickeln würden.

Gefährlicher Richtungswechsel

Radikale Musliminnen in Ägypten

Der Richtungswechsel der Revolution begann damit, dass sich die radikalislamischen Gruppen den Demonstrationen anschloss, als sich im Januar und Februar 2011 in Ägypten die Menschenmassen auf den öffentlichen Plätzen versammelten. Die radikalen Gruppen konnten schätzungsweise 2 Millionen Menschen mobilisieren, sich an den Protesten zu beteiligen.

Als das alte Regime gestürzt war, übernahm der Militärrat die Führung im Land. Dies war ein weiterer entscheidender Faktor, der zum Richtungswechsel beitrug. Das Militär hatte bereits durch seine Rolle während der Revolution weltweite Sympathien geerntet, da es eine neutrale Position eingenommen bzw. sich eher auf die Seite der Demonstranten gestellt hatte. Daher stieß auch die Führung durch den Militärrat auf überwiegende Akzeptanz in der Bevölkerung.

Dies wirkte sich letztlich auch für die Islamisten sehr positiv aus, denn die Muslimbruderschaft war im ägyptischen Militär stark vertreten und hatte dort großen Einfluss. Insofern war die Rolle des Militärrates als Interimsregierung von großem Vorteil für die radikalislamischen Gruppen. Hier konnten einige entscheidende Weichenstellungen vorgenommen werden.

Wie eng Militär und Muslimbruderschaft miteinander verbunden sind, kann ich aus meiner persönlichen Erfahrung mit dem Militär bezeugen.

Enge Beziehungen von Muslimbruderschaft und Militär

Als ich 1985 zum ägyptischen Militärdienst einberufen wurde, war der oberste Leiter meiner Militäreinheit ein sehr engagierter, strenggläubiger Moslem. Ich würde ihn zwar als recht modernen Menschen beschreiben – aber eben radikal. Sein Vater war einer der obersten Leiter der Muslimbruderschaft in meiner Heimatgegend.

Ich war gerade frisch gebackener Studienabsolvent und da er wusste, dass ich an der Al-Azhar-Universität studiert hatte, war er überglücklich, mich in seiner Einheit begrüßen zu dürfen. Er behandelte mich außerordentlich freundlich und zuvorkommend. Er befreite mich sogar von den üblichen Diensten, die jeder Soldat zu erledigen hat. Er stellte mich völlig frei für den Dienst als Imam in der Moschee unserer Einheit. Bei den Mahlzeiten lud er mich ein, bei den hochrangigen Offizieren am Tisch zu sitzen. Dies war völlig unüblich, da ich schließlich vom Rang her nur ein einfacher Soldat war.

Als ich ihn einmal auf diese Sonderbehandlung ansprach und ihn fragte, welchem Umstand ich diese Privilegien zu verdanken hätte, erklärte er mir: *„Das hat zwei Gründe: Erstens bist du Al-Azhar-Absolvent. Und zweitens bist du der einzige in unserer Einheit, der das Heilige Buch in sich trägt.“* Er wusste, dass ich den Koran als Kind auswendig gelernt hatte, und den Koran auswendig zu kennen wird angesehen, als trage man das heilige Wort Allahs in seinem Körper.

Durch meine enge Beziehung zu ihm erfuhr ich viel über ihn und seine Familie und darüber, wie groß der Einfluss der Muslimbruderschaft in seinem Leben und dem seiner ganzen Familie war. Über ihn erfuhr ich auch, wie viele der Offiziere entweder selbst Mitglieder dieser Organisation waren oder ihr zumindest sehr nahe standen und sie unterstützten.

Die unheilige Allianz zwischen Militärrat und Muslimbruderschaft

Als nun der Militärrat nach der Revolution des Arabischen Frühlings die Führung in Ägypten übernahm, kam dies der Muslimbruderschaft sehr gelegen. Im Dialog und in Zusammenarbeit mit dem Militärrat war der Weg frei, eine künftige Machtübernahme Schritt für Schritt und auf legalem Weg vorzubereiten.

Auch seitens des Militärrats bestand gegenüber der Muslimbruderschaft von Anfang an das nötige Vertrauen für eine Kooperation, da er sowohl ihre konservative Einstellung teilte, als auch ihre Vorbehalte gegenüber dem Westen. Beide waren gleichermaßen bestrebt, Ägypten in die Unabhängigkeit zu führen und als souveräne Macht aufzubauen. Diese Verbindung zwischen Muslimbruderschaft und Militärrat war aus meiner Sicht von Anfang an ein äußerst ungesundes und verhängnisvolles Bündnis. Diese unheilige Allianz zwischen den beiden hatte folgende Auswirkungen:

- Die Muslimbruderschaft, die bis dahin verboten war, wurde nun legalisiert.
- Einige der Leiter der Muslimbruderschaft, die während Mubaraks Regierungszeit verurteilt worden waren, kamen aus dem Gefängnis frei.
- Die Forderung der Muslimbruderschaft, die Verfassung zu ändern, wurde erfüllt.
- Die Vision und Hoffnungen der jungen Generation für Ägyptens Zukunft wurden ignoriert und zunichte gemacht. Stattdessen wurden die Ziele und Visionen der Muslimbruderschaft, die auf islamischen Prinzipien basieren, angenommen und in der Verfassung verankert. Gegenüber der jungen Generation, die die Revolution ins Rollen gebracht hatte, war der konservativ geprägte Militärrat eher skeptisch eingestellt, da die jungen Menschen ihm zu sehr pro-westlich waren. Er hatte Bedenken, dass der Einfluss derer, die die Revolution maßgeblich angeführt hatten, dem Land eher schaden könnte.

Die unheilige Allianz zwischen Militärrat und Muslimbruderschaft führte die Revolution in eine ganz neue und gefährliche Richtung: Das Land war nun im Begriff, dem radikalen Islam in die Hände zu fallen. Die Hauptziele der Revolution, für die Millionen von Menschen demonstriert hatten und für die hunderte ihr Leben gelassen hatten, wurden nun einfach beiseitegeschoben. Die angestrebten Menschenrechte für Minderheiten wie die koptischen Christen fanden nun keine Beachtung mehr. Auch den ägyptischen Frauen war der

Weg zu Gleichberechtigung und Freiheit nun versperrt und es drohte ihnen gar ein herber Rückschlag hin zu noch mehr Unterdrückung.

Den radikalislamischen Gruppen bot sich zum ersten Mal in der modernen Geschichte Ägyptens die goldene Gelegenheit, ihren historischen Traum erfüllt zu sehen: In dem größten, strategisch bedeutendsten und einflussreichsten Land des gesamten Nahen Ostens endlich an die Macht zu kommen.

Parallelen zum Iran

Die Entwicklung erinnerte mich stark an das, was sich viele Jahre zuvor im Iran abgespielt hatte. Damals, im Jahr 1979, hatte die islamische Revolution den gesamten Nahen Osten erschüttert. Zu dieser Zeit war ich Student an der Al-Azhar-Universität in Kairo und befand mich im ersten Jahr meines Bachelor-Studiums. Die damalige Situation war der Revolution des Arabischen Frühlings sehr ähnlich. Als die Aufstände im Iran tobten, verfolgte die gesamte islamische Welt die Ereignisse über die Medien und fieberte mit der protestierenden Bevölkerung mit. Es gab im Verlauf der Revolution viele Tote. Aber am Ende gab es einen großartigen Sieg – einen Sieg für den Islam.

Ich kann mich noch gut an den Jubel und die überschwängliche Freude und Begeisterung erinnern, mit der Ayatollah Khomeini in Teheran, der Hauptstadt des Iran, empfangen wurde, als er aus dem Exil in Frankreich zurückkehrte, von wo aus er die Revolution angeführt hatte. Die Menschen feierten ihn als ihren großen Helden. Sie trugen ihn in einem Triumphzug auf Händen durch die Straßen – hin zu dem berühmten Ferdous-Soldatenfriedhof, um den tausenden von Anhängern zu gedenken, die während der Revolution ihr Leben gelassen hatten. Dort angekommen, rief Khomeini den Sieg aus und hielt eine Rede, die in die ganze Welt ausgestrahlt wurde. Er sprach:

> *Ich möchte der ganzen Welt erklären, dass eine Nation,*
> *die den Befehlen Allahs folgt, niemals besiegt wird!*

Mit anderen Worten: Wahre Moslems sind unbesiegbar. Sie werden immer überlegen sein.

Auch bei uns in den Studentenwohnheimen des Al-Azhar-Campus in Kairo saßen alle Studenten dicht gedrängt vor den Radios und Fernsehgeräten. Hier hatten wir den gesamten Verlauf der Revolution täglich mitverfolgt. Und nun, da der große Moment des Sieges gekommen war, lauschten wir alle gespannt jedem Wort des großen Helden.

Als der Sieg ausgerufen war, strömten die dreitausend Studenten des Wohnheims im Siegesjubel von den Übertragungsgeräten ins Freie hinaus auf den Platz vor dem Gebäude. Dabei riefen sie euphorisch:

„Heute Iran, morgen Ägypten!"

Die Begeisterung über diesen Sieg war so groß, dass die Studenten voller Zuversicht waren, dass der mächtige Ruf der iranischen Revolution auch bei uns in Ägypten eine entscheidende Wende auslösen würde. Auch ich hätte mir solch eine grundlegende Veränderung sehnlichst gewünscht. Doch im Gegensatz zu den meisten meiner Mitstudenten überwogen bei mir die Zweifel. Ich bezweifelte, dass durch diesen Anstoß von außen auch in Ägypten etwas in Bewegung kommen würde. Ich war der Überzeugung, dass eine Veränderung erst dann geschehen konnte, wenn die Initiative dazu von innen heraus kommen würde – aus den Herzen der Ägypter selbst.

Im umgekehrten Fall, wenn die Revolution damals von Ägypten ausgegangen wäre, dann hätte sie anschließend tatsächlich auch die umliegenden Länder erfasst und die Regime der Nachbarstaaten wären wie Dominosteine umgefallen, wie es ja nun während des Arabischen Frühlings tatsächlich der Fall war. Ägypten hat einfach eine Schlüsselrolle im Nahen Osten.

Der entscheidende Unterschied

Bei all den Parallelen zwischen der iranischen Revolution von 1979 und dem Arabischen Frühling 2011 gibt es doch einen entscheidenden Unterschied:

Die iranische Revolution hatte mit Khomeini eine starke Leitfigur. Diese fehlte der Revolution in Ägypten. Wenn ich daran denke, wie Khomeini im Iran damals die Massen mobilisieren und führen konnte, bin ich mir sicher, dass das Ergebnis in Ägypten anders ausgefallen wäre, wenn auch hier eine ebenso starke Führungspersönlichkeit da gewesen wäre, um die nach Freiheit strebenden Massen durch den gesamten Veränderungsprozess hindurch bis zur vollständigen Umsetzung weiterhin anzuführen. Dann könnte es heute in Ägypten tatsächlich eine Demokratie geben. Und dann wäre die Situation im Nahen Osten heute vermutlich eine ganz andere.

Doch leider kam es dazu nicht, weil es den radikalislamischen Gruppen mit Hilfe des Militärrats gelungen ist, diesen Traum im Keim zu ersticken. Sie hatten zwar auch keine besonders populäre Leitfigur vom Schlage Khomeinis, aber sie hatten, wie er, *den Islam* auf ihrer Seite.

Das Streben der Bevölkerung nach Freiheit und Veränderung war bei der iranischen Revolution ebenso groß wie in Ägypten. So wäre die Bevölkerung – vor allem die jüngere Generation – sicher auch offen gewesen, von den erfolgreichen Systemen der westlichen Vorbilder zu lernen, um zu mehr Freiheit und wirtschaftlichem Fortschritt und Wohlstand zu gelangen. Dabei hätte vermutlich kaum jemand nach der Vereinbarkeit mit der islamischen Lehre gefragt – solange niemand auf derartige Fragen aufmerksam gemacht hätte!

In Ägypten haben sich die radikalislamischen Bewegungen frühzeitig zum Sprecher des religiösen Gewissens der Nation erhoben und ließen die Bevölkerung darüber abstimmen, ob die Verfassung auf dem Islam aufbauen sollte oder nicht. So waren die Menschen gezwungen, sich klar für oder gegen den Islam zu entscheiden. Bei solch einer direkten Fragestellung musste natürlich das religiöse Gewissen siegen. Wer würde sich schon direkt gegen den Islam aussprechen? Wieder einmal hatte die Muslimbruderschaft einen taktisch geschickten Schachzug angewandt.

Nun müssen wir abwarten, wo der radikale Islam dieses Land noch hinführen wird. Es wird mit Sicherheit entscheidende Veränderungen geben, und das Land wird ein neues Gesicht erhalten. Allerdings fürchte ich, dass es eine Reise in die Vergangenheit sein und das Land Schritt für Schritt ins Mittelalter zurückgeführt wird.

Vielleicht denken Sie nun: „*Na ja, zumindest gab es demokratische Wahlen. Damit ist doch eines der Hauptziele bereits erreicht: Demokratie. Und so wird sich das Land auch in Zukunft noch weiter in eine bessere Richtung entwickeln können.*" – Die Hoffnung sollte man natürlich niemals aufgeben. Auf der anderen Seite ist zu bedenken, dass die Mehrheit im Parlament in der Hand radikaler Muslime liegt, und diese streben einen islamischen Staat an.

Hier stellt sich nun die Frage: Lässt sich denn Demokratie überhaupt mit einem islamischen Staat vereinbaren? Im folgenden Kapitel wollen wir uns mit dieser Frage nach der Möglichkeit von *Demokratie im Nahen Osten* etwas näher beschäftigen.

Demokratie im Nahen Osten?

Muslimische Frauen an den Wahlurnen

Die gesamte Arabischen Revolution war vor allem von einem bestimmt: Dem Ruf nach Demokratie und Freiheit.

Insbesondere die einfache, arbeitende Bevölkerung hat unter den korrupten Regierungen extrem gelitten. Hohe Arbeitslosigkeit und schlechte Lebensbedingungen hatten ihr schwer zu schaffen gemacht. Es mangelte an Versorgungseinrichtungen – und an Sicherheit und Freiheit. Was diese Menschen brauchen, ist eine Regierung, die sich wirklich um sie kümmert und für einen besseren Lebensstandard sorgt. Sie brauchen Arbeitsplätze, bessere Bildungssysteme, Gesundheitsversorgung und Hilfe beim Aufbau von Kleinbetrieben.

Für die einfache Bevölkerung zählt daher in erster Linie die Frage, welche Regierung in der Lage ist, für verbesserte Lebensbedingungen zu sorgen. Alle anderen Fragen sind für sie zweitrangig. Insbesondere für weniger gebildete Bevölkerungsschichten ist es ohnehin schwer zu beurteilen, welche Regierung für sie das Beste wäre, eine religiöse Regierung oder eine säkulare, eine Demokratie oder eine radikalislamische Regierung. Für sie gilt: Solange eine Regierung praktische Hilfe bringt, wie beispielsweise Schulen und Krankenhäuser, ist sie willkommen. Das einzige, was für die einfache, arbeitende Bevölkerung mit niedrigem Bildungsstand zählt, ist, eine Regierung zu haben, die eine echte, spürbare Verbesserung der Lebensqualität bringt.

Die Menschen haben zwar einerseits kein Interesse daran, die ganze Schärfe des islamischen Gesetzes zu spüren zu bekommen, doch gleichzeitig ist es ihnen wichtig, als islamisches Land zu gelten, das auf dem Koran gegründet ist.

Die erste Ausführung der irakischen Verfassung bringt den Wunsch nach Islam und Demokratie folgendermaßen zum Ausdruck:

> *Der Islam ist die offizielle Staatsreligion und ist eine grundlegende Quelle der Gesetzgebung:*
> *a) Es darf kein Gesetz erlassen werden, das den gegebenen Vorschriften des Islam widerspricht.*
> *b) Es darf kein Gesetz erlassen werden, das den Grundsätzen der Demokratie widerspricht.*[81]
>
> *Teil 1, Artikel 2*

Das heißt, obwohl die Menschen im Irak eine Demokratie wollten, sollte trotzdem der Islam als offizielle Staatsreligion gelten. Daher wurde festgehalten, dass kein Gesetz erlassen werden dürfe, das *„den gegebenen Vorschriften des Islam widerspricht"*.

De facto wäre es für die Menschen im Irak besser gewesen, sie hätten eine Trennung von Staat und Religion eingeführt, wie sie in Europa praktiziert wird. Hätte man aber in dem Verfassungsentwurf auf den Teil über den Islam als Staatsreligion verzichtet, hätte das Volk die Verfassung nicht akzeptiert.

Selbst der ägyptische Präsident Anwar Sadat, der eine Trennung von Staat und Religion gefordert hatte, erklärte in der Verfassung den Islam zur Staatsreligion und das islamische Gesetz zu Quelle und Maßstab für die Gesetzgebung.

Der Islam ist Staatsreligion. Arabisch ist die offizielle Landessprache und die Hauptquelle für die Gesetzgebung ist das islamische Recht (die Scharia).[82] Teil 1, Artikel 2

Beide Beispiele zeigen, dass die einfachen Moslems sich sehr stark mit dem Islam identifizieren, obwohl sie andererseits nicht wirklich unter der engen Auslegung des islamischen Gesetzes leiden wollen, sondern durchaus an Demokratie interessiert wären, wenn diese eine bessere Lebensqualität mit sich bringen würde. Sie sehen die Frage „*Demokratie oder nicht*" eher unter pragmatischen Gesichtspunkten als unter religiösen.

Nur äußerst liberale Moslems würden auch eine Trennung von Staat und Religion befürworten, Moslems, die beispielsweise eine westliche Bildung genossen haben und glauben, dass eine säkulare Regierung das Beste wäre für die islamische Welt.

Radikale lehnen Demokratie kategorisch ab

Wer ein tieferes Verständnis davon erlangen möchte, ob und inwieweit Demokratie mit dem Islam vereinbar ist, wird auf diese Frage bei der einfachen Bevölkerung kaum Antworten finden. Engagierte und radikale Moslems, die sich intensiv mit der islamischen Lehre auseinandersetzen, haben darauf hingegen eine sehr klare Antwort: Die meisten von ihnen lehnen Demokratie mit aller Entschiedenheit ab und können dies auch entsprechend begründen: Demokratie gilt als Erfindung des Westens und somit als das System der Ungläubigen.

Plakataufschrift:

„Demokratie ist ein Krebsgeschwür – Islam ist die Antwort"

Interessanterweise wird zwar von vereinzelten radikalen Moslems behauptet, die islamische Gesellschaft habe das Prinzip der Demokratie bereits lange vor der westlichen Welt praktiziert. Gemeint ist dabei das islamische Shourah-Prinzip, das auf die Wahl von Mohammeds Nachfolger zurückgeht. Das Prinzip kann allerdings nicht mit dem westlichen Verständnis von Demokratie gleichgesetzt werden, da es sich innerhalb eines sehr eng gefassten Rahmens der islamischen Lehre bewegt und keinen Raum lässt für Meinungen, die dem Islam widersprechen.

Alle radikalislamischen Gruppen weltweit lehnen Demokratie kategorisch ab mit der Begründung, dass Demokratie kein islamisches Prinzip sei. Sie habe absolut nichts mit Allah, seinem Propheten oder dem Koran zu tun und sei ein Produkt des politischen Systems der ungläubigen westlichen Welt. Die Argumentation, die von den meisten der derzeitigen Islamgelehrten übernommen wurde, stammt ursprünglich von den führenden Figuren des modernen islamischen Radikalismus: Hassan al-Banna (1906–1949), Abul ala Maududi (1903–1979) und Sayyid Qutb (1906–1965). Die Logik, die dahinter steht, sieht folgendermaßen aus:

Warum Demokratie und Islam unvereinbar sind

1. Allah ist der Schöpfer und er allein hat das Recht zu regieren

Dr. Mahmud Al-Kah'lidi, der an der Al-Azhar-Universität Recht studiert hat, schrieb dazu:

> *Im Islam gehört die Herrschaft Allah und seinen Gesetzen, aber in der westlichen Demokratie gehört die Herrschaft dem Volk. Und das ist unvereinbar mit den islamischen Prinzipien für ein politisches System. Jeder einzelne Koranvers, der mit diesem Thema in Zusammenhang steht, sagt, dass allein Allah und seine Gesetze alle Autorität haben. Und diese Gesetze sind diejenigen, die dem Propheten offenbart wurden, und nicht die, die von einem Parlament oder Kongress erlassen werden.*[83]

Es gibt etliche Koranverse, die klar aussagen, dass Allahs allein die Autorität gehört:

> *Er [Allah] teilt Seine Befehlsgewalt mit keinem....*
>
> *Sure 18:26*

Die Entscheidung ist einzig bei Allah. Er hat geboten, dass ihr Ihn allein verehret. Das ist der beständige Glaube, jedoch die meisten Menschen wissen es nicht.

Sure 12:40 (vgl. 40:12)

Siehe, euer Herr ist Allah, der ... (erschuf) die Sonne und den Mond und die Sterne, Seinem Gesetz dienstbar.
Wahrlich, Sein [Allahs] ist die Schöpfung und das Gesetz!

Sure 7:54

... Allah, der ... niemanden neben Sich hat in der Herrschaft.

Sure 17:111

Mein Herr [Allah] hat ... verboten, ... dass ihr Allah das zur Seite setzet, wozu Er keine Vollmacht herabsandte,..

Sure 7:33

2. Demokratie widerspricht dem islamischen Gesetz, weil sie das exklusive Recht Allahs, Gesetze zu machen, dem Volk überträgt

Obwohl der Mensch lediglich ein schwacher Sklave Allahs ist,
lassen manche Menschen Allahs Gesetze einfach links liegen
und versuchen, neue Gesetze zu schaffen.

Abul ala Maududi, 'The Islamic State'

Der folgende Koranvers sagt, dass Menschen nicht das Recht haben, festzulegen, was Recht und was Unrecht ist. Allah werde es nicht tolerieren, dass Menschen sich ihre Gesetze selbst schaffen:

Und sagt nicht ...: „Das ist legal, und das ist verboten“,
so dass ihr eine Lüge erdichtet gegen Allah.
Die eine Lüge gegen Allah erdichten, sie haben keinen Erfolg.

Sure 16:116 (vgl. Sure 7:3)

Weißt du nicht von denen, die vorgeben zu glauben,
was zu dir hinabgesandt worden und was vor dir hinabgesandt worden ist?
Sie wollen den Rechtsspruch bei den Frevlern suchen,
wiewohl ihnen befohlen ward, nicht auf jene zu hören;
denn Satan will sie in die weite Irre führen.

Sure 4:60

Wer menschengemachten Gesetzen folgt, gilt als Krimineller und Gesetzesübertreter:

Wer nicht nach dem richtet, was Allah hinabgesandt hat
- das sind die Ungläubigen.

Sure 5:44

Allah habe den Gläubigen den Koran als ihr Gesetz und Richtschnur gesandt.

Wir haben das Buch mit der Wahrheit zu dir niedergesandt [den Koran], auf dass du zwischen den Menschen richten mögest, wie Allah es dir gezeigt hat.

Sure 4:105

3. Wer ein Gesetz oder ein politisches System akzeptiert, das nicht dem Islam entspringt, gilt als vom Glauben abgefallen und wird von Allah verworfen

Der folgende Vers sagt, dass nur der als gläubiger Moslem gilt, der sich ausschließlich nach Allahs Gesetzen richtet und keine weiteren (menschlichen) Gesetze akzeptiert:

Aber nein, bei deinem Herrn, sie sind nicht eher Gläubige,
als bis sie dich [Allah] zum Richter über alles machen, was zwischen ihnen strittig ist,
und dann in ihren Herzen kein Bedenken finden gegen deinen Entscheid,
und sich in Ergebung fügen.

Sure 4:65

Radikale Moslems sagen, dass das Anerkennen von Demokratie Götzendienst gleichkommt, da es bedeutet, dass Menschen sich einer anderen Autorität beugen als der Allahs. Ein Moslem, der Demokratie akzeptiert, gelte daher als vom Glauben abgefallen, denn der Koran lehrt, dass nur der als Gläubiger gilt, der Allah als Richter über alles anerkennt.

Im Grunde lautet die Position des radikalen Islams, dass der Islam, den Allah den Menschen durch Mohammed gesandt hat, als Glaube und allumfassende Lebensweise gegeben wurde, und dass daher keine andere Quelle der Weisheit und kein anderes Gesetz daneben anerkannt werden kann – insbesondere dann nicht, wenn es von Menschen geschaffen wurde. Und Demokratie ist ein System, das nicht von Allah gegeben, sondern von Menschen ausgedacht wurde. Wer auch immer versucht, mit Hilfe von Gesetzen zu regieren, die nicht von Allah gegeben sind, der bringt damit zum Ausdruck, dass er die Gesetze Allahs nicht für gut genug hält. Er gilt damit automatisch als „*Kafir*": als „Ungläubiger" und „Gottesleugner".

Der Grundgedanke ist bestechend einfach: *Die Scharia kommt von Allah, und Allah als der Schöpfer weiß am besten, wie die Welt funktioniert und er kann sie besser regieren als wir das könnten. Er ist perfekt in jeder Hinsicht. Demokratie ist eine menschliche Erfindung und ein menschengemachtes Gesetzeskonstrukt und daher nicht perfekt. Wenn es zwischen der Scharia und einem menschlichen Gesetz zu Widersprüchen kommt, halte dich an die Scharia.*

Wenn ein Machthaber nicht dem islamischen Gesetz folgt, muss er nach Ansicht radikaler Muslime entmachtet werden. Diese Auffassung beruht auf dem folgenden Koranvers, der besagt, dass demjenigen, der Allah in seinem Herzen missachtet, der große Fall bevorsteht.

> *Gehorche nicht dem, dessen Herz Wir [Allah] achtlos machten der Erinnerung an Uns,*
> *der seinen bösen Gelüsten folgt und dessen Fall ein äußerster ist.*
>
> Sure 18:28

Radikale Moslems sehen Demokratie als falsche, gottlose Regierungsform, die von den Ungläubigen: Christen und Juden (Amerikanern und Europäern) erfunden worden sei, und die man ihnen nun aufzuzwingen versuche. Wenn sie sich diesem Druck beugten, würde Allah sie nicht mehr schützen und ihnen nicht mehr helfen, so ihr Glaube. Diese Sichtweite beruht auf der Lehre des Korans, die besagt, dass Juden und Christen einen Moslem niemals akzeptieren würden, es sei denn, dieser würden sich vom Islam abkehren und ihrem Glauben folgen. Sollte er dies jedoch tun, so werde er bei Allah keine Hilfe mehr finden.

> *Und weder die Juden werden mit dir zufrieden sein noch die Christen,*
> *es sei denn, du folgst ihrem Glauben.*
> *Sprich: „Allahs Führung allein ist die Führung."*
> *Und wenn du nach der Kenntnis, die dir zuteil geworden,*
> *ihren bösen Gelüsten folgst, so wirst du bei Allah weder*
> *Freund noch Helfer finden.* Sure 2:120

Strenggläubige Moslems sind daher der Ansicht, dass Demokratie nur eine Falle der Juden und Christen sei, um Moslems zu verführen und auf ihre Seite zu locken. Sollten sie den Juden und Christen jedoch tatsächlich in diese Falle gehen und sich für Demokratie öffnen, so wäre das ihr Untergang, da Allah sie dann nicht länger schützen würde.

Kein Frieden mit Israel

Im Jahr 1948, dem Jahr der Staatsgründung Israels, und in den darauffolgenden Jahren, proklamierten die radikalislamischen Gruppen im gesamten Nahen Osten: „Keine Anerkennung und kein Frieden mit Israel!"

Alle Araber, Moslems und alle politischen Bewegungen im Nahen Osten – ob nationalistisch, sozialistisch, liberal oder islamisch – sie alle erklärten einmütig und mit einer Stimme ihre Ablehnung gegenüber der Gründung und Existenz des neugeborenen Staates Israel.

Wenn wir heute, etwas mehr als 60 Jahre später, die Situation im Nahen Osten, insbesondere in Ägypten, dem führenden Land der Region, betrachten, dann sehen wir, dass sich seither hinsichtlich der Frage der Normalisierung der Beziehungen mit Israel einige Veränderungen ergeben haben.

Anerkennung des Staates Israel

Zumindest die Position der liberalen und nationalistischen Bewegungen gegenüber Israel hat sich seit der Staatsgründung Israels dahingehend verändert, dass sie heute nicht mehr kategorisch anti-jüdisch und anti-israelisch eingestellt sind, sondern die Realität der Existenz Israels als unabhängigen Staat anerkennen, wie sie auch vom Rest der Welt anerkannt wird. Manche dieser Bewegungen haben ihre Anerkennung der Existenz Israels sogar öffentlich erklärt. Einige andere Bewegungen teilen zwar diese Haltung und lehnen Israels nicht mehr ab, doch sie trauen sich nicht, dies auch öffentlich zu bekennen.

Zu der erstgenannten Gruppe, die öffentlich zu ihrer Akzeptanz gegenüber Israel steht, gehören unter anderem das ehemalige ägyptische Regime unter Mubarak, sowie die ägyptische national-demokratische Partei, deren Politiker das Friedensabkommen mit Israel mit unterzeichneten, und die aus ihrer Haltung gegenüber Israel auch öffentlich keinen Hehl machte. Auch der jordanische König Abdullah und seine Regierung folgten diesem Beispiel und anerkannten die Existenz Israels öffentlich. Gleiches gilt für die palästinensische Befreiungsorganisation PLO unter Jassir Arafat und seinem Nachfolger Mahmud Abbas. Die Gruppe derer, die Israel zwar anerkennen, dies aber nicht öffentlich bekennen, wird unter anderem von Ländern wie den Arabischen Golf Staaten vertreten, von Syrien, Marokko, Libyen unter der ehemaligen Regierung Gaddafis, aber auch von Tunesien unter dem ehemaligen Staatschef Ben Ali.

Auf der anderen Seite gibt es auch heute immer noch viele, die an ihrer Ablehnung strikt festhalten und nach wie vor jede Art der Normalisierung verweigern. Vor allem sind hier die radikalislamischen Gruppen zu nennen – Gruppen verschiedenster Nationalitäten, mit verschiedensten Namen und verschiedenen Lehren. Sie alle halten nach wie vor eisern an der Ablehnung Israels fest und erklären nach wie vor einstimmig: „Kein Frieden, keine Verhandlungen, keine Anerkennung des Staates Israel."

Die zwei einflussreichsten unter diesen radikalen Gruppen sind die Muslimbruderschaft (und mit ihr die Al-Azhar-Universität) als Vertreterin der sunnitisch-islamischen Welt und das iranische Regime als Repräsentantin der Schiiten. Auf den folgenden Seiten werden wir diese Stimmen – sowohl der Sunniten, als auch der Schiiten etwas genauer unter die Lupe nehmen. Dabei werden wir mit der Muslimbruderschaft beginnen, die die öffentliche Meinung in der gesamten sunnitischen Welt entscheidend prägt.

Die Muslimbruderschaft und ihre Ablehnung Israels

Wie wir bereits in einem früheren Kapitel erfahren haben, machte die Muslimbruderschaft während des Arabischen Frühlings, in der Zeit danach und auch, als sie bereits an die Macht gekommen war, zunächst widersprüchliche Aussagen hinsichtlich ihrer Haltung zu Israel.

Etwa ein Jahr nach der Revolution gab Rashad Bayoumi von der Muslimbruderschaft jedoch eine öffentliche Erklärung ab, die jeden Zweifel ausräumte:

„Ägyptens Muslimbruderschaft erklärt, dass sie Israel nicht anerkennen wird"

JTA (Jüdischer Nachrichtensender), 2. Jan., 2012[84]

Rashad Bayoumi
Stellvertretender Vorsitzender der Muslimbruderschaft

Der stellvertretende Vorsitzende der Muslimbruderschaft, Rashad Bayoumi, erklärte gegenüber der arabischen Tageszeitung Al-Hayat, dass seine Bewegung alles daran setzen werde, den 1979 abgeschlossenen Friedensvertrag zwischen Ägypten und Israel aufzuheben:

„Wir werden rechtliche Schritte gegen das Friedensabkommen mit den Zionisten einleiten."

Weiter betonte er, dass es zwischen der Muslimbruderschaft und Israel keinerlei Normalisierung geben werde:

„Kein einziges Mitglied der Muslimbruderschaft wird mit Israel in Kontakt treten oder sich in irgendeiner Form an einer Normalisierung beteiligen."[85]

Die salafistische Partei Al-Nour, die aus den Wahlen nach dem Arabischen Frühling als zweitstärkste Partei des ägyptischen Parlaments hervorgegangen war, unterstützte diese Haltung und erklärte öffentlich:

„Unsere Partei wird sich einer Normalisierung jedweder Art zwischen den beiden Ländern entschieden entgegenstellen und mit sich mit niemandem einlassen, der der ägyptischen Identität schaden möchte."

Auch Dr. Akef, der damalige oberste Führer der Muslimbruderschaft, erklärte bei einer seiner Veranstaltungen an der Sinai-Universität in Kairo:

„‚Israel' existiert im Wortschatz der Muslimbruderschaft überhaupt nicht."

Dr. Akef
Ehemaliger oberster Führer der Muslimbruderschaft

Hinsichtlich des Friedensabkommens von Camp David erklärte er die Position der Muslimbruderschaft folgendermaßen:

„Selbst nach dem Sieg der politischen Partei der Muslimbruderschaft, die nun die Mehrheit im Parlament hat, bleibt die Position der Bruderschaft unverändert.
Im Wörterbuch der Muslimbruderschaft gibt es so etwas wie ‚Israel' nicht. Wir lehnen sie (die Juden) seit dem ersten Tag ab und wir sehen sie als terroristische Gruppierung an, die Palästina und arabisches Land besetzt hält."[86]

Al-Azhar und die Normalisierung mit Israel

Die islamische Bildungsstätte Al-Azhar ist in der ganzen islamischen Welt und weit darüber hinaus bekannt und hat eine überaus bedeutende Stellung. Man könnte sagen, Al-Azhar ist für die islamische Welt, was der Vatikan für die katholische Kirche ist. Hier werden die Richtlinien für die Auslegung der Religion definiert. Seit der Gründung der Institution im 10. Jahrhundert – also vor über 1000 Jahren – bis zum Jahre 1952 war Al-Azhar eine autonome Einrichtung, die keinerlei staatliche Autorität über sich hatte. Al-Azhar gehörte der gesamten islamischen Welt und wurde von einem Rat islamischer Gelehrter geleitet, in dem fast die gesamte islamische Welt repräsentiert war. Diese Gelehrten waren von Moslems gewählt – also nicht von einem Präsidenten oder der Staatsregierung eingesetzt. Während all dieser Jahrhunderte hatte Al-Azhar den Islam und dessen Prinzipien stets eisern verteidigt und keinerlei Kompromisse geduldet.

Als der Staat Israel gegründet wurde, gab Al-Azhar beispielsweise sofort eine offizielle Stellungnahme dazu ab. Man bezeichnete Israel als einen unrechtmäßigen Staat, da er auf einem Land errichtet wäre, das ihm gar nicht gehöre, denn das Land sei Eigentum der islamischen Welt. Daher riefen die Gelehrten von Al-Azhar die Palästinenser auf, unermüdlich gegen Israel zu kämpfen, bis das Land wieder befreit sei.

Al-Azhar erklärte darüber hinaus, dass kein Palästinenser sein Land oder sein Haus an Juden verkaufen dürfe. Jegliche Kooperation mit Juden sei strengstens untersagt. Wer es wagte, gegen diese Anweisung zu verstoßen, würde nicht mehr als Moslem angesehen, sondern gelte als Apostat – als Abtrünniger vom Islam.

Der islamischen Welt gegenüber erklärte Al-Azhar, dass die Ausrufung eines Staates Israel einer Kriegserklärung gleichkomme und dass man sich daher im Djihad befinde. Jeder Moslem sei somit verpflichtet, gegen Israel zu kämpfen und zwar unter Einsatz seines Lebens, seines Vermögens und all seiner Mittel und Möglichkeiten. Kein Moslem dürfe ruhen, bis das Land der Palästinenser wieder vollständig befreit sei. Jeder Moslem, der zögere, sich an diesem Kampf zu beteiligen, begehe eine schwere Sünde.

Als im Jahr 1952 der ägyptische König Faruk durch einen Militärputsch gestürzt wurde, kam es zu großen Umbrüchen im Land, die auch für Al-Azhar eine entscheidende Wende bringen sollten. Als etwa zwei Jahre später Gamal Nasser Präsident Ägyptens wurde, erließ dieser den Befehl, Al-Azhars Islamrat aufzulösen und die Führung der Einrichtung in das Regierungssystem Ägyptens zu integrieren. Damit verlor Al-Azhar seine einzigartige Stellung in der islamischen Welt und wurde Nassers Regierung unterstellt. Der neue Präsident schuf die neue Position des „Ministers für Al-Azhar-Angelegenheiten", deren Besetzung er sich selbst vorbehielt. Auch der Leiter von Al-Azhar, der sogenannte *Groß-Imam* sollte künftig vom Präsidenten bestimmt werden.

Seit dieser Zeit war Al-Azhar nicht mehr souverän, sondern gezwungen, sich der gemäßigten Politik der ägyptischen Regierung anzupassen – sowohl unter Nasser, als auch später unter Sadat und schließlich unter Mubarak. 60 Jahre lang war Al-Azhar in dieser Position der Unterordnung unter eine säkulare Regierung gefangen und war oftmals gezwungen, Kompromisse einzugehen und Zugeständnisse zu machen, die der eigenen islamischen Überzeugung widersprachen. Im Folgenden sehen wir einige Beispiele, die zeigen, wie sehr Al-Azhar sich der offiziellen Regierungspolitik beugen musste.

„Der Hut des Machthabers und der Korruptionsprediger"

Als der ägyptische Präsident Anwar Sadat 1979 seine Haltung gegenüber Israel plötzlich änderte und ankündigte, er wolle Israel besuchen und sogar ein Friedensabkommen mit Israel schließen, brachte er damit sämtliche islamistischen Gruppen gegen sich auf. Er versuchte, sein Verhalten zu rechtfertigen, indem er einen Koranvers zitierte, der von Frieden mit dem Feind sprach:

> *Sind sie jedoch zum Frieden geneigt, so sei auch du ihm geneigt und vertraue auf Allah.*
>
> *Sure 8:61*

Diesen Vers ließ Sadat über die Medien immer wieder verbreiten, um damit um Verständnis und Unterstützung für seine neue Politik zu werben. Doch radikale Muslime ließen sich davon nicht umstimmen, da sie wussten, dass der Vers völlig aus dem Zusammenhang gerissen war. Dann ging der Präsident noch einen Schritt weiter und setzte sogar die Führung von Al-Azhar unter Druck. Er verlangte von ihr, eine öffentliche Erklärung abzugeben, die bestätigte, dass sein Verhalten aus islamischer Sicht gerechtfertigt sei. Die Al-Azhar Gelehrten mussten damit entgegen ihrer Überzeugung handeln und ihre wahre Haltung verleugnen. Damit verloren sie in den Augen radikaler Gruppen jeglichen Respekt.

Die radikalen Gruppen nannten die Gelehrten von Al-Azhar seit diesem Ereignis spöttisch *„Hut des Machthabers und Prediger von Korruption"*. Sie machten sich damit über die extrem unterwürfige Haltung der Gelehrten lustig, die so tief gesunken waren, dass sie sogar Erklärungen abgaben, die ihren Überzeugungen und der Lehre des Islam offenkundig widersprachen. Daher wurden sie als „Korruptionsprediger" beschimpft. Das Bild des „Hutes des Machthabers" bezog sich auf die charakteristische Kopfbedeckung der Islamgelehrten, die ihre Autorität als islamische Leiter symbolisiert. Mit ihrer öffentlichen Rechtfertigung Sadats hatten sie ihm indirekt die geistliche Autorität Al-Azhars verliehen.

Kurz nach der Unterzeichnung des Friedensabkommens von Camp David kam es zu einer weiteren vielzitierten Aussage eines berühmten Al-Azhar-Gelehrten, die dem Ansehen Al-Azhars weiteren großen Schaden zufügte. Dies ereignete sich 1980 im Rahmen einer Islamkonferenz in Asyut, im Süden Ägyptens. Der Gelehrte, der zu jener Zeit das Ministerium für Al-Azhar-Angelegenheiten leitete, war einer der Hauptredner der Konferenz.

Ein junger Konferenzteilnehmer, der der radikalislamischen *Jamaa al-Islamiya* angehörte, fragte den Gelehrten, wie er die Reise des Präsidenten Sadat nach Israel und die Unterzeichnung des Friedensabkommen zulassen und sogar rechtfertigen konnte. Der junge Moslem forderte die islamische Autoritätsperson heraus:

„Wie konnten Sie unserem Präsidenten nur Ihren Segen geben für diese Reise nach Israel und dafür, dass er den Juden die Hand reichte und mit ihnen ein Friedensabkommen schloss? Haben Allah und sein Prophet das nicht ausdrücklich verboten – insbesondere wenn man sich in einer ‚Position der Stärke' befindet? Wie konnten Sie es nur wagen, Allahs Prinzipien und Ihren Glauben zu verleugnen?"

Die erstaunliche Antwort des Al-Azhar-Gelehrten machte deutlich, wie wenig Rückgrat er besaß:

„Wenn man von mir verlangt, das Erlaubte zu verbieten, dann werde ich das tun. Und wenn man mich fragt, warum ich das tue – ich

werde es euch sagen:Lasst mich doch einfach in Ruhe, und lasst mich für meine Kinder da sein.“

Mit anderen Worten: Er wusste, dass es für ihn sehr gefährlich wäre, nicht zu tun, was die Regierung von ihm verlangte. Er könnte seine Position verlieren und er könnte sogar im Gefängnis landen. Auf jeden Fall würde er verfolgt werden. Daher beschloss er zu tun, was auch immer die Regierung von ihm verlangen würde, um so sein Leben, seine Position und seine Familie zu schützen.

Die Erfahrungen aus der Vergangenheit, als Nasser mit der Muslimbruderschaft hart ins Gericht gegangen war, nachdem diese einen Mordanschlag auf ihn verübt hatten, waren nicht vergessen.

Der Gelehrte, der anlässlich der Islamkonferenz in Asyut seine feige und unterwürfige Haltung öffentlich bekannte, hatte die Ereignisse offensichtlich noch sehr lebendig in Erinnerung. Er wusste, was ihm blühen würde, wenn er es wagen würde, sich der Regierung zu widersetzen.

Dieser Mann, der die staatliche Stelle für Al-Azhar-Angelegenheiten verantwortete, gestand mit dem zitierten Statement öffentlich, dass er nur um seine eigene Haut besorgt und nicht mutig genug war, für die Sache seines Glaubens voll einzustehen. Aus der Sicht des jungen radikal-islamischen Mannes, der den Gelehrten herausgefordert hatte, war dies eine Schande für den Islam und eine schwere Sünde gegen Allah.

Dieser junge Mann, der den Gelehrten herausgefordert hatte, war mitverantwortlich für den Mordanschlag, der ein Jahr später auf Anwar Sadat verübt wurde, als Vergeltung für das Friedensabkommens mit Israel.

Auch nach der Regierungszeit Sadats, als Mubarak an die Macht kam, dauerte die „Position der Schwäche“ für Al-Azhar an. Alle drei Herrscher – Nasser, Sadat und Mubarak – wählten die Islamgelehrten für Al-Azhars Führungspositionen sehr sorgfältig aus. Während all dieser Jahre wurden nur sehr moderate Gelehrte akzeptiert, um sicherzustellen, dass sie sich wirklich loyal hinter die Entscheidungen der Regierungen stellen und auch den Friedensvertrag mit Israel mittragen würden.

Die Zeit des Arabischen Frühlings war für die Muslimbruderschaft und sonstige islamistische Gruppen daher die langersehnte Gelegenheit, endlich aus dieser Position der Schwäche herauszukommen und an die Macht zu gelangen.

Die derzeitige Position Al-Azhars

Als die Muslimbruderschaft nach der Revolution 2011 tatsächlich an die Macht kam, verkündete sie sofort, dass Al-Azhar ihre ursprüngliche souveräne Position zurückerhalte und künftig völlig frei von jeglichem staatlichen Einfluss sein werde. Sie sorgte auch dafür, dass dies in der Verfassung verankert wurde.

Die obersten Führer Al-Azhars reagierten auf die neu gewonnene Freiheit sehr schnell. Sie wechselten quasi über Nacht ihr Auftreten, besannen sich auf ihre Tradition als Hüter eines strengen Islam und präsentierten sich plötzlich als starke Verfechter der islamischen Prinzipien. Für diesen plötzlichen Wandel hin zu einer radikalen Haltung gab es vermutlich einen doppelten Beweggrund. Zum einen muss es für sie eine unglaubliche Erleichterung gewesen sein, endlich voll zu ihren Glaubensüberzeugungen stehen zu können. Allerdings hatte Mubarak, wie bereits erwähnt, die moderatesten Kandidaten für die führenden Ämter ausgewählt. So wäre es auch denkbar, dass der eine oder andere unter ihnen sich in der Situation nach der Revolution sogar radikaler gab, als er wirklich war, um zu vermeiden, ausgetauscht zu werden. Möglicherweise passte man sich auch nur wie gewohnt der Politik der herrschenden Regierung an. Was die wahren Motive der einzelnen Gelehrten waren, sei dahingestellt.

Offensichtlich gelang es auch nicht jedem der hohen Gelehrten, mit der neu gewonnen Freiheit angemessen umzugehen. So beging Dr. Ali Gomaa, der zweithöchste Repräsentant Al-Azhars, der gleichzeitig der Mufti Ägyptens war, einen erstaunlichen Fehler, der seinem Ruf in der islamischen Welt enormen Schaden zufügte und seine Position stark gefährdete.

Sein Fehler bestand darin, dass er nach Jerusalem reiste – und zwar ohne dies mit einem der anderen Leiter Al-Azhars oder mit den Leitern der radikalislamischen Bewegungen oder dem ägyptischen Parlament oder der Regierung abgesprochen zu haben. Offensichtlich hatte er sich so frei gefühlt, dass er diesen Besuch in Jerusalem völlig eigenmächtig beschlossen und durchgeführt hatte. Eine Entscheidung, die er schon bald bereuen sollte.

Al-Azhar kritisiert Ägyptens Mufti für Besuch in Jerusalem

Dr. Ali Gomaa

Im April 2012 berichteten die arabischen Medien von dem Besuch des Al-Azhar-Muftis, Dr. Ali Gomaa, in Jerusalem, wo er in der Al-Aqsa Moschee, der drittheiligsten Stätte des Islam, gebetet hatte. Mit diesem Besuch in Israel verstieß er gegen das jahrzehntealte Verbot der Islamgelehrten, Gebiete zu bereisen, die unter israelischer Kontrolle standen. Seine Reise wurde als „Akt der Normalisierung" angesehen und deshalb von der Al-Azhar Universität aufs Schärfste verurteilt. Al-Azhar erklärte dazu öffentlich:

> *Die islamische Forschungsakademie hält an dem bestehenden Al-Azhar Beschluss fest, Jerusalem, die Al-Aqsa Moschee und all die heiligen Stätten [in Israel] nicht zu besuchen, bis die israelische Besatzung der palästinensischen Gebiete beseitigt ist.*[87]

Ein Komitee der islamischen Forschungsakademie unter der Leitung des Al-Azhar-Großimams Dr. Ahmed Al-Tayeb bestellte Dr. Gomaa zu einem Gespräch ein, um von ihm persönlich seine Beweggründe und die Details seiner Reise zu erfahren. Bei dieser Besprechung entschuldigte sich Dr. Gomaa in aller Form dafür, durch seinen Besuch die Gefühle der Moslems verletzt zu haben. Auf Twitter rechtfertigte Gomaa seinen Besuch damit, dass es sich um einen Akt der Solidarität handeln sollte – Solidarität mit den Palästinensern, die den östlichen Teil der umstrittenen Stadt für sich beanspruchten, der sich jedoch seit dem arabisch-israelischen Krieges 1967 in der Hand Israels befindet.

Im Verlauf des Gespräches mit dem Komitee bemühte sich Gomaa, glaubhaft zu machen, dass er keinerlei Kontakt mit israelischen Regierungsbeamten oder der israelischen Bevölkerung gehabt habe. Er erklärte, er sei von palästinensischen Moslems eingeladen gewesen und habe nicht einmal ein israelisches Visum benötigt. Da seine Reise von Jordaniern organisiert und begleitet worden sei, sei auch kein israelischer Soldat zu seinem Schutz mit ihm gereist. Weiter behauptete er, seine Reise sei rein privater Natur und völlig inoffiziell gewesen und habe wissenschaftlichen und religiösen Zwecken gedient. Er betonte, dass es ihm nicht möglich gewesen sei, die Einladung auszuschlagen, zumal er die ganze Zeit über von jordanischen Sicherheitskräften umringt und geschützt gewesen sei.

Dr. Gomaa beteuerte, dass er nach wie vor jede Art der Normalisierung mit Israel kategorisch ablehne. Seine Reise nach Jerusalem habe er als Geschenk Allahs angesehen. Daher habe er nicht widerstehen können. Er berichtete, wie glücklich er darüber gewesen sei, in der Al-Aqsa Moschee beten zu können.

Auch seitens der Muslimbruderschaft erntete Dr. Gomaa scharfe Kritik für sein Verhalten. Scheich Askar, Vorsitzender des Religionsausschusses im ägyptischen Parlament, nannte den Besuch in Jerusalem eine große Sünde, da er der Normalisierung des Verhältnisses zu Israel gedient hatte.

Scheich Askar meinte:

> *„Was ist das doch für eine merkwürdige Sache, die hier gleich nach der Revolution passiert ist.*
> *Israel wird von diesem Besuch profitieren, denn die israelischen Medien und ihre Propaganda werden den Besuch dazu benutzen, dem Anliegen der Palästinenser zu schaden."*

Im folgenden Abschnitt werden wir sehen, was das ägyptische Parlament zu dem Zwischenfall sagte. Dabei sollten wir im Hinterkopf behalten, dass das neue ägyptische Parlament seit den Wahlen Anfang 2012 von den zwei stärksten und einflussreichsten radikalislamischen Bewegungen Ägyptens repräsentiert wird: Der Muslimbruderschaft und den Salafisten.

Das ägyptische Parlament
Seit den ersten freien Wahlen nach dem Arabischen Frühling dominieren hier die radikalislamischen Bewegungen – vor allem Muslimbruderschaft und Salafisten

Das ägyptische Parlament empfiehlt Entlassung des Muftis Dr. Gomaa[88]

Das Komitee für Religiöse Angelegenheiten forderte Dr. Gomaa auf, sich der ganzen Nation gegenüber für seinen Besuch in Jerusalem zu entschuldigen und von seinem Amt zurückzutreten. Das Komitee erklärte, dass Gomaa gehen müsse, da er mit seinem Verhalten eine Charakterschwäche bewiesen habe, die in seiner Position untragbar sei. Das ägyptische Parlament bestätigte die Empfehlung des Komitees, Gomaa zu entlassen, und leitete den Fall an den ägyptischen Militärrat weiter, um dessen letztinstanzliche Zustimmung zu erhalten.

Der Grund für die drastischen Reaktionen auf Gomaas Verhalten lag darin, dass ein Akt der Normalisierung als äußerst schwerwiegendes Vergehen angesehen wurde. Immerhin könnte dies als Legitimierung der „Besatzung" interpretiert werden.

Der Wirbel um den Besuch Gomaas in Jerusalem zeigt, dass sich an der Haltung der Muslimbruderschaft gegenüber Israel seit der Gründung der Bewegung im Jahre 1928 bis heute nichts geändert hat. Dabei ist diese Organisation nicht auf Ägypten beschränkt – gerade seit dem Arabischen Frühling gewinnt sie auch in Marokko, Tunesien und anderen Ländern an Macht. Ihre israelfeindliche Haltung wird daher auch in den internationalen Beziehungen dieser Länder immer deutlicher zu spüren sein. Da die westliche Welt – allen voran Amerika, aber auch Europa – als Freund und Unterstützer Israels gilt, wird diese feindselige Haltung gegenüber Israel sich automatisch auch auf uns ausweiten.

Gibt es Hoffnung, dass die Muslimbruderschaft ihre Haltung gegenüber Israel ändern könnte?

Wenn man die Vertreter der Muslimbruderschaft, vor allem den neuen ägyptischen Präsidenten Mohammed Mursi, in den westlichen Medien beispielsweise zu westlichen Politikern sprechen hört, klingt das meist sehr moderat, und man spürt kaum etwas von dieser radikalislamischen Einstellung. Die Muslimbruderschaft präsentiert sich friedlich und respektvoll und beteuert ihre Liebe zu Demokratie und ihre Sorge um Menschenrechte, soziale Gerechtigkeit und Respekt zu allen Menschen. Selbst ihre politische Partei hat sie danach benannt: die *Freiheits- und Gerechtigkeitspartei.*

So zeigte sich auch der *Tagesschau*-Reporter Markus Schmidt in seinem Kommentar zu Mursis Rede vor der UN-Vollversammlung am 26. September 2012 „beeindruckt", wie er mehrfach betonte. Mursi habe sich klar zu einem demokratischen Ägypten bekannt und er habe seine Forderungen *„nicht eifernd und überzogen"* präsentiert wie sein Amtskollege Ahmadinejad, sondern *„ruhig, argumentierend und auf den Punkt: beeindruckend!"*[89]. Dabei weist Schmidt eingangs extra darauf hin, dass *„Mursi ein Muslimbruder"* ist und die Muslimbrüder *„noch bis vor wenigen Monaten als Radikale, als Extremisten und als potentielle Terroristen"* gegolten hatten.

Ist das nicht verwirrend? Auf der einen Seite sehen wir die extreme Forderung, den Mufti wegen seines Besuchs in Jerusalem zu entlassen, was uns zeigt, wie strikt die Muslimbruderschaft nach wie vor jegliche Normalisierung mit Israel ablehnt. Und auf der anderen Seite präsentiert sich die Partei der Muslimbrüder moderat, modern und westlich. Wie kann man diese Widersprüche verstehen?

Zugegeben – auf den ersten Blick und solange man die Ideologie dieser Bewegung nicht versteht, erscheint dies alles äußerst verwirrend und widersprüchlich. Doch wenn wir uns die Entwicklungsgeschichte der Muslimbrüder vor Augen halten und vor allem den Wandel ihrer Strategie näher anschauen, werden Sie diese vermeintlichen Widersprüche besser einordnen können.

Behalten Sie immer im Hinterkopf, dass für die Muslimbruderschaft, wie für alle anderen radikalislamischen Gruppen und Bewegungen, das islamische Gesetz und islamische Prinzipien oberstes Gebot sind und unwandelbar feststehen. Diese dürfen unter keinen Umständen verletzt werden, und es dürfen auch keine Kompromisse eingegangen werden. Würde man davon abrücken, würde man automatisch in den Augen der islamischen Welt seine Existenzberechtigung und damit jeglichen Rückhalt in der Bevölkerung verlieren. Daher kann sich keine radikalislamische Partei erlauben, mit den islamischen Gesetzen und Prinzipien leichtfertig umzugehen.

Zu der Frage, ob es Hoffnung gibt, dass die Muslimbruderschaft ihre Haltung gegenüber Israel ändern könnte, können wir daher festhalten, dass es äußerst unwahrscheinlich ist, dass die Muslimbrüder je von ihren Überzeugungen abrücken werden. Was ihr widersprüchliches Verhalten angeht, so gibt es eine einfache Erklärung. Es gibt nämlich im Islam ein Prinzip, das das Verschleiern der wahren Motive aus taktischen Gründen ausdrücklich erlaubt: Das Taqiyya-Prinzip.

Das Taqiyya-Prinzip

Das Taqiyya-Prinzip ist ein sehr bekanntes Prinzip in der islamischen Welt, das sowohl von Sunniten als auch von Schiiten gleichermaßen angewandt wird.

Das islamische Taqiyya-Prinzip ist dazu bestimmt, Moslems in äußerst schwierigen Ausnahmefällen einen Ausweg zu schaffen. Dieser Ausweg besteht darin, dass es dem Moslem in solch einer Ausnahmesituation gestattet ist zu lügen und sogar hinsichtlich der islamischen Lehre ausnahmsweise Kompromisse einzugehen.

Es gibt genau vier definierte Ausnahmesituationen, in den es explizit erlaubt ist zu lügen:

1. Ein Moslem darf lügen, wenn er damit sein Leben retten kann oder dem Islam zu einem Sieg verhelfen kann.

2. Wenn ein Moslem in einem nicht-islamischen Umfeld lebt, also in einer ‚Position der Schwäche' bzw. einer ‚Position der Unterlegenheit', dann darf er das Taqiyya-Prinzip anwenden und lügen, wenn dies notwendig ist, Schaden von seinem Leben abzuwenden, oder wenn es dazu beiträgt, den Islam zu verbreiten oder zu verteidigen.
3. Wenn ein Moslem mehrere Ehefrauen hat und es innerhalb der Familie zu Spannungen kommt – beispielsweise, wenn die Frauen miteinander streiten – so darf der Mann lügen, wenn dies hilft, um die Situation wieder zu beruhigen.
4. Wenn ein Moslem Kinder hat, und diese Ärger machen, so darf der Moslem lügen, wenn dies hilft, um die Kinder wieder zu beruhigen. (Er kann ihnen beispielsweise eine Belohnung versprechen, wenn sie dafür ruhig sind, und braucht dieses Versprechen später nicht einhalten.)

Hier ein Beispiel, das zeigt, wie das Taqiyya-Prinzip auch heute noch immer wieder angewandt wird:

Nach dem Sturz von Mubaraks Regime im Frühjahr 2011 erklärte die Muslimbruderschaft in Ägypten: „*Wir werden zwar für die Parlamentswahlen kandidieren, aber wir werden nicht zu den Präsidentschaftswahlen antreten*".

Als die Muslimbruderschaft nach den Parlamentswahlen die Mehrheit im Parlament erreicht hatte und somit bereits an der Macht war, kündigte sie 2012 plötzlich an, doch für das Amt des Präsidenten zu kandidieren. Die Muslimbruderschaft rechtfertigte ihren Positionswechsel damit, dass ihr oberstes Ziel sei, dass das Land vom Islam regiert werde. Dies sei ja auch der Wille des Volkes, wie eine Volksabstimmung ergeben hatte. Und da kein anderer Kandidat für dieses Ziel einstehe, sehe die Muslimbruderschaft sich moralisch verpflichtet, Kandidaten für das Amt des Präsidenten zur Verfügung zu stellen.

Die ursprüngliche Behauptung der Muslimbruderschaft, dass sie nicht zur Präsidentschaftswahl antreten werde, war also falsch – man könnte auch sagen „gelogen". Da diese Lüge aber der Ausbreitung des Islam diente, war sie nach dem Taqiyya-Prinzip durchaus zulässig.

Vielleicht fragen Sie sich nun, inwiefern diese Lüge der Ausbreitung des Islam diente. Nun, hierzu müssen wir uns in Erinnerung rufen, dass man sich in der westlichen Welt während und vor allem unmittelbar nach der Revolution in Ägypten große Sorgen um den Aufstieg der Muslimbruderschaft machte, da diese bis dahin als gefährliche radikalislamische Organisation galt. Zur Zeit von Präsident Bush hatten einige der bekannten Vertreter der Organisation sogar Einreiseverbot in den USA. Es gab daher Überlegungen, wie man den Aufstieg der Muslimbruderschaft gegebenenfalls verhindern könne. Oberstes Ziel der Muslimbruderschaft bestand daher darin, diese Bedenken zu zerstreuen und die westliche Welt davon zu überzeugen, dass die Organisation völlig moderat und ungefährlich und zudem gar nicht an der Macht interessiert sei.

Um nochmals auf die wichtige Frage zurückzukommen, ob es Hoffnung gibt, dass die Muslimbruderschaft ihre Haltung gegenüber Israel ändern, die Existenz Israels offiziell anerkennen und gar in ein einen friedlichen Dialog einsteigen könnte. Die Antwort lautet: Ja – und nein! Ja: Sie könnten sich – vordergründig – auf einen friedlichen Dialog mit Israel einlassen, wenn dies dem Islam in irgendeiner Form dient. Und nein: An der grundsätzlichen Überzeugung, „dass der Staat Israel eine feindliche Besatzung darstellt, die unter keinen Umständen akzeptiert werden kann", wird sich nie etwas ändern. Und dies ist nicht nur eine persönliche Einschätzung. In dem folgenden Artikel werden Sie diese Überzeugung aus dem Munde eines der obersten Führers der Muslimbruderschaft selbst hören.

Muslimbruderschaft dementiert Bereitschaft zum Dialog mit Israel

Im Februar 2012 veröffentlichte die kuwaitische Tageszeitung *Al-Rai* einen Artikel unter dem Titel „Israels Dialog mit der Muslimbruderschaft". Darin bezog sie sich auf einen früheren Artikel, der in Israel veröffentlicht worden war und in dem behauptet worden war, Israel sei mit der Muslimbruderschaft in Kontakt und es gebe Absichten, in einen Dialog zu treten.

Die Muslimbruderschaft reagierte auf den Artikel prompt, indem sie jeglichen Dialog mit Israel dementierte. Mahmud Gozlan, Mitglied des obersten Führungskomitees der Muslimbruderschaft und offizieller Sprecher der Muslimbruderschaft erklärte:

> *„Die Muslimbruderschaft lehnt jegliche Zusammenkünfte und jeglichen Dialog mit den Zionisten kategorisch ab."*

Weiter erklärte Gozlan, dass die Veröffentlichung derartiger Berichte lediglich bezwecke, dem Ansehen der Muslimbruderschaft zu schaden. Er fügte hinzu, die Muslimbruderschaft lehne die Anwesenheit von Zionisten in Palästina klar ab und fordere die Befreiung Palästinas und zwar „vom Fluss [vom Jordan] bis zum Meer".*

* Damit ist das Konzept von „Großisrael" gemeint.

Der Einfluss der Revolution auf Israel

Anti-israelische Haltung als Normalität

Wenn man einmal sämtliche Revolutionen, Regimewechsel, Revolten und Staatsstreiche, die sich während des vergangenen Jahrhunderts im Nahen Osten ereignet haben, daraufhin untersucht, wie sie sich auf die Beziehung des betreffenden Landes mit Israel ausgewirkt haben, kann man feststellen, dass sich die Ablehnung Israels in fast allen Fällen nach dem Umbruch verschärfte.

An den ehemaligen ägyptischen Präsidenten Nasser kann ich mich persönlich noch gut erinnern. Er war im Amt, als ich noch ein kleiner Junge war. Nasser war einer von vielen, die durch einen Militärputsch ins Amt gekommen waren. Er war für ein Statement bekannt, das er bei jeder Gelegenheit wiederholte – sein dreifaches NEIN:

„NEIN zu Verhandlungen, NEIN zur Versöhnung und NEIN zur Anerkennung Israels!“

Eine zweite vielzitierte Aussage Nassers war:

„Wir werden Israel und jeden, der hinter Israel steht, bekämpfen!“

Diese eindeutige Haltung gegenüber Israel half ihm, Einheit und Zusammenhalt in der Bevölkerung zu wahren und sicherzustellen, dass das Volk hinter ihm stand.

Dies gilt für fast alle Könige, Diktatoren und Präsidenten des Nahen Ostens – sie alle bezogen unmittelbar nach Machtantritt deutlich gegen Israel Stellung.

Verdächtige Zurückhaltung in der Israelfrage

Vor diesem Hintergrund, dass in der Vergangenheit jeder neue Machthaber darum bemüht war, seine neue Position dadurch zu festigen, dass er gegenüber Israel sofort klar Stellung bezog, war es umso erstaunlicher, dass diese Geste von Seiten der Muslimbruderschaft nach dem Arabischen Frühling ausblieb. Die radikalislamischen Gruppen, die nach der Arabischen Revolution an die Macht kamen, haben gerade *nicht* gleich zum Kampf für die palästinensische Sache und gegen Israel und ihre Verbündeten aufgerufen.

Obwohl alle Welt gespannt darauf wartete, wie die neue Regierung sich in der Israelfrage positionieren würden und was aus den bestehenden Friedensverträgen werden würde, ließen diese sich mit einer klaren Stellungnahme bewusst(?!) Zeit. Stattdessen konzentrierten sich die neuen Machthaber auf die Angelegenheiten im eigenen Land, auf den Kampf gegen Korruption, den Aufbau der Wirtschaft und den Wiederaufbau der politischen Strukturen.

Viele Moslems und Araber beobachteten die Muslimbruderschaft und die Bewegung der Salafisten in Ägypten sehr aufmerksam und misstrauisch.

Zweierlei machte sie sehr skeptisch:

1. Warum hatte Amerika es zugelassen, dass diese radikalislamischen Gruppen an die Macht kamen? Warum hatte Amerika sie als politische Partner anerkannt?
2. Und warum bezog diese neue Regierung gegenüber Israel nicht endlich klar Stellung? Warum zögerte sie, das Friedensabkommen mit Israel aufzuheben?

Manch einer vermutete, dass zwischen Amerika und den neuen Machthabern Ägyptens ein geheimes Abkommen bestehen müsse. Anders konnte man sich nicht erklären, warum die USA ausgerechnet die Islamisten auf ihrem Weg an die Macht unterstützt hatten. Wie jeder weiß: *„Eine Hand wäscht die andere"*. Also folgerte so mancher, dass auch die Islamisten Amerika gegenüber Zugeständnisse gemacht haben mussten, um solche Gunst und Unterstützung zu erhalten.

Wer die Geschichte und Politik der Muslimbruderschaft kennt, für den ist das Verhalten der neuen Machthaber Ägyptens und ihr „großes Schweigen" zur Israelfrage jedoch keine große Überraschung. Diese Strategie ist leicht zu erklären.

Unvollständige Veränderungen

Zwischen den Umbrüchen des Arabischen Frühlings und früheren Machtwechseln im Nahen Osten gibt es einen entscheidenden Unterschied: Die Veränderungsprozesse, die durch die Revolutionen des Arabischen Frühlings ausgelöst wurden, waren mit Antritt der neuen Machthaber noch nicht abgeschlossen. Der Umbruch in den nordafrikanischen Ländern wie Ägypten und Tunesien war nicht in der „klassischen Form" verlaufen, wie so oft zuvor. Bei einem Militärputsch, wie man ihn in diesen Ländern schon oft erlebt hatte, hatte jeweils ein Heer von Panzern das alte Regime im wahrsten Sinne des Wortes überrollt: Alle politischen, wirtschaftlichen und militärischen Institutionen, sowie Fernseh- und Rundfunkanstalten* und Sicherheitsbehörden wurden personell und organisatorisch zerschlagen und dann völlig neu aufgebaut.

* Fernseh- und Rundfunkanstalten unterliegen in diesen Ländern in der Regel staatlicher Führung oder Kontrolle.

Die Revolutionen des Arabischen Frühlings hingegen haben in Ägypten und Tunesien zwar den ehemaligen Diktator gestürzt, doch fast alle Einrichtungen des alten Regimes blieben bestehen. In Ägypten blieben sowohl das Militär als auch das Parlament zunächst im Amt. Auch in Tunesien trat lediglich der Präsident selbst zurück. Das restliche politische System war unverändert. Der Wandel war also noch unvollendet und erforderte weitere Maßnahmen.

Demokratische Spielchen

Angesichts dieser unvollendeten Veränderungen zum Zeitpunkt des Machtantritts hätten die radikalislamischen Gruppen zwar sofort einige Schlüsselpositionen neu besetzen können, um die Situation in ihrem Sinne zu verändern. Insbesondere der Muslimbruderschaft geht es jedoch gar nicht so sehr darum, in kürzester Zeit größtmögliche Veränderungen zu erreichen, sondern vielmehr darum, einen langfristigen und tiefgreifenden Erfolg zu sichern. Daher bemüht sie sich, strategisch durchdacht vorzugehen. Um für ihre neue politische Ausrichtung gewappnet zu sein und sich den nötigen Rückhalt in der Bevölkerung zu sichern, wählten die neuen Machthaber offensichtlich die Strategie, alle Veränderungen Schritt für Schritt auf demokratischen Wege zu erreichen. Dies dauert zwar länger, bringt aber größere Stabilität und ist von daher auf lange Sicht die beste Basis für tiefer gehende Umwälzungen.

Dies erklärt auch, warum die Muslimbruderschaft beim Einzug ins Parlament nicht gleich all ihre Ansichten und islamischen Prinzipien durchzusetzen versuchte. Sie arbeitete vielmehr daran, breite Unterstützung zu gewinnen. Es galt zunächst, die Übergangsphase ohne unnötigen Gegenwind durchzustehen und eine stabile Regierung im Land aufzubauen. So packten sie in dieser ersten Phase auch noch keine heiklen oder kontroversen Themen an, sondern suchten lieber einen gemeinsamen Nenner mit allen politischen Gegenspielern, die ihre wahren Überzeugungen ablehnen würden und ihre Machtposition hätten gefährden können.

Die politische Haltung, die in dieser Zeit sichtbar wurde, widerspiegelte daher nicht zwangsläufig ihre wahren Überzeugungen.

Listige Strategie

Die Tatsache, dass die neue Regierung das Friedensabkommen nicht sofort aufhob, bedeutete beispielsweise noch lange nicht, dass sie den Frieden mit Israel tatsächlich akzeptieren würde. Im Gegenteil. Die Haltung der Muslimbruderschaft gegenüber Israel stand von Anfang an eindeutig fest.

Trotzdem erklärte sie, dass es Sache der ägyptischen Bevölkerung sei, über den Friedensvertrag zu entscheiden! Sie wählte damit nur den sichereren Weg. Sie wusste genau, wie das Volk entscheiden würde. Es gab kein Zweifel daran, dass das Volk den Friedensvertrag mit Israel brechen würde. Das Ergebnis war also das gleiche, nur dass die neue Regierung auf diesem demokratischen Weg keine Kritik und Rache für diese Entscheidung fürchten müsste. Natürlich würde die Entscheidung vor allem in der westlichen Welt auf große Kritik stoßen. Doch die Verantwortung würde dann beim Volk liegen und nicht bei der Regierung oder gar bei der Muslimbruderschaft.

Für manch einen mag diese Vorgehensweise *feige* aussehen. Man kann es aber auch *vorsichtig* und sogar *schlau* nennen – vielleicht sogar *weise*. Immerhin hatte die Muslimbruderschaft 60 Jahre der Unterdrückung hinter sich. So etwas sollte ihr nicht noch einmal passieren. Die Bewegung hatte einen außerordentlich hohen Preis dafür gezahlt, dass sie anfangs so offensiv für ihre Ziele gekämpft hatte.

Traumatisiert von früheren Niederlagen

Die Bewegung der Muslimbrüder hat im Laufe ihrer Geschichte zwei dramatische Niederlagen erlebt: Die Niederlage in Algerien und das Hamas-Fiasko.

Diese beiden Debakel waren solch traumatische Erfahrungen für die Organisation, dass man unter allen Umständen vermeiden wollte, dass sich so etwas jemals wiederholen würde.

Was war in Algerien geschehen? In den Parlamentswahlen in Algerien im Jahr 1991 hatte die Muslimbruderschaft im ersten Wahlgang 47 % der Stimmen erhalten. Beim zweiten Wahlgang wurde mit einem klaren Sieg der Bewegung gerechnet. Doch sowohl die Regierung, die bis dahin noch im Amt war, als auch die westlichen Länder wollten auf keinen Fall zulassen, dass die Muslimbruderschaft an die Macht kam und sagten den Termin für den zweiten Wahlgang daher ab. Kurze Zeit später wurde die politische Partei der Muslimbruderschaft in Algerien gesetzlich verboten. Dies war ein herber Schlag für die Bewegung.

Eine ähnliche Niederlage erlebte die Hamas, der palästinensische Zweig der Muslimbruderschaft, im Jahr 2006. Die Hamas erreichte einen glorreichen Wahlsieg gegen die PLO, die als Verliererin aus den Wahlen hervorging. Da die Hamas jedoch als gefährliche Terrororganisation bekannt war, lehnten die westlichen Länder jegliche Kooperation mit ihr ab und zwangen sie, wieder zurückzutreten. Auch dies war eine äußerst niederschmetternde Erfahrung für die Muslimbruderschaft.

Angesichts dieser beiden Erfahrungen war die Muslimbruderschaft nach der Arabischen Revolution trotz ihres Sieges in den Parlamentswahlen und in der Präsidentschaftswahl immer noch besorgt, dass westliche Länder eine säkulare Regierung gegen sie unterstützen könnten und sie erneut in eine beschämende Niederlage stürzen könnten, wie dies im Fall der Hamas geschehen war.

Diese Furcht prägte ihr Verhalten und veranlasste sie, alles zu vermeiden, was auch nur im Geringsten dazu hätte beitragen können, anti-islamische Kräfte, wie beispielsweise liberale Bewegungen oder die westlichen Länder, gegen sie aufzubringen. Eine Aufhebung des Friedensvertrages wäre vor diesem Hintergrund eine äußerst riskante Aktion gewesen und wurde deshalb vermieden.

Anstrengungen für einen langfristigen Sieg

Die Muslimbruderschaft war sich also bei ihrer Machtübernahme in Ägypten bewusst, dass ihre Position noch sehr instabil war und dass immer noch die Gefahr bestand, dass sie wieder gestürzt werden könnte oder dass jemand ihre Strategie torpedieren würde. Auch war die Situation im Land noch so erhitzt, dass es jederzeit zu internen Auseinandersetzungen oder gar zu Bürgerkrieg kommen konnte.

Die neuen Machthaber bemühten sich daher nach besten Kräften, äußerst vorsichtig und besonnen vorzugehen, um zunächst ihre Position zu sichern und die Veränderungsprozesse nur sehr behutsam zu lenken und zu beeinflussen und nichts zu riskieren, was anti-islamische Kräfte aufgestachelt hätte.

Das politische Vorgehen der Muslimbruderschaft in der Türkei war dabei ihr Vorbild. Die türkischen Muslimbrüder konnten bereits auf jahrelange Erfahrungen und eine Reihe von wirtschaftlichen und politischen Erfolgen zurückblicken. Aus diesem Grund reiste ein Vertreter der ägyptischen Muslimbruderschaft bereits unmittelbar nach der ägyptischen Revolution in die Türkei, um von den dortigen Glaubensbrüdern zu lernen.

Am 5. April 2011 berichtete die Muslimbruderschaft auf ihrer offiziellen arabischen Webseite von diesem Besuch des Generalsekretärs der ägyptischen „Freiheits- und Gerechtigkeitspartei", die sich gerade im Aufbau befand, mit Ömar Celik, vom türkischen Zweig der Muslimbruderschaft, der Regierungspartei namens ‚Gerechtigkeit und Entwicklung' (AKP).[90]

Der Artikel berichtete von „fruchtbaren Gesprächen" zwischen den beiden Politikern. Die beiden hätten *„Visionen und Ideen ausgetauscht und Programm und politische Vision für Außen- und Innenpolitik diskutiert."*

Das Beispiel der Türkei war ein sehr ermutigendes Vorbild für die ägyptische Muslimbruderschaft, da es zeigt, wie ein Land tatsächlich Schritt für Schritt in einen islamischen Staat verwandelt werden kann. Die Muslimbruderschaft in der Türkei hatte ihr Ziel erreicht, indem sie geduldig und unbeirrbar darauf hingearbeitet und ihre Macht Schritt für Schritt ausgebaut hatte. Nacheinander hatte sie zunächst das Parlament erobert, dann die Regierung, und als schließlich auch das Präsidentenamt durch ein Mitlied der Muslimbrüder besetzt war, konnten sie auch noch die nötigen Verfassungsänderungen in Angriff nehmen, um die Macht des Militärs zu beschneiden.

Katatni mit Ömar Celik von der AKP,
der türkischen Regierungspartei namens „Gerechtigkeit und Entwicklung“,
dem türkischen Zweig der Muslimbruderschaft

Die ägyptische Muslimbruderschaft beschloss, dem türkischen Vorbild zu folgen. Daher vermied sie anfänglich jegliche Konfrontation, der sie möglicherweise noch nicht gewachsen gewesen wäre. Zunächst sollte der Prozess der Umstrukturierungen im Land und der Transformation der politischen, wirtschaftlichen, militärischen und polizeilichen Institutionen bewältigt werden. Das erste Ziel bestand darin, ihre Position im Inneren zu stärken und das Umfeld zu beschwichtigen.

Dies war umso wichtiger, als das Land immer noch gespalten war und unter Einfluss von außen stand. Auch Korruption und mafiose Strukturen waren immer noch ein großes Problem – insbesondere innerhalb der Kreise, die der ehemaligen Regierung nahestanden. Die islamische Bewegung fühlte sich nach wie vor von verschiedenen Seiten bedroht: einerseits von der Armee, den Sicherheitsdiensten und von der Wirtschaft, auf der anderen Seite von verschiedenen ethnischen Minderheiten und sektiererischen Gruppen. Zunächst galt es, diese internen Herausforderungen zu bewältigen und die innere Stabilität im Land zu sichern, bevor man sich auf das Hauptziel würde konzentrieren können, einen wahrhaft islamischen Staat aufzurichten, in dem das islamische Gesetz, die Scharia, gilt.

Erst dann würde man den nächsten Schritt in Angriff nehmen können: sich dem Kampf gegen Israel und für die Befreiung Palästinas und der Heiligen Stätten zu widmen.

Zunächst galt es also, das Land von Korruption zu befreien, etwas gegen die wirtschaftliche Unterentwicklung zu tun und den radikalislamischen Moslems Gelegenheit zu geben, sich von der Unterdrückung und Demütigung zu erholen, die sie unter Mubaraks Regime erlebt hatten. In einem zweiten Schritt sollte dann die Umstellung des Rechtssystems im islamischen Sinne in Angriff genommen werden.

Kritik wegen Vernachlässigung der Palästinafrage

Als die radikalislamischen Gruppen nach der Revolution die Mehrheit im Parlament erreicht und später sogar das Präsidentenamt besetzt hatten und trotzdem nicht gleich eindeutige Schritte gegen Israel einleiteten, wurde Kritik laut, die Sache Palästinas werde vernachlässigt. Man hatte erwartet, dass die islamischen Bewegungen sofort zu einer aggressiven anti-israelischen Politik übergehen würden.

Die Islamisten begegneten diesen Vorwürfen mit Beteuerungen, dass die Sache Palästinas weder in Vergessenheit geraten sei noch vernachlässigt werde. Aktuelle Themen der Revolution und eines sauberen Regimewechsels stünden zwar momentan im Vordergrund, zumal Ägypten immer noch im Blickpunkt der Weltöffentlichkeit stehe und sie sich daher keine Fehler erlauben könnten; doch sei die Israelfrage nach wie vor ganz oben auf ihrer Prioritätenliste.

Die Sache Palästinas war selbst während des Arabischen Frühlings immer präsent gewesen. So gab es während der Demonstrationen, insbesondere in Ägypten, auch immer Stimmen, die dazu aufriefen, Palästina endlich zu befreien. Es gab sogar einen Slogan, der in verschiedenen Ländern während der Protestmärsche immer wieder proklamiert wurde: *„Heute sind wir hier, morgen in Jerusalem!“*

In Ägypten waren während der Revolution sogar Freitagsgebete auf dem Tahrirplatz abgehalten worden, bei denen dazu aufgerufen wurde, die Moslems in Jerusalem zu unterstützen. Hunderttausende hatten daran teilgenommen, und einmal war es dabei sogar zu einem gewalttätigen Anschlag auf die israelische Botschaft in Kairo gekommen.

Mit diesen Beteuerungen versuchte man, die Glaubensbrüder zu beruhigen. Man versicherte ihnen, dass sobald der Regimewechsel in Ägypten und Tunesien vollständig abgeschlossen sei, man sich voll darauf konzentrieren werde, die Glaubensbrüder in Palästina und Jerusalem zu befreien.

Erneuertes Bekenntnis

Auch die Muslimbruderschaft hatte während der Revolution einige wichtige Erklärungen bezüglich Israel abgegeben, wenngleich diese im Trubel der Demonstrationen nicht viel Aufmerksamkeit der Medien gefunden hatten. Auch Mohammed Mursi, der kurz darauf Vorsitzender der neu gegründeten

Partei der Muslimbruderschaft und wenige Monate später zum Präsidenten gewählt wurde, hatte während der Revolution einen Appell für die Sache Palästinas abgegeben.

In einer Erklärung Mursis, die am 23. Januar 2012 veröffentlicht wurde, nahm er darauf Bezug und erneuerte sein Bekenntnis:

> *„Die Sache Palästinas war, ist und wird immer im Herzen des ägyptischen Volkes sein und im Herzen der Freiheits- und Gerechtigkeitspartei – schließlich war dies eine der wichtigsten Triebkräfte der ägyptischen Revolution.“*

Dr. Mohammed Badia, der oberste Leiter der Muslimbruderschaft weltweit, erklärte:

> *„Von heute an soll Israel keine ruhige Nacht mehr haben und keine Sicherheit und Stabilität mehr genießen, solange es die Rechte der Palästinenser unterdrückt.“*

Er betonte darüber hinaus, dass die Zionisten *„aus dem gleichen Becher trinken werden, den sie anderen [den Palästinensern] aufzwingen“*.[91] Mit diesen Worten drohte er Israel Rache an für das Leid, das die Palästinenser zu erleiden hätten.

In einer Erklärung Badias, die Mitte September 2011 veröffentlicht wurde, hieß es, dass die Sache Palästinas für die Muslimbruderschaft oberste Priorität habe. Er drückte sein Bedauern und Ärger darüber aus, dass das ehemalige ägyptische Regime der „Sache der Palästinenser“ sehr geschadet habe, indem es sie zugunsten der „Sache der Zionisten und der Amerikaner“ aufgegeben hat. Auch Badia betonte – wie Mursi – dass dies einer der Gründe für die ägyptische Revolution gewesen sei: Man habe die Unterstützung der Palästinenser wieder aktivieren wollen.[92]

In seiner wöchentlichen Ansprache, die am 17.09.2011 auszugsweise in einer kuwaitischen Tageszeitung veröffentlicht wurde, kritisierte Dr. Badia auch Amerika aufs schärfste und drohte: *„Der Untergang von Amerikas Stern hat begonnen – und er wird sehr schnell fallen.“*

Er rief die amerikanische Regierung auf, anzuerkennen, dass es eine [unrechtmäßige] zionistische Besatzung Palästinas gebe und dass das Land [Israel] seinen rechtmäßigen Eigentümern zurückgegeben werden müsse.

Tunesiens klare Haltung

Nicht nur in Ägypten, sondern auch in Tunesien wurden Stimmen laut, die ihren Entschluss, für die palästinensische Sache einzutreten, bekräftigten – darunter auch der als radikaler Islamist bekannte Scheich Raschid al-Ghanouchi, der geistliche Führer der Muslimbruderschaft in Tunesien. Er hatte lange Zeit im Exil in London gelebt und war nach der Revolution wieder nach Tunesien zurückgekehrt. Er widmete den Sieg der Muslimbruderschaft bei den Parlamentswahlen „*Tunesien, Palästina, Jerusalem, dem Gazastreifen und dem palästinensischen Volk*" *und er betonte, dass „die heldenhafte Standhaftigkeit [der Palästinenser] im Gazastreifen die Herzen der gesamten [islamischen] Nation* auf der ganzen Welt bewegt* habe.[93]

Bei anderer Gelegenheit erklärte Ghanouchi, die Sache Palästinas sei Sache der gesamten islamischen Nation und nicht eine Angelegenheit einer Gruppe von Menschen allein, und ohne Einheit sei es nicht möglich, Palästina zu befreien. Er mahnte, sich um die Sache Palästinas zu kümmern sei ebenso wichtig wie Glaube und Heiligkeit. Und jeder Moslem, der Jerusalem verleugne, habe den Koran verleugnet. Er beteuerte: „*Wir werden nicht versäumen, das großartige palästinensisch-muslimische Volk zu unterstützen.*"[94]

Die folgenden Ereignisse zeigen, dass auch der tunesische Premierminister Hamadi Al-Jebali, der ebenfalls der Führungsspitze der tunesischen Muslimbruderschaft angehört, sich mit dem gleichen Eifer für die Befreiung Palästinas einsetzt.

Als Jebali während einer öffentlichen Veranstaltung in der tunesischen Stadt Susa eine Rede hielt, befand sich unter den Zuhörern eine sehr enthusiastische Palästinenserin, die gekommen war, um Tunesien zu besuchen und um an dieser Veranstaltung teilzunehmen. Jebali war sehr überrascht, als er erfuhr, dass eine Palästinenserin in den Reihen saß. Er interpretierte ihre Anwesenheit als eine Erinnerung Allahs an ihn selbst und sein Volk. Er erklärte: „*Die Anwesenheit dieser Schwester ist ein göttliches Zeichen, das uns zeigen soll, dass die Eroberung Jerusalems [= die Befreiung Palästinas] von hier [von Tunesien] ausgehen soll, so wie auch die Arabische Revolution hier begonnen hat.*"[95]

Zusammenfassung

Eines haben wir in diesem Kapitel deutlich gesehen: Die radikalislamischen Bewegungen, die seit dem Arabischen Frühling vor allem auch in Ägypten und Tunesien an der Macht sind – allen voran die Muslimbruderschaft – haben

* Die Bezeichnung ‚islamische Nation' oder die ‚Nation der Moslems' ist im Islam sehr gebräuchlich. Er beruht auf dem Koranvers, der zu Moslems sagt: ‚Ihr seid das beste Volk/die beste Nation', Sure 3:110

gegenüber Israel eine klare und unerschütterliche Haltung: **Die Befreiung Palästinas war und ist das höchste Ziel.** Wie der damalige Präsident Nasser zu sagen pflegte: ***„KEINE Verhandlungen, KEINE Versöhnung und KEINE Anerkennung für Israel!“***

Die radikalislamischen Gruppierungen waren schon immer und sind immer noch die treibenden Kräfte in dem Widerstand und dem Kampf gegen Israel. Ihre Position ist ganz klar:

- Sie lehnen es kategorisch ab, auch nur einen Zentimeter des palästinensischen Bodens an Israel abzugeben.
- Sie sehen Israel als illegale Besatzungsmacht und lehnen es daher strikt ab, Israel als Staat anzuerkennen. Das Land sei Eigentum der islamischen Nation.
- Sie rufen zum Djihad gegen Israel auf und lehnen jede Art von friedlichen Verhandlungen oder Friedensabkommen absolut ab. Auch ein Abkommen Land für Frieden kommt für sie nicht in Frage.
- Sie lehnen jegliche Normalisierung mit Israel ab.
- Sie wollen vor allem den Gazastreifen befreien.

Das Ziel und die Haltung sind damit klar definiert. Nur WIE sie dieses Ziel erreichen wollen ist noch offen. Jegliche Strategie kommt in Frage – solange sie Erfolg versprechend ist.

Die radikalen Gruppierungen haben aus vergangenen schmerzhaften Erfahrungen gelernt und werden sich daher immer den Umständen und Erfordernissen der jeweiligen Situation anpassen. Sie sind gewissermaßen wie Chamäleons, die ihre Farbe an ihr Umfeld anpassen können. Sie können heute so auftreten – und morgen ganz anders. Sich nach außen zu verstellen ist schließlich erlaubt, so lange es dem Islam dient – so erlaubte es das islamische ‚Taqiyya-Prinzip‘.

Entscheidend ist, dass das langfristige Ziel erreicht wird – auch wenn es dazu einen langen Atem braucht. Das Beispiel der Türkei ist dabei ein großes Vorbild.

Was die Befreiung Palästinas angeht, so ist die Hamas als der palästinensische Zweig der Muslimbruderschaft vor Ort vertreten und leitet den Kampf an. Da die Hamas sich in einer äußerst verwundbaren Position befindet, kann man davon ausgehen, dass weder Ägypten noch Tunesien noch sonst jemand übereilt und eigenmächtig Aktionen gegen Israel starten wird. Sie werden die Hamas nach Kräften unterstützen und schützen und nur in Abstimmung mit ihr aktiv werden.

Im folgenden Teil wollen wir uns näher anschauen, wie sich dieser Konflikt weiter entwickeln könnte.

Teil 5

Der nächste Schachzug des Islam gegen die Juden

„Ich und mein Bruder gegen den Cousin"

Es gibt im Nahen Osten ein berühmtes Sprichwort, das bereits seit etwa 1400 Jahren viel zitiert wird. Fast jeder kennt es und weiß, was es bedeutet. Es lautet:

Ich und mein Bruder gegen den Cousin und
ich und mein Cousin gegen den Fremden.

Dieses Sprichwort handelt vom Prinzip der Loyalität, das in der islamischen Welt eine große Rolle spielt. Seine Tragweite wird deutlich, wenn man es auf den Konflikt zwischen Sunniten und Schiiten einerseits und auf das Verhältnis zu Israel andererseits anwendet.

Die mysteriöse Beziehung von Schiiten und Sunniten

Die Beziehung von Sunniten und Schiiten zueinander war und ist von tiefer Feindschaft geprägt. Wenn Sie einmal Gelegenheit haben, in den Nahen Osten zu reisen, können Sie das selbst überprüfen. Wenn Sie beispielsweise nach Kairo reisen, eine der bedeutendsten Metropolen der sunnitischen Welt, so stellen Sie einfach einem der sunnitischen Moslems dort die folgenden Fragen:

1. *Gibt es zwischen Sunniten und Schiiten zentrale Unterschiede oder Spannungen?*
2. *Wenn ja, sind diese so groß, dass sie einen Sunniten davon abhalten können eine schiitische Frau zu heiraten?*

Die Antwort wird mit Sicherheit folgendermaßen lauten:

1. *Oh ja! Es gibt große Unterschiede und Spannungen zwischen Sunniten und Schiiten!*
2. *Und: Ja, diese Unterschiede und Spannungen sind so groß, dass sie uns Sunniten davon abhalten, eine schiitische Frau zu heiraten.*

Wenn sie nun in einer schiitischen Stadt, beispielsweise in Teheran, der Hauptstadt des Iran, einen Moslem ansprechen und ihm dieselben Fragen stellen, so werden sie auch hier die gleichen Antworten hören: *„Ja, die Unterschiede und Spannungen zwischen Sunniten und Schiiten sind so groß, dass sie uns Schiiten davon abhalten, eine sunnitische Frau zu heiraten."*

Fragen Sie jedoch: *„Was halten Sie von den Juden und wie stehen Sie zum Existenzrecht Israels?"* Dann werden Sie von beiden einmütig die gleiche

Antwort erhalten: „*Die Juden sind die größten Feinde Allahs und Israel hat islamisches Land besetzt. Darum ist es unsere Aufgabe als Moslems, den Staat Israel von der Weltkarte auszulöschen. Der Kampf gegen Israel ist Pflicht für jeden Moslem – für Sunniten und Schiiten gleichermaßen.*“

Das heißt, obwohl Sunniten und Schiiten tief verfeindet sind – wenn es um Juden geht, sind sie sich plötzlich einig. Und wenn es darum geht, Israel zu bekämpfen, können sie auch gut zusammenhalten und zusammenarbeiten. Ganz wie das Sprichwort es sagt:

Ich und mein Bruder [z.B. Sunniten] gegen den Cousin [z.B. Schiiten]. Und ich und mein Cousin [Sunniten und Schiiten gemeinsam] gegen den Fremden [die Juden].

Oft werde ich gefragt, woher diese Feindschaft zwischen Sunniten und Schiiten denn eigentlich kommt. Wo und wann hat diese Feindseligkeit begonnen? Diese Frage nach der Wurzel des Konfliktes wollen wir im Folgenden einmal näher beleuchten.

Die Anfänge der Feindschaft zwischen Sunniten und Schiiten

Der Konflikt zwischen Sunniten und Schiiten geht bereits auf die Zeit unmittelbar nach Mohammeds Tod zurück. Damals kam es zu einer folgenschweren Spaltung in zwei Lager – die heute als Sunniten und Schiiten bekannt sind.

Als Mohammed starb, hatte er noch keinen Nachfolger bestimmt. Also versammelten sich Mohammeds Anhänger, um zu beraten, wer für seine Nachfolge in Frage käme. Sie waren sich einig darüber, dass es möglichst jemand sein sollte, der Mohammed sehr nahe stand – entweder durch verwandtschaftliche oder durch freundschaftliche Verbindung. Und es sollte jemand sein, der sich auch bereits in der Vergangenheit im Kampf für den Islam verdient gemacht hatte. Mohammeds Cousin und Schwiegersohn Ali schien der optimale Kandidat zu sein. Er war der erste männliche Jünger Mohammeds gewesen und hatte sich zum Islam bekehrt, als er noch ein Junge war. Ali war auch bekannt dafür, ein zäher Kämpfer zu sein, ein gewaltiger Prediger und einer, der den Islam ernsthaft studierte.

Ali galt außerdem als loyal und mutig. Als Mohammed von Mekka nach Medina auswandern wollte, schmiedeten einige Leute ein Mordkomplott gegen ihn. Ali hörte davon und rettete Mohammed das Leben, indem er ihn überredete, Mekka früher als geplant zu verlassen. Ali drängte Mohammed, noch am Abend abzureisen und seine Frau Aischa (die zu der Zeit noch ein Kind war) und ihren Vater Abu Bakr mitzunehmen. Ali blieb zurück und schlief dort, wo Mohammed sonst geschlafen hätte. Er riskierte damit, an Mohammeds Stelle ermordet zu werden. Doch er war bereit, sein Leben für Mohammed zu opfern. Für diese selbstlose Tat wurde Ali von allen bewundert und vielen galt er als großer Held.

So kam es, dass alle damit einverstanden waren, dass Ali Mohammeds Nachfolger werden sollte. Alle bis auf eine: Aischa.

Aischa, Mohammeds zweite Frau (die bei der Hochzeit noch ein Kind war), war ganz und gar nicht damit einverstanden, dass Ali Mohammeds Nachfolge antreten sollte. Aischa hasste Ali von ganzem Herzen, und zwar wegen folgender Begebenheit:

Eines Tages, als Mohammed nach einer Schlacht mit seiner Familie und seinen Soldaten auf dem Heimweg war und sie unterwegs eine Rast machten, bemerkte Aischa plötzlich, dass sie ihr Halskettchen verloren hatte. Sie machte sich auf die Suche und ging ein Stück des Weges zurück. In der Zwischenzeit setzten Mohammed und sein Gefolge die Reise fort. Da Aischa recht klein und zierlich und daher sehr leicht war, bemerkten die Männer, die Aischas Sänfte trugen, gar nicht, dass Aischa nicht darin war. Niemand bemerkte, dass Aischa fehlte.

Als Aischa zu der Stelle zurückkam, wo der Trupp gelagert hatte, musste sie feststellen, dass man sie zurückgelassen hatte. Alle waren fort – nur ein junger Mann mit seinem Kamel war noch da. Er ließ Aischa auf seinem Kamel reiten, führte sie in die Stadt zurück und brachte sie nach Hause. Als sie in die Stadt kamen und die Leute Aischa sahen und ihnen klar wurde, dass sie nicht mit ihrer Familie zurückgekehrt war, sondern mit einem anderen Mann des Weges kam, da entstanden sofort Gerüchte, die sich wie ein Lauffeuer ausbreiteten. Es wurde gemunkelt, Aischa habe Mohammed betrogen.

Auch Mohammed hörte davon und war tief erschüttert. Aischa beteuerte zwar ihre Unschuld, doch Mohammed hatte zunächst Zweifel. Er war unsicher, ob an den Gerüchten über einen vermeintlichen Ehebruch etwas Wahres dran sei. Mohammed sprach mit Ali über seine Sorgen und fragte ihn um Rat. Ali antwortet: „*Oh Prophet, es gibt doch so viele Frauen. Lass dich doch einfach von ihr scheiden und nimm dir eine andere an ihrer Stelle.*“ Aischa, die ebenfalls im Haus war, hörte Alis Worte.

Sie fühlte sich von Ali verleumdet und betrogen und war zutiefst verletzt.

Die Situation zwischen Aischa und Mohammed klärte sich letzten Endes auf und Mohammed glaubte Aischa, dass sie unschuldig war. Doch der Schmerz und Groll über Alis Kommentar blieb für immer in ihrem Herzen und wuchs zu Bitterkeit und Hass heran. Aus diesem Grund war sie auch strikt dagegen, dass Ali Mohammeds Nachfolger werden würde. Sie überzeugte daher ihren Vater Abu Bakr, der Mohammeds engster Freund gewesen war, sich der Wahl Alis entgegenzustellen. Dies gelang ihnen **und so wurde Abu Bakr der neue Führer der islamischen Bewegung – der erste Kalif.**

Als Abu Bakr starb, wäre wiederum Ali an der Reihe gewesen. Wieder setzte sich Aischa durch und erreichte die Wahl Umars, des engsten Freundes ihres Vaters. Als auch Umar gestorben war, war es wieder Aischa, die den nächsten Nachfolger bestimmte: Uthman.

Erst nach Uthmans Tod wurde Ali doch noch zum Nachfolger und obersten Führer der islamischen Bewegung. Aischa akzeptierte ihn jedoch nie als Führer und stellte sich ihm auch weiterhin entgegen.

Mit Alis Ernennung zum Kalifen spaltete sich die gesamte damalige islamische Gemeinschaft, die sogenannte „Umma" in die zwei Lager auf, die Anhänger Alis, die heute als Schiiten bekannt sind, und die Anhänger Aischas, die heutigen Sunniten.

Ali war klar, dass Aischa niemals aufhören würde, ihn zu bekämpfen, und so beschloss er, von Medina nach Kufa im heutigen Irak umzusiedeln und den Hauptsitz des Islam dorthin zu verlagern.

Doch selbst dieser Schritt stoppte Aischa nicht in ihren Bemühungen, ihn weiterhin zu bekämpfen. Es gelang Aischa, viele Moslems zu rekrutieren, um eine Armee zu bilden. Mit dieser zog sie Richtung Irak, um gegen Ali zu kämpfen. Ali kam ihr mit seiner Armee von Kufa nach Basra, im Süden des Irak, entgegen. Bevor sie die Schlacht eröffneten, redete Ali auf Aischa ein und bat sie inständig, mit ihren Leuten nach Medina zurückzukehren, um ein großes Blutvergießen zu vermeiden. Doch sie weigerte sich und bestand auf dem Kampf. Es wurde eine lange und blutige Schlacht. Sie dauerte drei Tage und etwa zehntausend Männer starben. Aischa und ihre Leute verloren die Schlacht.

Diese *„Schlacht von Basra"* ist ein bedeutendes Ereignis in der islamischen Geschichte und wurde auch bekannt als *„die Kamelschlacht"*, weil Aischa dabei in einer Sänfte auf einem Kamel ritt. Obwohl Ali den Kampf gewann, ließ er Aischa unbehelligt ziehen. Aus Respekt gegenüber dem Propheten nahm er sie nicht als Kriegsgefangene, sondern forderte sie auf, ihre verbleibenden Kämpfer mitzunehmen und nach Hause zurückzukehren.

Als Aischa nach Medina zurückkam, gab sie immer noch nicht auf. Sie zettelte weiterhin Revolten gegen ihn an und plante und initiierte vielerlei Anschläge. Eines Tages gelang es ihr schließlich, Ali ermorden zu lassen.

Doch selbst mit Alis Tod endete der Konflikt immer noch nicht. Nach Alis Tod übernahm sein Sohn Hassan die Führung. Doch auch diesen akzeptierte Aischa nicht. Sie überzeugte Muawiya vom Stamm der Umayyaden, der zu diesem Zeitpunkt der islamische Stadthalter von Syrien war, dass er der beste Nachfolger sei für das Kalifen-Amt. Muawiya, der bereits zu Alis Zeiten in die Kämpfe mit ihm involviert gewesen war, war dazu gerne bereit und begann sofort, auf Alis Sohn Hassan Druck auszuüben. Hassan war ein sehr sanftmütiger, friedliebender Charakter kein Kämpfertyp wie sein Vater. Um unnötiges Blutvergießen zu vermeiden, gab Hassan die Führung lieber friedlich an Muawiya ab.

Als Muawiya somit neuer Kalif war, beschloss er, die Hauptstadt des Islam nach Damaskus in Syrien zu verlegen. Dort baute er die Dynastie der sogenannten Umayyaden auf, die für über hundert Jahre Bestand hatte.

Wie wir gesehen haben, wurden die ersten fünf Kalifen jeweils nach dem Tod ihres Vorgängers von einer Gruppe von Moslems gewählt. So war es im Falle von Abu Bakr, Umar, Uthman, Ali und Hassan. Sie waren alle von einer Anzahl von Moslems ausgewählt worden. Man nennt diese Zeit daher die Zeit der *rechtgeleiteten Kalifen.*

Mit der Dynastie der Umayyaden begann eine neue Ära. Nun bestimmte der Kalif noch zu Lebzeiten einen Nachfolger. So erwählte Muawiya seinen Sohn und dieser bestimmte später ein anderes Familienmitglied für die Nachfolge. Der Stamm der Umayyaden war praktisch wie eine königliche Familie – eine Dynastie. Doch dies war nicht die einzige Neuerung von Muawiyas Reich. Auch in ihrem Verhalten unterschied sich diese Dynastie stark von ihren Vorgängern. Sie verletzte viele der islamischen Prinzipien, die seit Mohammeds Zeit bisher immer befolgt worden waren.

Das Trauma der Schiiten – die Niederlage von Kerbela

Als Alis Sohn Hassan, der die Führung so friedlich an Muawiya abgegeben hatte, später trotzdem ermordet wurde und einer Vergiftung erlag, wurde sein jüngerer Bruder al-Hussein zornig auf die Umayyaden. Erst hatte man seinen Vater ermordet und nun auch noch seinen Bruder. Als er dann auch noch erfuhr, dass die Umayyaden islamische Lehren verletzten, beschloss er, gegen sie vorzugehen. Kurz darauf wandten sich einige Leute aus Kufa an Hussein um sich über das Verhalten der Stadthalter der Umayyaden im Irak zu beschweren. Da beschloss Hussein, sie im Kampf gegen Muawiya zu unterstützen.

So zog Hussein in den Irak, um den dortigen Glaubensbrüdern (Schiiten) im Kampf gegen die Umayyaden (Sunniten) zu helfen. Er nahm etwa 200 seiner Leute mit und auch seine Frau und seine Kinder. Seine gesamte Familie und sein ganzer Haushalt zogen mit.

Als Hussein mit seinem Gefolge in der Stadt Kerbela ankam, war niemand da, um ihn zu empfangen. Dies war sehr erstaunlich, denn immerhin war Hussein gekommen, um die Menschen dort zu unterstützen. Und nun ließen diese Leute, denen er helfen wollte, ihn schändlich im Stich.

Plötzlich musste Hussein feststellen, dass er in einen Hinterhalt geraten war. Die Umayyaden hatten ihn umzingelt und forderten ihn auf, sich zu ergeben. Hussein wusste, dass sein Gefolge weit unterlegen war mit seinen 200 Kämpfern, denn sie wurden von tausenden von Soldaten belagert. Doch obwohl die Situation so gut wie ausweglos war, weigerte Hussein sich, aufzugeben. Er beschloss zu kämpfen. Diese *Schlacht von Kerbela* wurde ein Meilenstein in der islamischen Geschichte.

Es war eine furchtbare Schlacht und die meisten von Husseins Kämpfern wurden getötet. Auch Hussein selbst kam ums Leben. Die umayyadischen Soldaten schlugen ihm den Kopf ab und brachten ihn – ebenso wie die verbleibenden Frauen und Kinder, die sie als Kriegsgefangene nahmen – nach Damaskus in den Palast Muawiyas. Der irakische Stadthalter trug Husseins Kopf auf seinem Schwert aufgespießt und überreichte ihn Muawiya.

Seit der Schlacht von Kerbela gab es für die Spaltung in Sunniten und Schiiten kein Zurück mehr.

Bis auf den heutigen Tag fühlen sich die Schiiten immer noch schuldig, weil sie den Mord an Hussein, dem Enkel des Propheten Mohammed, nicht verhindert haben, und weil ihre Vorfahren ihn so schändlich im Stich gelassen haben. Sie fühlen sich verantwortlich für die Niederlage in der Schlacht von Kerbela. Jedes Jahr gedenken die Schiiten der Ermordung des Prophetenenkels Hussein in großen Trauerzeremonien. Dabei verletzten sie sich selbst an der Stirn, um Allah zu zeigen, wie sehr sie das Geschehene bereuen und wie sehr sie um Hussein trauern.

Das Ende des Umayyadenstaates

Für die Schiiten war die Schlacht von Kerbela eine traumatische Niederlage. Fur den Umayyadenstaat hingegen war sie ein großer Sieg. Doch auch der Dynastie Muawiyas stand noch eine vernichtende Niederlage bevor – ein Blutbad ohnegleichen.

Etwa 90 Jahre nach Muawiyas Machtantritt startete ein Nachkomme von Mohammeds Onkel, Abu al-Abbas, mit seinem Gefolge – den sogenannten Abbasiden – einen Rachefeldzug gegen den Umayyadenstaat und vernichtete in vollständig. Viele Tausende Menschen – schätzungsweise über 100.000 Menschen – starben durch das Schwert der Abbasiden. Aus diesem Grund wird Abbas auch *„der Blutrünstige"* oder *„der Mordgierige"* genannt.

Nur eine Person überlebte diesen Massenmord:[96] *Abd al-Rahman*. Er wurde auch„der Eroberer" genannt, weil er in Spanien einen Staat für sich eroberte, den *andalusischen Umayyadenstaat*, der für 600 Jahre Bestand haben sollte. In den islamischen Kernländern jedoch wurde der Umayyadenstaat durch den der Abbasiden abgelöst. Die unendliche Geschichte des Kampfes zwischen Sunniten und Schiiten ging weiter und dauert bis in unsere Tage an.

Zusammenfassung

Diese unendliche Geschichte der Feindschaft vertiefte im Laufe der Zeit die Gräben immer mehr und mit jedem neuen Konflikt wurde nur noch mehr Öl ins Feuer gegossen. Die Spaltung konnte nie überwunden werden und eine Versöhnung scheint gänzlich undenkbar.

In der Mentalität des Nahen Ostens sind Stolz und Rache zwei dominante Elemente, die das Verhalten der Menschen stark bestimmen. Vergebung und Versöhnung hingegen findet man eher selten. Mit jedem Zwischenfall zwischen Sunniten und Schiiten wird die Kluft nur größer. Daher hört man bis heute in den Nachrichten immer wieder von Anschlägen der einen Seite gegen die andere. Dies erklärt all die Angriffe von Moslems gegeneinander, die in unseren westlichen Ländern oft auf Unverständnis stoßen und große Verwirrung auslösen.

Im Irak beispielsweise kommt es seit der amerikanischen Besatzung immer wieder zu gewaltsamen Auseinandersetzungen zwischen Sunniten und Schiiten und auch in Pakistan gab es Bombenanschläge auf schiitische Moscheen, bei denen viele Zivilisten ums Leben kamen. In der iranischen Provinz Belutschistan mit ihrer überwiegend sunnitischen Bevölkerung nehmen Gewalt, Feindschaft und gegenseitiges Töten kein Ende. Und auch in Syrien, Bahrain, im Libanon und vielen anderen Ländern wird der Konflikt unermüdlich fortgesetzt.

Wenn wir uns an den anfangs erwähnten Spruch erinnern: *Ich und mein Bruder gegen den Cousin – aber ich und mein Cousin gegen den Fremden* – dann wird eines klar: Das einzige, was den Konflikt zwischen Schiiten und Sunniten wirklich beschwichtigen kann, ist ein gemeinsamer Feind: Israel.

Unterschiede zwischen Sunniten und Schiiten

Heute sind etwa 80-85 % der Moslems weltweit Sunniten und die restlichen 15-20 % Schiiten.

Insbesondere unter den Schiiten gibt es viele verschiedene Glaubensrichtungen, doch die größte Gruppe unter ihnen ist die der sogenannten „Zwölfer-Schiiten", auch ‚Imamiten' genannt.

Diese glauben an „12 Imame", wobei hier keine gewöhnlichen Imame gemeint sind, sondern zwölf herausragende Prophetennachfolger, angefangen bei Ali, über Hassan etc. bis zum letzten Imam. Dieser wird – nach dieser

Glaubenslehre – *Muhammad al Mahdi* sein. Dieser *Mahdi* ist derjenige, den der iranischen Präsidenten Ahmadinejad oft erwähnt.

Dieser Mahdi sei einer von Alis Nachkommen, der als Kind verschwunden sei. Nach dem Glauben der Schiiten ist er aber nicht gestorben, sondern von Allah entrückt worden und lebt in Verborgenheit, bis er in der ‚Endzeit' wiederkehren wird, um gegen Israel zu kämpfen und den Islam zum Sieg zu führen. Dieser Mahdi ist eine sehr wichtige und zentrale Figur im schiitischen Glauben.

Sunniten glauben zwar auch an einen Mahdi, sie haben jedoch eine andere Vorstellung von ihm. Sie glauben nicht, dass er eine übernatürliche Person ist, sondern, dass er ein normaler Mensch sein wird.

Hinsichtlich des Auftrages des Mahdis stimmen Sunniten und Schiiten weitgehend überein. Die größte Übereinstimmung zwischen Sunniten und Schiiten ist jedoch ihre feindselige Haltung gegenüber Israel und den Juden.

Sehen wir nun, wie Sunniten und Schiiten heute zueinander stehen.

Sunniten und Schiiten heute

Ägyptische Muslimbruderschaft verbietet Bau schiitischer Moschee

Als Anfang 2012 ein ägyptischer schiitischer Moslem in Kairo eine schiitische Moschee gründete, löste dies eine so heftige Kontroverse zwischen Sunniten und Schiiten aus, dass zu deren Beilegung eigens eine iranische Delegation nach Ägypten reiste.

Anlässlich der Gespräche erklärte Dr. Tayeb, der Großimam von Al-Azhar, dass man den Bau einer schiitischen Moschee in Ägypten unter keinen Umständen dulden werde. Er sagte:

> *Wir als ägyptisches Volk lieben die Familie und den Haushalt des Propheten mehr als sonst jemand. Das kann niemand abstreiten. Aber zum Schutz der Einheit unseres Landes und unseres Volkes werden wir es nicht zulassen, dass eine schiitische Moschee in unserem Land gebaut wird, denn das würde zu Spaltung unter uns führen.*[97]

Für mich als ehemaligen Studenten und Dozenten der Al-Azhar-Universität ist diese Haltung von Dr. Tayib keineswegs überraschend. Im Gegenteil. Al-Azhar ist gerade dafür bekannt und in der sunnitischen Welt auch gerühmt dafür, dass sie die Ausbreitung der schiitischen Theologie erfolgreich unterbunden hat. Schließlich wurde die Moschee wieder geschlossen.

Dr. Tayib, Großimam von Al-Azhar mit der iranischen Delegation

Jordanische Sunniten verärgert über schiitische Regierungen in Iran und Syrien

Das zweite Beispiel handelt von der Muslimbruderschaft in Jordanien, die seit der iranischen Revolution 1979 erstaunlicherweise eine gute Beziehung zum Iran hatte, obwohl der Iran schiitisch und die Muslimbruderschaft sunnitisch ist. Was die beiden jedoch verband, war ihre radikalislamische Einstellung. Dadurch, dass die Muslimbruderschaft zu dieser Zeit stark unter der Unterdrückung durch die moderaten Regierungen zu leiden hatte, war das radikalislamische Regime im Iran im Vergleich fast wie eine liebende Mutter.

Kamal Helbawi (rechts) von der ägyptischen Muslimbruderschaft,
bei seinem Besuch im Iran mit Ayatollah Khameini, dem geistlichen Führer des Iran (mitte)

Nach dem Arabischen Frühling änderte sich dies jedoch prompt. Bekanntlich geht das syrische Regime unter dem alawitischen Präsidenten Assad – die Alawiten sind eine Glaubensrichtung, die den Schiiten nahe steht – seit dem Arabischen Frühling mit großer Härte gegen die eigene – überwiegend sunnitische – Bevölkerung vor. Die gesamte westliche Welt – und auch viele islamische Länder, etwa die Türkei – kritisiert das Verhalten Syriens schärfstens. Doch der Iran steht Syrien bei und stärkt dem Regime den Rücken. Die Muslimbruderschaft ist verärgert darüber, dass der Iran den Kampf gegen die sunnitischen Glaubensbrüder unterstützt.

Der Generalsekretär der jordanischen Muslimbruderschaft, Hammam Said, erklärte, dass seine Bewegung *„ihre Haltung gegenüber dem Iran möglicherweise ändern werde aufgrund dessen, was in Syrien geschieht."*[98]

Hammam Said
Generalsekretär der Muslimbruderschaft in Jordanien

Dieses Beispiel zeigt, dass selbst die jahrelange gute Beziehung zwischen der sunnitischen Muslimbruderschaft und ihrem schiitischen Cousin Iran nur so lange Bestand hatte, wie die Muslimbruderschaft in einer Position der Schwäche war und auf Unterstützung angewiesen war. Dadurch, dass die Muslimbruderschaft inzwischen an Stärke gewonnen hat und der Iran den syrischen Nachbarn in seinem Kampf gegen seine überwiegend sunnitische Bevölkerung unterstützt, zerbrach die Beziehung sofort, und der altbekannte Konflikt stand wieder im Mittelpunkt. Dies wird aus Hammams Äußerung deutlich, als er den Iran warnte:

"Wir werden nicht akzeptieren, dass der Iran seinen [schiitischen] Glauben verbreitet!"

Die sunnitische Haltung gegenüber Israel

Da der größte Teil der Moslems weltweit Sunniten sind, sind sie auch die entscheidende treibende Kraft in der Konfrontation der islamischen Welt mit Israel. Die sunnitische Hamas bildet dabei die Speerspitze. Aber die umliegenden sunnitischen Länder wie Ägypten, Jordanien und Syrien stehen voll und ganz hinter der Hamas und unterstützen sie aktiv.

Die Glaubenslehre, die die sunnitischen Moslems in ihrem Kampf gegen die Juden im Allgemeinen und gegen Israel im Besonderen antreibt, wird dabei von den sunnitischen Islamgelehrten geprägt. Natürlich unterscheidet sie sich nicht wesentlich von der schiitischen Lehre im Hinblick auf Israel und die Juden. Beide ziehen ihre Überzeugungen aus den „heiligen Texten" des Islam und den historischen Erfahrungen. Einige Beispiele:

Dr. Abdul Halim Mahmud, der ehemalige Großimam von Al-Azhar gab die folgende Erklärung ab:

Die Feinde Allahs [die Juden] sind in muslimisches Land eingefallen und haben unsere Heiligtümer entweiht. [Darum] ist es jetzt die Aufgabe jedes Moslems, jedes Opfer zu bringen, um die Gebiete der Moslems von den zionistischen Angreifern zu befreien.[99]

In einem anderen Zusammenhang sagte er:

Allah befiehlt den Moslems, die Freunde Satans zu bekämpfen, wo auch immer sie sind.
Unter den Freunden Satans – ja, unter den größten Freunden Satans in unserer heutigen Zeit – sind die Juden.[100]

Das ist also die Lehre des Großimam von Al-Azhar, der weltweit obersten Autorität der ganzen sunnitischen Welt. Das ist seine Lehre über Juden und darüber, wie Moslems sich ihnen gegenüber verhalten sollen.

- Er nennt Juden Feinde Allahs und die größten Freunde Satans.
- Er wirft ihnen vor, in das Land der Moslems unrechtmäßig eingefallen zu sein und ihre Heiligtümer entweiht zu haben.
- Darum ruft er alle Moslems auf, gegen die Juden zu kämpfen und bereit zu sein, „jedes Opfer zu bringen", um das Land [von Juden] zu befreien

Ist das nicht dramatisch? Man bedenke, welch fatalen Folgen diese Lehre haben kann und wie diese Lehre die Haltung der gesamten islamischen bzw. sunnitischen Welt prägt. Immerhin spricht hier nicht irgendein Fanatiker einer extremistischen, terroristischen Sonderorganisation, sondern die oberste Autorität – quasi der Papst – der islamischen Welt. Und jeder Moslem, der seinen Koran auch wirklich liest, wird dies als Bestätigung dessen sehen, was er selbst in seinen Heiligen Schriften gelesen hat. Das Echo dieser Lehre hallt aus allen Winkeln der Welt – vor allem des Nahen Ostens – wider.

Um ein vollständiges Bild davon zu bekommen, was auch die sunnitischen Gelehrten über Israel bzw. Palästina und die Juden lehren, wollen wir uns auf den folgenden Seiten einige ihrer Fatwas anschauen.

Fatwa anlässlich der UN-Erklärung 1947[101]

Als die Generalversammlung der Vereinten Nationen im November 1947 – also kurz vor der Staatsgründung Israels – entschied, Palästina zu teilen, um die Gründung eines jüdischen Staates zu ermöglichen, reagierte die islamische Welt sofort darauf. Die folgende Fatwa wurde von 26 Al-Azhar-Gelehrten[102] als Reaktion auf die UN-Resolution verfasst. Sie ruft alle Moslems auf, sich am Djihad zu beteiligen, um Palästina zu befreien und die Al-Aqsa-Moschee aus den Händen des jüdischen Volkes zu retten.

> *Die Vereinten Nationen hatten nicht das Recht, diesen Beschluss zu fassen. Der Beschluss ist nicht gerechtfertigt und hat weder Wahrheit noch Gerechtigkeit auf seiner Seite; Palästina gehört den Arabern und Moslems, die Opfer gebracht haben durch ihre Seelen mit ihrem reinen Blut, und [das Land] wird – so Allah will – auch weiterhin den Arabern und Moslems gehören, trotz der Allianz der Übeltäter, und niemand kann darüber diskutieren oder streiten oder es in Stücke teilen.*

Verbot palästinensisches Land an Juden zu veräußern – 1932[103]

Bereits im Jahr 1932, also vor der Staatsgründung Israels, hatte ein großes Komitee palästinensischer Wissenschaftler, Juristen, Muftis, Richter, Lehrer, Prediger etc. eine gemeinschaftliche Erklärung über den Verkauf von palästinensischem Land an Juden verfasst. Darin wurde gewarnt, dass jeder Verkauf von palästinensischem Land an Juden dazu beitragen würde, dass das eigene „Heilige Land der Moslems“ in jüdisches Land verwandelt würde. Die „Zionisten“ – so hieß es weiter – hätten Pläne, den Moslems ihr Land wegzunehmen, sie aus ihren Häusern zu vertreiben und der Religion des Islam zu schaden, indem sie die Moscheen und die islamischen Heiligen Stätten zerstören würden. Sie erklärten, dass dies bereits in manchen Dörfern, die an Juden verkauft worden waren, geschehen sei. Viele Menschen seien dort aus ihren Häusern vertrieben worden und dadurch obdachlos geworden.

Das palästinensische Komitee betonte, dass jeder, der palästinensisches Land an Juden verkaufe – einschließlich der Makler und Zwischenhändler – als Verräter Allahs und seines Propheten und des Volkes der Moslems angesehen und daher ausgestoßen und boykottiert werden solle. Für solch einen

Verräter solle selbst nach seinem Tod niemand beten und er dürfe auch nicht auf einem muslimischen Friedhof begraben werden.

Verbot palästinensisches Land abzutreten

Als der Kongress der Vereinigten Staaten den Beschluss, Jerusalem zur Hauptstadt Israels zu machen, billigte, löste dies einen Sturm der Empörung in der islamischen Welt aus.

Der Fatwa-Rat in Amman in Jordanien, ein Komitee von 11 Gelehrten, erließ eine Fatwa mit dem Titel *„Verbot, Teile Palästinas abzutreten"*.[104] Darin wurde unter anderem angeprangert, der UN-Beschluss verletze Menschenrechte. Die Fatwa lautete folgendermaßen:

Der US-Kongress hat einen ungeheuerlichen Angriff auf den Glauben jedes Moslems auf Erden begangen und die Vereinigten Staaten sind ein Partner in der Ungerechtigkeit und Aggression, die Israel begangen hat.

...

Die Al-Aqsa Moschee ist Teil des Glaubens jedes Moslems und Moslems müssen sie behalten.

Verbot auf palästinensisches Land zu verzichten

Auch in Kairo wurde der Beschluss des US-Kongresses schärfsten verurteilt. Ein Komitee von 63 Wissenschaftlern, Rechtsanwälten, Denkern und Gelehrten[105] verfasste eine Fatwa, die ebenfalls verbietet, palästinensisches Land aufzugeben.[106]

Die Fatwa lautet folgendermaßen:

Der Djihad ist der einzige Weg, Palästina zu befreien
Keine jüdischen Eigentumsrechte sollen anerkannt werden – nicht einmal für einen Quadratzentimeter palästinensisches Land.
Keine natürliche oder juristische Person soll Juden auf dem Land Palästinas anerkennen
oder ihnen Teile des Landes geben
oder irgendwelche Rechte von ihnen anerkennen
oder ihren Verrat an Allah und seinem Propheten anerkennen.

Wir sehen, dass das Komitee verbot, Israel anzuerkennen und Land an den jüdischen Staat abzugeben. Außerdem wurde zum Djihad gegen die Juden aufgerufen.

Fatwa über Djihad gegen die Juden

Eine Fatwa, die zum Djihad gegen Juden aufruft, wurde auch von dem berühmten ehemaligen saudi-arabischen Mufti Scheich Abd al-Aziz Ibn Baaz erlassen.[107] Darin heißt es:

> *„Es soll Djihad geführt werden gegen die Juden, denn sie sind die Angreifer im Land Palästina.*
>
> *Alle Moslems müssen ihre Religion und sich selbst und ihre Familien und ihre Kinder verteidigen. Darum müssen sie alles daran setzen, den Feind aus ihrem Land zu vertreiben.“*[108]

Fatwa über Kooperation mit Juden

Scheich Ayed Al-Qarni

Der berühmte Scheich Ayed Al-Qarni, Gelehrter aus Saudi-Arabien, gab eine Fatwa heraus, die ausdrückliche jegliche Kooperation mit Juden untersagte.[109] Der Scheich erklärte, dass die Mehrheit der Islamgelehrten Moslems vor der ernsthaften Gefahr warnten, mit Zionisten zu kooperieren, beispielsweise für sie zu arbeiten oder gar in ihrem Auftrag Moslems auszuspionieren. Ein Spion, der dem Feind einen *Mudschahid* (einen „heiligen Kämpfer“, der sich um die Verbreitung oder Verteidigung des Islam bemüht) ausliefert, müsse getötet werden. Sein Mörder sei zu belohnen.

Fatwa über Friedensabkommen mit den Juden

Die folgende Fatwa, die von Scheich Abdul-Rahman Abdul-Khaliq, einem ägyptischen Islamgelehrten on Al-Azhar verfasst wurde, spricht über Friedensabkommen mit Israel. Sie ist über zwanzig Seiten lang und erklärt mit ihnen, welche Haltung Moslems gegenüber Juden und zu Friedensabkommen mit Juden haben sollten. Sie erwähnt auch den vermeintlichen Hass der Juden gegenüber Moslems, und dass das Abkommen mit den Juden, das von einigen arabischen Politikern unterzeichnet wurde, nicht auf die leichte Schulter genommen werden dürfe.[110]

Der ägyptische Präsident Anwar Sadat, der amerikanische Präsident Jimmy Carter und der israelische Premierminister Menachem Begin bei Abschluss des ägyptisch-israelischen Friedensabkommens in Camp David am 17. 9. 1978

Hier einige Kernaussagen der Fatwa:

Dauerhafte Friedensabkommen mit Juden sind aus folgenden Gründen verboten:

1. *Es ist falsch, den Krieg zwischen Moslems und Juden endgültig zu beenden, denn es widerspricht dem islamischen Glauben.*
2. *Die islamischen Lehren, die die Feindschaft gegenüber den Juden begründen, dürfen nicht angetastet werden. Es dürfen diesbezüglich keine Kompromisse eingegangen werden, denn dies würde den Prinzipien des islamischen Glaubens widersprechen.*
3. *[Ein Friedensabkommen] stellt eine Anerkennung dessen dar, was die Juden an Land dem Islam gewaltsam genommen haben; Das ist nicht zulässig.*
4. *Das Friedensabkommen ist ungültig, weil es von den Moslems keine Zustimmung findet.*

Der Scheich fügte hinzu, dass Friedensabkommen die islamische Religion beunruhigen und in der muslimischen Welt Unruhe stiften würden.

Schließlich erklärte er,

- Moslems sollten Friedensabkommen mit Juden nicht anerkennen,

- Moslems sollten gegen die Abkommen angehen und sich dafür einsetzen, dass sie aufgehoben werden, damit die Nation versammelt werden kann, um die Juden aus dem Land zu treiben.

Aus all diesen Fatwas konnten wir nun sehen, was die geistlichen Autoritäten der Sunniten lehren. Dies erklärt den großen Hass der islamischen Welt gegen die Juden und ihre Gesellschaft.

Die schiitische Haltung gegenüber Israel

Wenn wir ein fundiertes Verständnis davon gewinnen wollen, welche Haltung Schiiten gegenüber Israel einnehmen, dann müssen wir uns anschauen, was die geistlichen und politischen Führer der schiitischen Welt über Israel sagen und auf welchem Fundament diese Ansichten basieren.

Manch einer mag denken, dass Schiiten im Grunde gar kein Problem mit den Juden im Allgemeinen haben, da es schließlich im Iran eine, wenn auch kleine, jüdische Gemeinschaft gibt, die dort durchaus akzeptiert zu sein scheint. Immer wieder hat man in den Weltmedien gehört, dass Repräsentanten der iranischen Juden den iranischen Präsidenten in seinem Büro besucht haben. Bei solchen Berichten wird jeweils der Eindruck vermittelt, dass zwischen beiden Seiten ein friedlich-freundschaftliches Verhältnis bestehe. Und das, obwohl der Iran das größte schiitische Land und die geistliche Hochburg des schiitischen Glaubens ist. Auch ist der *Schiitische Oberste Rat*, die oberste geistliche Autorität aller Schiiten weltweit, im Iran angesiedelt. Doppelt erstaunlich scheint es, dass eine jüdische Gemeinschaft in diesem Land in Frieden leben kann. Dass die Juden auch im Iran Dhimmi-Status haben, das heißt als Bürger zweiter Klasse gelten und nur akzeptiert werden, soweit sie sich dem Islam und der Scharia unterwerfen, dies wird in den Medien freilich verschwiegen. Vielmehr wird ein so harmonisches Bild vermittelt, dass sich der Gedanke aufdrängt, dass der Iran wohl nichts gegen Juden im Allgemeinen haben kann.

Und tatsächlich wird genau dies von der iranischen Regierung auch immer wieder betont. Immer wieder wird verkündet: *Man habe kein Problem mit Juden im Allgemeinen, sondern ausschließlich mit dem „zionistischen Regime Israels“.*

Tatsache ist jedoch, dass natürlich auch der Glaube der Schiiten bezüglich Israel und den Juden auf dem doppelten Fundament islamischer Lehre basiert – auf der Lehre des Koran und auf dem Vorbild Mohammeds. Eine Unterscheidung zwischen Juden im Allgemeinen und Zionisten im Besonderen ist darin nicht zu finden.

1. **Die Lehre des Koran über Juden**
   Im Koran findet man keinerlei Unterscheidung zwischen *Juden im Allgemeinen und Israel im Besonderen* oder zwischen *dem alten und dem modernen Israel.* Im Koran wird oft der Begriff „die Israeliten" verwendet, womit sowohl ihr Staat als auch die Juden als Menschen gemeint sind. Manchmal findet man auch den Begriff *die Kinder Israels.*
   Eine Rechtfertigung für eine Unterscheidung zwischen *Juden im Allgemeinen* und *den Zionisten/dem Staat Israel*, wie das von der iranischen Führung ins Feld geführt wird, ist somit im Koran nicht zu finden.
2. **Die historische Beziehung zwischen Moslems und Juden und das Vorbild des Propheten Mohammed und seiner frühen Anhänger gegenüber den Juden**
   Wenn wir beispielsweise das Vorbild Alis betrachten, der nicht nur Mohammeds Cousin und Schwiegersohn war, sondern vor allem auch der erste schiitische Imam, dann sehen wir vor allem großen Hass und unglaubliche Feindseligkeit gegenüber den Juden. Und auch hier finden wir keinerlei Ansatzpunkte für eine Unterscheidung zwischen einem *Juden* und sogenannten *Zionisten.*

Nun stellt sich natürlich die Frage, warum die iranische Regierung vorgibt, zwischen Juden im Allgemeinen und Zionisten/dem Staat Israel zu unterscheiden, wenn diese Auffassung von der islamischen Lehre doch gar nicht gestützt wird. Meine persönliche Meinung ist die, dass der Iran vor allem in einer Zeit, da er intensiv am Aufbau von Atomwaffen arbeitet und sich auf einen Angriff auf den Staat Israel vorbereitet, wobei er vom Rest der Welt sehr kritisch beobachtet wird, nicht riskieren möchte, bei der Entwicklung seines Nuklearprogramms aufgehalten zu werden. Vermutlich bezweckt Ahmadinejad mit einem judenfreundlichen Auftreten, die besorgten Gemüter der Weltgemeinschaft zu beruhigen und die Aufmerksamkeit von sich abzuwenden.

Auf den folgenden Seiten werden wir die wahre und offizielle Haltung des schiitischen Islam gegenüber den Juden im Allgemeinen und gegenüber Israel im Besonderen betrachten. Dabei wird deutlich, dass auch hier keine Unterscheidung zu finden ist: Israel und die Juden werden gleichermaßen abgelehnt.

Ahmadinejad und seine Haltung gegenüber Israel

Mahmud Ahmadinejad, Präsident der Islamischen Republik Iran

Mahmud Ahmadinejad ist der bekannteste iranische Präsident seit Beginn der iranischen Revolution. Bekannt wurde er vor allem durch all seine schockierenden Äußerungen über Israel.

Debatte um Ahmadinejads Äußerung „Israel muss von der Weltkarte getilgt werden"

Im Oktober 2005 machte Ahmadinejad eine schockierende Äußerung, die die Aufmerksamkeit der Weltmedien auf sich zog und international große Empörung auslöste.

Wie der iranische Nachrichtensender IRIB (Islamic Republic of Iran Broadcasting) am 26. Oktober 2005 berichtete, habe Ahmadinejad anlässlich der Konferenz mit dem Titel *Die Welt ohne Zionismus* gesagt:

Israel muss von der Weltkarte getilgt werden.[111]

Westliche Medien griffen den Bericht umgehend auf und so ging die Schlagzeile schnell um die ganze Welt. Auch der *Spiegel* berichtete am selben Tag in einem Artikel mit dem Titel: *Irans Präsident will Israel von der Landkarte tilgen:*[112]

Ahmadinejad forderte in einer Rede auf einer Konferenz ... in Teheran die ‚Tilgung Israels von der Landkarte'.
Er kündigte die Zerstörung des Staates durch palästinensische Anschläge an.

Da manche Stimmen den genauen Wortlaut des Zitats anzweifelten, kam es schließlich zu einer Veröffentlichung der gesamten Rede durch die *New York Times*. Darin wurde Ahmadinejad folgendermaßen zitiert:[113]

Unser lieber Imam [bezogen auf Ayatollah Khomeini] sagte, dass ‚das besetzende Regime [Israel] von der Weltkarte getilgt werden muss', und das war ein sehr weises Statement.

Wir können keine Kompromisse eingehen bezüglich der Sache Palästinas. …

Wer die Legitimität dieses Regimes anerkennt, hat damit im Grunde die Niederlage für die gesamte islamische Welt mitunterschrieben. …

Ich habe keinen Zweifel daran, dass die neue Welle, die in Palästina begonnen hat, und die wir auch in der übrigen islamischen Welt miterleben, diesen Schandfleck aus der islamischen Welt beseitigen wird."

Israels Reaktionen

Am Tag nach Ahmadinejads Äußerung rief Israels Premierminister Ariel Scharon dazu auf, den Iran aus der UNO auszuschließen, und Israels Außenminister Silvan Schalom rief zu einer Sondersitzung des Sicherheitsrates der Vereinten Nationen. Er forderte darin, *„die gesamte internationale Gemeinschaft muss zusammenstehen, um die Iraner zu stoppen"*. Alle fünfzehn Mitglieder des Sicherheitsrates folgten dem Appell und verurteilten Ahmadinejads Erklärung.

Der israelische Vize-Ministerpräsident Schimon Peres erklärte in einem Interview mit der Nachrichtenagentur Reuters, der iranische Präsident solle daran denken, *„dass auch der Iran von der Weltkarte getilgt werden könnte."*[114]

Internationale Reaktionen

- **Das Weiße Haus** sah in Ahmadinejads Erklärung eine Bestätigung der Vermutung, dass der Iran an Atomwaffen arbeite.
- **Kofi Annan**, der damalige Generalsekretär der Vereinten Nationen, zeigte sich schockiert über Ahmadinejads Äußerung und betonte wiederholt die Verpflichtungen des Iran und das Existenzrecht Israels.
- **Vertreter der EU** verurteilten das Statement auf das schärfste.

Aufrufe zu Gewalt und zur Zerstörung eines Staates sind eindeutig unvereinbar mit dem Anspruch, reifes und verantwortliches Mitglied der internationalen Gemeinschaft zu sein.[115]

Das Europäische Parlament schloss sich einer Resolution an, die Ahmadinejads Äußerungen verurteilte und rief ihn dazu auf, seine kriegerischen Kommentare zurückzunehmen und den Staat Israel und sein Recht, in Frieden und Sicherheit zu leben, anzuerkennen.[116]

Weitere scharfe Verurteilungen kamen unter anderem von Kanadas Premierminister Paul Martin, dem Repräsentantenhaus der Vereinigten Staaten und dem britischen Premierminister Gordon Brown, um nur die wichtigsten zu nennen.

Es war nicht von ungefähr, dass Ahmadinejad dieses umstrittene Statement abgab. Es widerspiegelt seine wahre Einstellung und Überzeugung gegenüber Israel und den Juden. Die Erklärung, dass Israel von der Weltkarte getilgt werden solle, war nicht die erste und nicht die letzte dieser Art. Es gibt viele weiter Äußerungen, die nicht weniger bösartig sind als diese besonders bekannte.

Wenn Ahmadinejad über Israel spricht, verwendet er meist den Ausdruck *das zionistische Regime* und nennt es ein *Krebsgeschwür.*

„Israel, das Krebsgeschwür, das entfernt werden muss"

Als im Mai 2011 zwölf Palästinenser bei gewaltsamen Massenprotesten durch israelische Sicherheitskräfte getötet wurden, beschimpfte Ahmadinejad die israelische Regierung in einem Fernsehinterview und nannte sie

ein Krebsgeschwür, das sich über den ganzen Körper ausbreitet.

Er hetzte:

Wie Krebszellen sich im ganzen Körper verteilen,
so infiziert dieses Regime jede Region.
Es muss aus dem Körper herausgeschnitten werden.[117]

Nicht nur Ahmadinejad, auch Ayatollah Khamenei, der oberste geistliche Führer des Iran, nannte Israel ein Krebsgeschwür. Im Februar 2012 erklärte er in einem Freitagsgebet an der Universität von Teheran:

Von jetzt an werden wir jede Nation und Gruppierung auf Erden, die gegen das zionistische Regime kämpft, unterstützen und ihr helfen und wir scheuen uns nicht, dies [so offen] zu erklären.

Das zionistische Regime ist wahrhaft ein Krebstumor auf dieser Region und muss herausgeschnitten werden. Und es wird definitiv herausgeschnitten werden.[118]

„Gründung Israels gleicht Nierentransplantation"

Im November 2011 verglich Ahmadinejad die Gründung Israels außerdem mit der Transplantation einer Niere – quasi als Fremdkörper, der vom Körper abgestoßen wird:

Israel kann mit einer transplantierten Niere verglichen werden, die vom Körper abgelehnt wird. Ja, es [Israel] wird zusammenbrechen und sein Ende ist nahe.[119]

Vorwurf gegen „Zionisten", die Weltherrschaft übernommen zu haben

In einer Rede, die Im September 2008 von einem iranischen Nachrichtensender übertragen wurde, erläuterte Ahmadinejad seine Sicht der Organisation der Zionisten:

Die Zionisten sind Gauner. Eine kleine Handvoll Zionisten haben mit ihrer weitverzweigten Organisation die Machtzentren der Welt übernommen.
Nach unseren Schätzungen besteht der Hauptkader der Zionisten aus maximal 2.000 Einzelpersonen und etwa 8.000 Aktivisten. Darüber hinaus haben sie einige Informanten, die für sie spionieren und sie mit Geheimdienstinformationen versorgen.
Doch aufgrund ihres großen Einflusses auf die Machtzentren in den USA und in Europa und ihrer Macht über die Finanzzentren und Propaganda- und Nachrichtenagenturen, haben sie den Eindruck vermittelt, als seien sie die ganze Welt und als seien sie die Mehrheit, die die ganze Welt regiert.[120]

Anlässlich einer Holocaustkonferenz an der Sharif-Universität für Technologie in Teheran am 27. Januar 2009 erklärte Ahmadinejad:

Heute dominieren die Zionisten viele der weltweiten Zentren der Macht, der Gesundheit und der Medien. Leider haben sie viele Politiker und Parteien umgarnt und plündern auf diese Weise den Wohl-

stand und das Kapital von Nationen, und dabei rauben sie Menschen ihre Freiheit und zerstören ihre Kulturen und menschlichen Werte, indem sie ihre Korruption verbreiten.[121]

Zionistisches Regime als Bazille beschimpft

Bei einer öffentlichen Ansprache Ahmadinejads, die im Juni 2008 im iranischen Fernsehen ausgestrahlt wurde, bezeichnete er Israel als Bazille:

Das zionistische Regime hat seine raison d'être verloren.
Heute identifizieren sich die Palästinenser mit deinem Namen, Khomeini, deinem Andenken und deinem Weg. Sie wandeln auf deinem erleuchteten Pfad und das zionistische Regime steckt in einer Sackgasse. Dank Allah wird dein Wille bald realisiert, und dieser Virus der Korruption wird ausgelöscht.[122]

Israel für tot erklärt

In einer anderen Ansprache Ahmadinejads erklärt er Israel für tot:

Ich möchte erklären, dass die Idee von ‚Kleinisrael' [das Israel mit seinen heutigen Gebieten] auch tot ist. Überhaupt ist die gesamte Idee ‚Israel' tot, sie hinken nur ihrer Zeit hinterher.
Ebenso wie die Idee von Großisrael [das Land vom Nil bis zum Mittelmeer] vor 30 Jahren starb, und sie es nicht bemerkt haben und sie weitere 30 Jahre lang Verbrechen begangen haben, ...
Heute sage ich ihnen: Die Idee von Kleinisrael ist tot![123]

All diese erschreckenden Äußerungen der einflussreichsten Führer der schiitischen Welt zeigen, welche Haltung gegenüber Israel und den Juden in der schiitischen Welt gelehrt wird. Diese Sicht, die Ahmadinejad zum Ausdruck bringt, entspringt nicht nur den verrückten Vorstellungen eines Einzelnen, sondern repräsentiert tatsächlich den Mainstream der schiitischen Lehre. Wir sehen also, dass die schiitische Haltung gegenüber Israel nicht weniger feindselig, diskriminierend und menschenrechtswidrig ist als die sunnitische Einstellung.

Israel und die Juden, die in diesem kleinen Stück Land leben, sind gewissermaßen wie ein Blatt im Wind – niemand weiß, wohin der heiße Wind der feindseligen Umgebung sie noch treiben wird. Mit anderen Worten: Die Existenz dieses kleinen Landes im Zentrum eines mächtigen und zerstörerischen radikalislamischen Orkans ist in Gefahr, und die Welt ist verpflichtet, alles zu tun, um den kleinen Staat vor einem drohenden Völkermord zu bewahren. Was der radikale Islam Israel über kurz oder lang antun wird, dürfte alles bisher Dagewesene übertreffen.

Die jüdischen Reaktionen auf die islamische Bedrohung

Wenn man all diese Erklärungen und Fatwas hört und liest, die von den obersten Führern der islamischen Welt erlassen wurden – sowohl von schiitischer als auch von sunnitischer Seite – und wenn man sieht, welches Maß an Hass und Feindschaft verbreitet wird, indem Moslems aufgerufen werden, Juden bis aufs Äußerste zu bekämpfen, dann mag man sich fragen, wie die israelische Gesellschaft wohl mit dieser Bedrohung umgeht und was deren geistliche und politische Führer dazu sagen. Hier ein paar Beispiele davon.

Israelischer Verteidigungsminister fürchtet, dass Ägyptens Morgenröte für Israel Finsternis bedeutet [124]

Benjamin Ben-Eliezer, israelischer Verteidigungsminister

Am Tag der Präsidentschaftswahlen in Ägypten wurde der israelische Verteidigungsminister Benjamin Ben-Eliezer vom israelischen Radio interviewt. In dem Interview sprach er seine Befürchtung aus, *„dass Ägyptens Morgenröte zur Finsternis für Israel werden"* könnte. Er sprach auch über seine Sorge um die Zukunft der Beziehungen zwischen Israel und Ägypten.

Ben-Eliezer, der mit dem ehemaligen Präsidenten Hosni Mubarak eng und freundschaftlich verbunden war, sagte, dass nach den Wahlen in Ägypten eine neue Ära beginnen würde, die sich von der Zeit Mubaraks grundlegend unterscheiden werde. Er erklärte, dass alles, was in Ägypten geschehe, den ganzen Nahen Osten in jeder Hinsicht beeinflusse, da Ägypten das einflussreichste Land der ganzen Region sei.

Israels Außenminister Lieberman hält Ägypten für gefährlicher als Atomwaffen[125]

Israels Außenminister Lieberman

Im April 2012 berichtete der arabische Nachrichtensender Al-Arabiya von dem Aufruf des Außenministers Lieberman, das israelische Militärkorps im Süden wieder aufzubauen.

Lieberman erklärte, dass die strategische Wende in Ägypten eine große Gefahr für Israel darstelle – größer sogar als die Bedrohung durch Atomwaffen. Die Gefahr sei deshalb so groß, weil Ägypten das größte arabische Land sei und eine sehr lange Grenze mit Israel habe, und weil das Land nun von der radikalislamischen Bewegung übernommen worden sei.

Seine Sorgen drängten Liebermann, dem israelischen Premierminister Benjamin Netanjahu eine eindringlich warnende Denkschrift zu übermitteln. Darin sprach er über seine wachsenden Bedenken hinsichtlich der künftigen strategischen Beziehungen zu Ägypten und der Zukunft des Friedensabkommens zwischen Israel und Ägypten. Lieberman forderte seine Regierung auf, eine mutige Entscheidung zu treffen und das Südkorps der israelischen Armee, das nach der Unterzeichnung des Camp-David-Friedensabkommens aufgelöst worden war, wieder aufzubauen.

Lieberman rief auch dazu auf, drei gutausgebildete Kampfbrigaden zu bilden und einen speziellen Etat einzuplanen, um auf jedes denkbare Szenario vorbereitet zu sein, für den Fall, dass Ägypten den Friedensvertrag brechen und über den Sinai einfallen sollte.

Rabbi Shteinman
Seine Krankheit – Ahmadinejad – und Gebete[126]

Was haben gesundheitliche Probleme des Oberrabbiners mit Irans Atomwaffen zu tun? Rabbi Shteinman sieht einen Zusammenhang.

Der berühmte Rabbi Aharon Yehuda Leib Shteinman

Wie im März 2012 in den israelischen Nachrichten zu hören war, hatte der berühmte Rabbi Shteinman über aktuelle Ereignisse in Israel gesprochen und darüber, dass in jüngster Zeit so viele Rabbiner krank geworden seien. Shteinman stellte dabei einen Zusammenhang her zwischen der Krankheitsserie unter den jüdischen Geistlichen und der Außenpolitik – insbesondere zum iranischen Präsidenten Mahmud Ahmadinejad und seinem Nuklearprogramm. Shteinman sagte:

Wir müssen erkennen, dass da im Iran ein gefährlicher Mann ist,
der dabei ist, eine große Bombe für uns vorzubereiten.
Er möchte alle Juden ausradieren – vom Säugling bis zum Greis.

Rabbi Shteinman zeigte sich besorgt darüber, dass diese Gefahr in der eigenen Bevölkerung nicht ernst genug genommen werde und erklärte, dass er der Überzeugung sei, dass ein göttlicher Fluch auf Israel laste:

Es wurde schon so viel darüber gesprochen, dass die Leute sich schon daran gewöhnt haben und niemand dafür betet.
Jeder denkt: ‚Nu, Gott wird uns schon helfen und es wird schon nichts passieren.'
Sie versehen nicht, dass ein göttlicher Fluch auf uns lastet.

Er erklärte, dass die Krankheitsserie unter den Rabbinern ein Aufrütteln Gottes sei, um die Menschen wieder ins Gebet zu führen.

Die Krankheit, die der jüdischen Bevölkerung einen schweren Schlag versetzt, ist im Grunde ein Zeichen göttlichen Erbarmens.
Der Heilige, gesegnet ist sein Name, Er sucht unsere Gebete.
Deshalb versucht er uns zu erschüttern, wie er nur kann,
damit die Menschen endlich anfangen zu beten...
Unsere Gebete sind das einzige, was helfen kann.

Der Rabbiner betonte mehrmals, wie groß die Gefahr ist und dass nur Gott das Volk Israel schützen könne:

Die Menschen verstehen nicht – oder sie wollen nicht verstehen – wie gefährlich unsere Situation hier im Land Israel ist.
Jeden Moment hier gibt es Bedrohungen, und wenn Gott uns nicht vor ihnen schützen würde, würde bereits das totale Chaos herrschen.

Er ermutigte die Menschen, unbedingt beharrlich am Gebet festzuhalten, selbst dann wenn sich kein sichtbarer Erfolg einstelle.

Jedes Gebet ist wichtig, selbst wenn es erscheint, als würde es nicht den erbetenen Erfolg bringen. Selbst wenn es scheint, als würde es gar nichts bringen, und selbst wenn der Leiter, für den wir gebetet haben, stirbt und es aussieht, als hätte niemand unsere Gebete erhört, dann müssen wir trotzdem wissen, dass bei Gott nichts vergebens ist.

Zusammenfassung

Die Reaktionen der obersten politischen und religiösen Führungspersönlichkeiten Israels zeigen, wie sehr sie über die Entwicklungen im Nahen Osten beunruhigt sind. Sie fühlen sich von den dynamischen Kräften des Islam existentiell bedroht, die die gesamte Region in eine neue Ära gestoßen haben. Die Menschen in Israel wissen, dass die neueren Entwicklungen im Nahen Osten ihre Zukunft entscheidend beeinflussen und schmerzlich berühren werden – vielleicht schon sehr bald.

Die israelischen Politiker und Regierungsbeamten machen sich Sorgen um die Sicherheit des Landes, und der jüdische Rabbiner, der die jüdische Geistlichkeit repräsentiert, macht sich Sorgen um die richtige Haltung des Volkes gegenüber Gott. Er glaubt, dass auf Israel ein Fluch lastet. Deshalb ruft der

Rabbiner das ganze Volk der Juden auf, vor Gott zu kommen, Buße zu tun und zu beten.

Dies zeigt den großen Unterschied in der Haltung von Juden und Moslems. Dieser jüdische Rabbiner spricht kein Wort der Feindseligkeit oder des Hasses gegen die Moslems. Er ruft nicht zu Rache, Vergeltung oder auch nur Gegenwehr auf. Er ruft nur zum Gebet auf – und zur Buße. Was für ein Gegensatz, wenn wir diese Einstellung mit der der islamischen Imame vergleichen.

Ein weiterer riesiger Gegensatz zwischen dem Volk der Juden und der islamischen Welt besteht in ihrer Größe. Man sollte sich immer vor Augen halten, dass dieses kleine Land Israel umlagert ist von etwa 300 Millionen arabischen Moslems, die von einer weiteren Milliarde Moslems weltweit unterstützt werden – eine unbeschreibliche Mauer aus Hass und Feindschaft, die jeden Mann, jede Frau und jedes Kind in Israel zwingt, wie in einem Gefängnis zu leben, einem Gefängnis der Angst.

Es wäre interessant, an dieser Stelle auch auf biblische Endzeitprophetien einzugehen. Leider würde dies den Rahmen des Buches sprengen. Doch lassen Sie uns zumindest sehen, welche Endzeitprophetien im Islam gelehrt werden.

Islamische Endzeitprophetien

Wie im Judentum und im Christentum gibt es auch im Islam sogenannte Endzeitprophetien. Der größte Teil der Informationen über die islamische Vorstellung der Endzeit findet sich allerdings nicht im Koran, sondern in den Hadithen, denn sie gehen auf den Prophet Mohammed selbst zurück. Er hatte über die Beziehung von Moslems und Juden in der Endzeit gelehrt, seine Anhänger haben diese Lehren weitergegeben, und später wurden sie von Gläubigen aufgeschrieben und gesammelt. Es gibt viele islamische Endzeitprophetien, doch wir wollen uns hier auf diejenigen beschränken, die mit Israel und den Juden zu tun haben.

Der Islam lehrt, dass alle Juden getötet werden müssen, bevor der Jüngste Tag kommen kann.

In einem Hadith, der von Abu Hurayra berichtet wurde, wird Mohammed folgendermaßen zitiert:

> *Der Tag des Gerichts wird erst kommen, wenn Moslems die Juden bekämpfen. Moslems werden die Juden besiegen und töten, und die Juden werden sich hinter dem Stein und dem Baum verstecken, und der Stein oder Baum wird sprechen: ‚Oh Moslem, da ist ein Jude hinter mir, komm und töte ihn!..'*
>
> *Sahih Muslim, Buch Fitan, Nr. 82*

Ein ähnlicher Hadith – berichtet von Abdullah bin Umar – sagt:

Der Botschafter Allahs sagt:
Juden werden gegen euch kämpfen!
Doch am Ende werdet ihr sie besiegen.
Das Töten wird so massiv sein, dass der Stein sagen wird:
‚Oh Moslem, da ist ein Jude hinter mir. Komm und töte ihn!'

Sahih Muslim, Buch Fitan, Nr. 81

Andere Prophezeiungen sagen, dass der Antichrist[127] mit all seinen Täuschungswerkzeugen erscheinen wird und mit ihm 70.000 Juden. Dann werde es einen großen Krieg geben. Moslems würden – unter der Leitung des Mahdis – gegen den Antichristen mit seinem jüdischen Heer kämpfen. Dann werde Jesus in Damaskus in Syrien erscheinen. Der Mahdi werde daraufhin nach Damaskus ziehen, um Jesus zu treffen. Zunächst werde der Mahdi Jesus und all die Moslems im Gebet anleiten (als Imam). Er werde Jesus die Führung der Moslems und das islamische Banner übergeben. Jesus werde dann gemeinsam mit dem Heer der Moslems die Juden vollständig vom Erdboden auslöschen.

Soweit die sunnitische Lehre über die Endzeit. Die Glaubensvorstellungen über den Antichristen sind bei Schiiten und Sunniten im Wesentlichen gleich. Auch stimmen beide darin überein, dass das Heer des Antichristen aus Juden bestehen und dass der Antichrist die Juden in einer mächtigen Schlacht gegen die Moslems anführen werde.

Zu diesem Zeitpunkt werde der Mahdi in Mekka an der Kaaba erscheinen und die Führung der Moslems übernehmen, den Antichristen töten und die Juden ausrotten.

Der nächste Schachzug des radikalen Islamgegen die Juden

Niemand kann genau voraussagen, wann der nächste Schachzug des radikalen Islam gegen die Juden ausgeführt werden wird. In wenigen Tagen oder Wochen? In ein paar Monaten? Oder erst in Jahren? Eines können wir jedoch mit Gewissheit sagen: Dass die Saat für den nächsten Schritt schon ausgebracht ist.

Die drei Phasen islamischer Kriegsführung

Jeder, der die islamische Philosophie über Djihad und Kriegsführung kennt, weiß, dass der Islam dabei drei Phasen unterscheidet:

1. **Die Phase der Schwäche und Demütigung**
2. **Die Phase der Vorbereitung der Machtergreifung**
3. **Die Phase der Machtergreifung und Festigung der Macht**

Bekanntlich hat auch der Prophet Mohammed selbst diese drei Phasen durchlebt. Er erlebte das Stadium der Schwäche, der Demütigung und Verfolgung in Mekka während der ersten 12 Jahre seines öffentlichen Auftretens.

So wie er haben fast alle radikalen Moslems weltweit, einschließlich der radikalislamischen Bewegungen im Nahen Osten, diese Phase der Schwäche durchlebt. Die Schiiten im Iran erlebten ihre Phase der Schwäche und der Demütigung in der Zeit vor der iranischen Revolution, als das Land noch als Monarchie von einem Schah regiert wurde, der radikale Moslems verfolgte. Auch die radikalen Sunniten, wie beispielsweise die Muslimbruderschaft, Salafisten und ähnliche Gruppen machten Erfahrungen der Verfolgung und Unterdrückung und erlebten so die Phase der Schwäche.

Der Prophet Mohammed musste 12 Jahre warten, bis er diese Phase hinter sich lassen konnte. Bei der Muslimbruderschaft dauerte es über 84 Jahre und auch im Falle der iranischen radikalislamischen Gruppen dauerte die Phase mehrere Jahrzehnte.

Im Leben Mohammeds begann die zweite Phase, die Zeit der Vorbereitung auf die Macht, nach seiner Auswanderung von Mekka nach Medina. In Medina baute er zunächst eine islamische Armee auf. Bereits nach einem Jahr war in der Lage, seinen neuen islamischen Staat zu verteidigen und weiter auszubreiten. So gelang es dem Propheten Mohammed und seinen Nachfolgern den Einfluss des Islam durch Verbreitung von Mohammeds islamischer Ideologie, zunächst auf andere Städte auszuweiten und schließlich in andere Länder.

Die dritte Phase beinhaltet Ergreifung, Festigung und Ausbau der Macht.

An die Macht zu kommen, ist eine Sache. Das kann unter Umständen relativ schnell gelingen – beispielsweise durch einen Militärputsch. Doch die Macht zu sichern und auf lange Sicht zu halten, erfordert zähe Arbeit und Geduld. Zunächst muss die islamische Herrschaft richtig etabliert werden, und auch die nötigen Streitkräfte müssen aufgebaut werden, um den islamischen Staat im Notfall tatsächlich verteidigen zu können. Erst wenn schlagkräftige Streitkräfte zur Verfügung stehen, um Aufträge von der islamischen

Regierung entgegenzunehmen und auszuführen – etwa die Verteidigung des islamischen Staates gegen interne oder externe Angriffe – dann kann die Macht als gesichert angesehen werden. Erst dann kann der neu etablierte islamischen Staat sich seinen eigentlichen und höchsten Zielen widmen: Den Islam auszubreiten, Land für den Islam zu erobern und islamisches Land, das von fremden Mächten oder von Feinden des Islam besetzt wurde, zu befreien und wieder unter islamische Herrschaft zu bringen.

Den Schiiten im Nahen Osten ist es im Iran bereits gelungen, einen islamischen Staat mit einer islamischen Regierung aufzubauen. Nach Ergreifung der Macht wurden alle nötigen Anstrengungen unternommen, um eine Streitkraft aufzubauen – die sogenannte Revolutionsgarde. Es ist der neuen schiitischen Regierung auch gelungen, das säkulare iranische Militär zu islamisieren. Außerdem hat sie paramilitärische Sonderverbände aufgebaut, die sogenannte Basidsch-Miliz. Das besondere an diesen Verbänden ist, dass sie aus lauter freiwilligen Kämpfern bestehen, die ihr Leben ganz bewusst der Verteidigung des Islam geweiht haben und ausdrücklich bereit sind, dafür zu sterben. Die Anzahl dieser freiwilligen Soldaten, die gewillt sind, ihr Leben als Märtyrer für den Islam einzusetzen, liegt bei mehreren Millionen.*

Die islamischen Kräfte im Iran haben ihren Weg durch diese drei Phasen zielstrebig und mit der nötigen Geduld und Beharrlichkeit durchschritten, und so ist es ihnen gelungen, alle Angriffe aus dem In- und Ausland, die den islamischen Staat bedroht haben, erfolgreich abzuwehren.

Selbst im Irakkrieg in den 80er Jahren ist es dem Iran gelungen, sich gegen die Angriffe des Irak zu behaupten, und dies, obwohl der Irak damals starke Unterstützung durch die USA und sonstige westliche Länder erfuhr. Der Krieg dauerte acht Jahre lang und forderte über eine Million Menschenleben, doch der Iran konnte sich dank seines starken Militärs und nicht zuletzt der Basidsch-Miliz gegen den starken Gegner behaupten.

Trotz der vielen innen- und außenpolitischen Herausforderungen, denen die islamische Regierung im Iran im Laufe der Jahre ausgesetzt war, hat sie sich nicht damit begnügt, sich erfolgreich zu verteidigen, sondern sie ging noch einen Schritt weiter und entwickelte eine Strategie, um die islamische Revolution auch in Nachbarländer zu verbreiten. So gründete sie im Libanon die Hisbollah und unterstützt darüber hinaus andere Gruppen, wie beispielsweise die Hamas.

Und wie allgemein bekannt, arbeitet das iranische Regime immer noch fleißig daran, seine Macht weiter auszubauen, um auch gegen Israel einen ent-

* Laut Wikipedia bezifferte die staatliche Nachrichtenagentur IRNA die Anzahl der Basidsch anlässlich eines Besuches von Revolutionsführer Khameini im November 2007 mit 12,5 Millionen, darunter 5 Millionen Frauen.

scheidenden Durchbruch zu erzielen. Wie wir in den vorigen Kapiteln gesehen haben, sieht Ahmadinejad den Staat Israel wie ein Krebsgeschwür, das entfernt werden muss. Daher fordert er auch, Israel müsse von der Weltkarte verschwinden.

Dabei weiß das iranische Regime genau, dass dieses Ziel mit herkömmlichen Waffen und Streitkräften nicht zu erreichen ist, zumal Israel über Atomwaffen verfügt. Daher hat Ahmadinejad sich auch so sehr darum bemüht, ein eigenes Nuklearprogramm auf die Beine zu stellen, um selbst Atomwaffen herstellen zu können.

In der sunnitischen Welt ist die Entwicklung noch nicht so weit fortgeschritten wie auf schiitischer Seite. Doch mit der Machtübernahme in Ägypten nach der Arabischen Revolution haben die radikalislamischen Bewegungen einen großen und entscheidenden Schritt nach vorn getan. Der nächste Schritt bestand darin, sich mit den anderen nahöstlichen Ländern zu vernetzen, die seit dem Arabischen Frühling ebenfalls vom radikalen Islam dominiert wurden. Die Phase des Machtausbaus und der Sicherung der Macht wird ihre Zeit brauchen – vor allem, da zunächst die internen Strukturen im Land reorganisiert werden müssen.

Auf der anderen Seite wird die sunnitische Welt nicht den gleichen aufwändigen Weg gehen müssen wie der schiitische Iran. Die Muslimbruderschaft wird sich nicht – wie der Iran – gegen die Kritik und Sanktionen der westlichen Welt zu behaupten brauchen, um Zugang zu Atomwaffen zu bekommen. Im Kampf gegen Israel werden Sunniten und Schiiten ohnehin zusammenhalten – also reicht es hierfür aus, wenn der Iran über Atomwaffen verfügt. Für einen möglichen Konflikt mit der schiitischen Welt könnte man auf das sunnitische Pakistan zurückgreifen, welches über Atomwaffen verfügt. Die sunnitischen Länder bräuchten nur die Muslimbrüder in Pakistan dabei zu unterstützen, die dortige Regierung zu stürzen, um an die Macht, und damit an die Atomwaffen zu kommen.

In diesem Fall würden sowohl Sunniten als auch Schiiten über Atomwaffen verfügen – zwei Atommächte im Nahen Osten. Wenn diese zwei ‚Cousins' sich gegen ‚den Fremden' verbünden, so könnte ein gemeinsames Vorgehen gegen Israel ein katastrophales Ausmaß annehmen, das alles bisher Dagewesene weit übertreffen würde.

Ein kleines Land wie Israel kann dieser Gefahr nicht auf sich allein gestellt trotzen; es bedarf der Unterstützung der Welt. Die Weltgemeinschaft ist aufgerufen, sich hinter Israel zu stellen und alles zu tun, was in ihrer Macht steht, die Menschheit vor einer solchen Katastrophe zu schützen. Denn wenn dieses Pulverfass wirklich zur Explosion kommt, werden der Erste und der Zweite Weltkrieg im Vergleich wie ein kleines Feuerwerk aussehen.

Ich hoffe von ganzem Herzen, dass die Weltgemeinschaft so vernünftig und mutig sein wird, die Zeichen der Zeit zu erkennen, der Gefahr ins Gesicht zu sehen und alles daran zu setzen, den nächsten Schachzug des radikalen Islam gegen die Juden zu verhindern.

Aufschrei Israels: Muslimbruderschaft will alle Juden töten

Die arabische Tageszeitung *Al-Wafd* berichtete im November 2011 von einem angstvollen Aufschrei Israels, der auf einer israelischen Website namens *Life* veröffentlicht worden war.[128] Der israelische Artikel war eine Reaktion auf eine Demonstration, die von der Muslimbruderschaft organisiert worden war. Millionen Moslems hatten sich für die Demonstration auf dem *Abbasiya Platz* in Kairo versammelt, um *für maximale Unterstützung für die Al-Aqsa-Moschee* einzustehen. Wie die israelische Website berichtete, sei dabei öffentlich proklamiert worden, dass man alle Juden auf der ganzen Welt ausrotten werde.

Die Israelis brachten in diesem Artikel ihre Furcht zum Ausdruck und verurteilten das Verhalten des amerikanischen Präsidenten Barack Obama, der die Muslimbruderschaft in Ägypten als moderate Gruppierung eingestuft und ihr zugesichert hatte, ihr als Partner zur Seite zu stehen und beim Aufbau der Demokratie zu helfen.

Der Artikel fragt empört:

Wie kann die Muslimbruderschaft moderat sein, wenn sie proklamiert, alle jüdischen Männer, Frauen und Kinder auf der Welt umbringen zu wollen, um der Lehre des Islam zu folgen, die besagt, dass alle Juden durch die Hand von Moslems getötet werden sollen?

Der Artikel prangert auch das internationale Schweigen zur Position der Muslimbruderschaft in Ägypten auf der einen Seite und Irans Stellung auf der anderen Seite an. Immerhin bereiteten sich beide Länder aktiv darauf vor, Israel bei erstbester Gelegenheit auszulöschen.

Der Autor des Artikels erklärt:

„Der Iran arbeitet mit Hochdruck an der schnellstmöglichen Ausrottung der Juden.
Der Tag wird kommen, an dem die Weltmedien von einem weltweiten Morden an Juden berichten werden.“

Ich hoffe, dass sich diese Einschätzung des Autors nicht bestätigen wird. Ich hoffe, dass dieser Tag nie kommen wird, wo man von einem weiteren Völkermord an den Juden hören wird. Ich hoffe, dass die Weltgemeinschaft gemeinsam aufstehen wird, um dies rechtzeitig zu verhindern.

Wie oft müssen die radikalen Gruppen ihre Mordabsichten noch in die Welt hinaus rufen, bevor man ihnen glaubt und darauf reagiert?

Ein Hoffnungsschimmer

Nachdem Sie in den vergangenen Kapiteln gesehen haben, in welch gefährlicher Situation die Juden in Israel leben, da das erklärte Ziel des radikalen Islam darin besteht, Israel von der Weltkarte zu tilgen und alle Juden auszurotten, geht es Ihnen nun vielleicht wie mir. Vielleicht schreit Ihr Herz ebenfalls auf und Sie fragen sich: Gibt es nicht irgendeine Lösung, wie man den Juden helfen und Israel retten könnte? *Gibt es nicht irgendeine Möglichkeit, das drohende Unheil von Israel abzuwenden? Gibt es nicht irgendetwas, was ich ganz persönlich dazu beitragen kann?*

Und hier kommt eine überraschende gute Nachricht. Ja, es gibt tatsächlich einen Ausweg. Es gibt einen Ansatzpunkt in der grundlegenden Lehre des Islam, der bisher kaum bekannt zu sein scheint – weder unter Moslems, noch unter den Politikern, die mit der Thematik befasst sind.

Das zentrale Problem sind bekanntermaßen diejenigen Moslems, die meinen, den Islam radikal praktizieren zu müssen. Diese Moslems wollen der Lehre und dem Vorbild ihres Propheten so gut wie möglich nachfolgen.

Das bedeutet, wenn es etwas gibt, was diese Moslems von dem eingeschlagenen Weg und dem angestrebten Ziel abbringen kann, dann nur etwas, das aus der Lehre des Islam selbst kommt.

Und genau hier liegt der Ansatz. Wie wir bereits in einem früheren Kapitel gesehen haben, ersetzt der sogenannte Medina-Koran mit seinen Lehren über Gewalt einen großen Teil der früheren friedlichen Lehren des Mekka-Korans. Allerdings – und hier kommt die gute Nachricht – gibt es auch einige bedeutende Elemente aus dem friedlichen Mekka-Koran, die NICHT explizit abrogiert und ersetzt wurden – also friedliche Verse, die immer noch Gültigkeit haben. Mehr noch: Auch der Medina-Koran selbst enthält ungeachtet seiner kriegerischen Ausrichtung Verse, die den Hass auf die Juden verurteilen und sogar – halten Sie sich fest! – *ihren Anspruch auf das Heilige Land untermauern!*

Es ist erstaunlich, dass dies bisher offensichtlich völlig übersehen wurde. Dabei liegt genau in diesen vernachlässigten Versen der Ansatz für die Lösung des Konfliktes. Denn mit diesen Informationen könnte man auch fromme und sogar radikale Moslems überzeugen, dass sie ihren Hass und ihre Feindschaft gegen Israel nicht legitimerweise aus dem Koran ableiten können.

Vor allem für solche Moslems, die eigentlich lieber in Frieden leben und Konflikten aus dem Weg gehen würden, und die sich nur deshalb in den Strudel des Hasses reißen lassen, weil sie glauben, dass dies ihre religiöse Pflicht sei, weil Allah es von ihnen fordere – diesen Moslems kann diese neu gewonnene Erkenntnis helfen, sich doch für einen friedlichen Weg zu entscheiden, ohne damit ihr Seelenheil oder ihre Anerkennung in Allahs Augen aufs Spiel zu setzen.

Ziehen wir also den Koran zu Rate, denn dieser gilt schließlich als das Wort Allahs und damit als oberste Autorität für jeden Moslem. Sehen wir uns die Verse an, die über Juden und über das Heilige Land positiv sprechen – und nicht abrogiert wurden.

Allah ruft Moslems auf, Juden gegenüber gerecht und fair zu sein

Die erste überraschende Information finden wir in Sure 5:8. In diesem Vers ruft Allah die Moslems auf, gerecht zu sein, und er warnt sie, dass sie sich nicht von Hass gegen andere mitreißen lassen sollen – das schließt Juden ein!

Oh ihr Gläubigen! Seid standhaft in Allahs Sache,
bezeugend in Gerechtigkeit!
Und lasst nicht zu, dass Hass gegen andere euch zu
unrechtem Verhalten verleite.[129]
Seid gerecht, das ist näher der Gottesfurcht. Und fürchtet Allah;
wahrlich, Allah ist kundig eures Tuns.

Die gute Nachricht ist, dass dieser Vers nicht abrogiert, also aufgehoben und ersetzt wurde, da Sure 5 die letzte ist, die überhaupt offenbart wurde. Es gibt keinen einzigen Vers im Koran, der ausdrücklich dazu aufruft, Juden zu hassen*. Es gilt also nach wie vor:

Moslems sollen sich nicht zum Hass gegen andere mitreißen
und nicht zu unrechtem Verhalten verleiten lassen.

*Es gibt zwar Aufrufe, Ungläubige zu töten etc. Aber es gibt keinen ausdrücklichen Appell, Juden zu hassen.

Allahs Gunst und Wohlwollen gegenüber Juden

In Sure 5:20 spricht Allah zu Mohammed über die Sonderstellung und die Gunst der Juden in Allahs Augen: Allah gab den Juden gute Dinge – Segnungen – die er keinem anderen Volk gab. Und er erwählte seine Propheten und auch Könige aus der Mitte der Juden, weil diese besondere Gunst hatten in Allahs Augen:

[Allah zu Mohammed:]
Und wie Moses zu seinem Volke [den Juden] sprach:
O mein Volk, besinnt euch auf Allahs Gunst euch gegenüber,
als Er aus eurer Mitte Propheten erweckte und euch zu Königen machte und euch gab [an Gutem], was Er keinem anderen (Volke) auf der Welt gegeben.

Auch dieser Vers wurde nicht ausdrücklich aufgehoben.

Diese zwei Verse sind schon überraschend genug. Doch die größte Überraschung steht noch aus: Allah hat das Heilige Land den Juden gegeben!

Allahllah hat das Heilige Land den Juden gegeben

In Sure 5:21 lesen wir eindeutig, dass Allah das Heilige Land den Juden gegeben – und sogar für sie bestimmt hat!

[Moses spricht zu den Juden:]
O mein Volk,
betretet das Heilige Land, das Allah für euch bestimmt hat.

Sure 5:21

Allah hat also das Heilige Land für die Juden bestimmt und diese Bestimmung nie widerrufen. Mit anderen Worten: Es gilt auch heute noch: Das Heilige Land gehört den Juden!

Vielleicht denken Sie jetzt: *Das klingt zu schön, um wahr zu sein. Kann das wirklich sein? Wo ist hier der Haken?*

Gut, lassen Sie es uns ganz genau nehmen. Moslems könnten beispielsweise dagegen halten, dass in diesem Vers mit dem „Heiligen Land" gar nicht das heutige Israel gemeint sei – bzw. das heutige Palästina, wie sie sich ausdrücken würden. – Können wir sicher sein, dass hier wirklich *das* Heilige Land gemeint ist – das heutige Israel?

Erstaunlicherweise bestätigen die Islamgelehrten, dass tatsächlich Israel gemeint ist.[130]

Wir finden die Interpretation des Verses beispielsweise in dem berühmten und allgemein anerkannten Kommentar des Ibn Kathir, einem der wichtigsten und einflussreichsten Werke in diesem Bereich. Al -Dahhaak, einer der frühen muslimischen Gelehrten und Hadithen-Erzähler, sagte, dass die Bedeutung von *Heiliges Land* in diesem Vers *Jerusalem* laute. Ein anderer Islamgelehrter namens al-Kalbi sagte, das *Heilige Land* in diesem Vers beziehe sich auf

Damaskus, Palästina, Jordanien
und noch mehr.

Al-Kalbi sagt also, dass nicht nur Jerusalem oder Israel bzw. Palästina den Juden gehöre, sondern selbst Syrien und Jordanien seien von Allah für die Juden bestimmt.

Die Ergänzung „und noch mehr“ wird von einigen Gelehrten so ausgelegt, dass damit Ägypten gemeint sei. In diesem Fall würde das gesamte Gebiet von Syrien bis Ägypten den Juden gehören.

Dies bestätigt die Theorie, dass mit „Großisrael“ tatsächlich das Gebiet *„vom Meer bis zum Fluss“ [Nil]* gemeint sei, wie von Moslems oft erwähnt. Im Nahen Osten wird dieser Begriff in den Medien oft verwendet und auch Ahmadinejad benutzt diese Bezeichnung gelegentlich.

Der Ausdruck *„das Heilige Land, das Allah für euch bestimmt hat“* wird so interpretiert, dass das Land von Allah „für euch“ = für die Juden „bestimmt“ = reserviert wurde.

All diese Auslegungen der Islamgelehrten lassen keinen Zweifel daran, dass nach der islamischen Lehre das Heilige Land den Juden gehört – und nicht den Moslems. Was für eine Erkenntnis!

Auch *Ibn Ishaq*, ein weiterer früher Islamgelehrter, dessen Interpretationen des Korans in der islamischen Welt hohe Anerkennung genießen, bestätigt diese Interpretation. Er schrieb:

‚für euch bestimmt‘ = Allah gab es euch [den Juden]

Qatada, ein anderer Islamgelehrter äußerte sich zur Bedeutung des Begriffes ‚für euch *bestimmt*‘. Er sagt, der Begriff „bestimmt“, der hier verwendet wird, sei der gleiche Begriff, wie bei „Allah hat *bestimmt/angeordnet*, dass sie beten sollen“. Diese Definition ist sogar noch stärker als nur „reserviert“. Allah habe das Heilige Land also nicht nur für die Juden „reserviert“, sondern, man könnte sogar sagen: *Allah hat befohlen, dass die Juden im Heiligen Land leben sollen.*

Diese Sicht wird für Moslems nicht nur neu und erstaunlich, sondern auch schwer zu akzeptieren sein. Der folgende Vers könnte ihnen jedoch helfen, mit dieser neuen Entdeckung besser umzugehen:

Allah ist souverän – Er kann geben und Er kann nehmen

Eine grundlegende Überzeugung des islamischen Glaubens sagt: Allah ist souverän und er hat das Recht, zu tun was er will. Niemand hat das Recht, Allahs Handeln zu hinterfragen. Allah hat das Recht, zu tun was er für richtig hält – er kann geben – aber auch wieder nehmen – weil er allein souverän ist. Und er hat alle Macht. Und niemand darf sein Handeln kritisieren oder in Frage stellen. Die Lehre wurde in Sure 3:26 etabliert:

[Allah zu Mohammed:]
Sprich: „O Allah, Herr der Herrschaft,
Du gibst die Herrschaft, wem Du willst, und Du nimmst die Herrschaft, wem Du willst.
Du erhöhst, wen Du willst, und erniedrigst, wen Du willst.
In Deiner Hand ist alles Gute.
Wahrlich, Du hast Macht über alle Dinge."

Dieses Grundverständnis ist in der islamischen Welt allgemein geläufig. Während der Demonstrationen des Arabischen Frühlings beispielsweise waren Sprechchöre von Moslems auf dem Tahrirplatz zu hören, die diesen Vers zitierten, als Mubarak seine Macht abgeben musste und zurücktrat:

„Allah erhöht, wen er will – und er erniedrigt, wen er will".

Auch als Mubarak vor Gericht stand – bzw. in dem Stahlkäfig im Gerichtssaal eingesperrt war – riefen die Menschen wieder diesen Vers.

Auch der berühmte ägyptische Fernsehmoderator Amr Adib, der die Sendung „Kairo heute" moderiert, zitierte diesen Vers, als Mubarak zurückgetreten war. Das war ein äußerst emotionaler Moment, und das ganze Land war voller Freude. Es war so bewegend, dass dem Moderator die Tränen übers Gesicht liefen, während er öffentlich rezitierte:

„Du gibst Ehre, wem Du willst, und Du demütigst, wen Du willst."

Dies zeigt, wie bekannt dieser Vers ist und wie sehr seine Bedeutung von den Menschen verinnerlicht wurde. Dieser Vers hilft Moslems, alles zu akzeptieren, was Allah tut. Und niemand würde wagen, Allah anzuzweifeln oder sein Handeln in Frage zu stellen.

Dieser Vers kann Moslems auch helfen, solch eine neue Erkenntnis bezüglich des Heiligen Landes anzunehmen. Denn sie wissen, dass sie kein Recht haben, Allahs Anordnungen zu hinterfragen oder anzuzweifeln. Also haben sie auch kein Recht zu hinterfragen, warum Allah das Heilige Land für die Juden bestimmt oder warum er ihnen Gunst geschenkt hat.

Israel soll Wohnstätte der Juden sein – bis ans Ende der Welt

Der folgende Vers sagt, dass die Juden Israel wohnen sollen – und zwar bis ans Ende aller Tage:

> *Da sprachen Wir [Allah] zu den Kindern Israels [den Juden]:*
> *„Wohnet in dem Lande [der Verheißung];*
> *und wenn die Zeit der zweiten Posaune kommt,*
> *dann werden Wir euch hinzubringen als eine Schar,*
> *gesammelt."* Sure 17:104

Juden sollen also bis zum Zeitpunkt „der zweiten Posaune", also dem Tag der Auferstehung *im Lande wohnen*. Dieser Vers spricht den Juden also ein Wohnrecht bis ans Ende aller Tage zu.

Obwohl die Juden im Laufe der Geschichte immer wieder aus ihrem Land hinausgeworfen wurden, und obwohl Jerusalem mehrmals zerstört wurde, ist ihr Wohnrecht niemals erloschen und wird auch niemals enden. Sie sind nach wie vor die rechtmäßigen Eigentümer des Heiligen Landes, in das sie nach der Zerstreuung zurückgekommen sind – und sie wohnen dort zu Recht.

Auch dieser Vers wurde durch keinen anderen Vers abrogiert und ersetzt. Er ist also auch heute immer noch gültig. Moslems sind somit aufgefordert, Israel als Heimstätte der Juden anzuerkennen.

Wenn man bedenkt, dass der Staat Israel erst vor recht kurzer Zeit neu gegründet wurde, wird deutlich, dass dieser Vers gewissermaßen eine Prophetie war, die bereits darauf hingedeutet hat, dass die Juden in das Heilige Land zurückkommen würden. Die Neugründung Israels sollte daher keine große Überraschung für Moslems sein. Sie könnten sie eigentlich als Bestätigung dieser Prophetie ansehen.*

* Wer daraus schließt, dass die Erfüllung dieser Prophetie ein Beleg für die Richtigkeit und für einen göttlichen Ursprung des Korans sei, der sei daran erinnert, dass viele Texte des Korans aus dem Alten Testament übernommen wurden. Begriffe wie ‚Endzeit/ Letzte Posaune/Antichrist/Tag der Auferstehung' etc. sind alles im Grunde biblische Begriffe, die von Mohammed aufgegriffen wurden.

Allahs Aufruf zur Normalisierung mit Israel

Der folgende Vers spricht darüber, wie die wahrhaft Gläubigen zu Allah beten sollen. Dabei wird die Haltung deutlich, die wahrhaft gläubige Moslems gegenüber Juden (als sogenannten „Ungläubigen") haben sollen: Sie sollen ihnen nicht zum „Stein des Anstoßes" werden:

[Die wahrhaft Gläubigen zu Allah]
Unser Herr, mache uns nicht zum Stein des Anstoßes für die Ungläubigen [Juden] und vergib uns, unser Herr, denn Du, und Du allein, bist der Allmächtige, der Allweise."

Sure 60:5

Wer also ein wahrhaft gläubiger Moslem sein möchte, sollte bestrebt sein, den Juden keinen Anstoß zu geben. Er sollte also keine Gewalt anwenden und schon gar nicht zur Vernichtung aufrufen, noch versuchen ihnen das Heilige Land wegzunehmen.

Was ist mit Jerusalem als Heiliger Stätte der Moslems?

Wir haben inzwischen gesehen, dass zumindest Jerusalem, und darüber hinaus das gesamte Heilige Land, den Juden zugesprochen wird. Da stellt sich die Frage, worauf denn Moslems ihren Anspruch auf Jerusalem gründen? Warum ist Jerusalem für Moslems von so zentraler Bedeutung?

Es gibt drei Gründe, warum Jerusalem in den Augen von Moslems so besonders ist, und warum sie der Ansicht sind, dass Jerusalem ihnen alleine gehört:

1. Der erste Grund ist die sogenannte Nachtreise, auch „Mohammeds Himmelsreise" genannt, von der wir bereits im ersten Teil des Buches gehört haben.

   Preis Ihm [Allah],
   Der bei Nacht Seinen Diener hinwegführte
   von der Heiligen Moschee [Mekka]
   zu der Fernen Moschee [Jerusalem],
   deren Umgebung Wir [Allah] gesegnet haben...

   Sure 17:1

   Wir erinnern uns: Allah habe Mohammed in einer Nachtreise auf übernatürliche Weise nach Jerusalem gebracht. Mohammed sei dabei auf einem Maulesel geritten, der zwei Flügel hatte. Bei seiner Ankunft in Jerusalem warteten alle Propheten auf ihn, und Mohammed habe sie im

Gebet angeleitet. Danach sei Mohammed mit Allah in den Himmel aufgestiegen und habe anschließend auch noch die Hölle besucht.

Für Moslems gilt dieses Ereignis als etwas so Besonderes, dass für sie schon dieser Grund allein ausreicht, um daraus den Anspruch auf Jerusalem abzuleiten. Sehr überzeugend ist diese Argumentation freilich nicht, denn wenn ein geschichtlich bedeutsames Ereignis oder eine übernatürliche Erfahrung ausreichen würde, daraus einen Besitzanspruch auf das Land abzuleiten, dann könnten die Juden etliche Städte im Nahen Osten als ihr Eigentum beanspruchen, weil auch ihre Propheten dort viele bedeutsame übernatürliche Erlebnisse hatten.

Wenn der Besuch ihres Propheten in Jerusalem als Grund gelten würde, so könnten auch Juden beispielsweise Ägypten als ihr Eigentum deklarieren, weil Jakob (der auch im Islam als Prophet gilt) mehrmals in Ägypten zu Besuch war. Die Juden hätten sogar noch mehr Gründe, Ägypten als ihr Eigentum zu beanspruchen, denn es waren sogar mehrere Propheten, die Ägypten besuchten: Auch Moses, Abraham und Jesus waren dort.

2. Der zweite Grund, auf dem Moslems ihren Besitzanspruch auf Jerusalem aufbauen, ist, dass nach Mohammeds Nachtreise Jerusalem jahrelang die Gebetsausrichtung war.

   Dem kann entgegengehalten werden, dass für Juden Jerusalem schon lange vor der Nachtreise die Gebetsausrichtung war – und bis heute ist. Außerdem wurde die Gebetsausrichtung der Moslems ja später ausdrücklich geändert (Sure 2:144), und seit damals ist Mekka die einzige Richtung, nach der die Gebete ausgerichtet werden. Seit dieser Zeit beteten Moslems nie mehr in Richtung Jerusalem.

3. Der dritte Grund, mit dem der moslemische Besitzanspruch auf Jerusalem gerechtfertigt wird, ist die islamische Invasion im Jahre 638, als Kalif Umar, der zweite Nachfolger Mohammeds, Jerusalem aus der Hand der byzantinischen Herrschaft löste und für den Islam eroberte, und dass Umar dort später die Al-Aqsa-Moschee erbaute.

   Moslems scheinen dabei zu übersehen, dass gerade Umar derjenige war, der den römischen Bann aufhob, der den Juden den Zutritt verboten hatte. Die Juden hatten es somit Umar zu verdanken, dass sie wieder nach Jerusalem zurückkehren konnten.

   Gerade dieses dritte Argument ist also im Grunde der beste Beleg dafür, dass nichts und niemand das Recht hat, die Juden davon abzuhalten, in ihrem Heimatland zu leben. Die Begebenheit mit Umar ist übrigens nicht die einzige in dieser Richtung. Auch Saladin, einer der berühmtesten islamischen Führer, der Jerusalem im Oktober 1187 aus der Hand der Kreuzritter zurückerobert hatte, lud die Juden ein, in ihre Heimat zurückzukehren. In einem Brief an die jüdischen Leiter schrieb er:

Die Zeit eures Exils ist vorbei!
Wer zurückkommen möchte, ist herzlich willkommen!

Wenn die Invasion Jerusalems durch Umar und die Errichtung der Al-Aqsa Moschee ein legaler Rechtfertigungsgrund für Moslems wäre, Jerusalem zu ihrer Heiligen Stätte und ihrem Eigentum zu erklären und die Juden aus der Stadt zu verbannen, dann hätten auch die ägyptischen Christen ein Recht, Ägypten – oder zumindest Alexandria – ganz für sich und das Christentum zu beanspruchen. Denn bevor Ägypten islamisiert wurde, hatte der Apostel Markus im ersten Jahrhundert das Evangelium nach Ägypten gebracht. Das Land hatte sich fast vollständig zum Christentum bekehrt und Markus erbaute in Alexandria die berühmte Sankt-Markus-Kathedrale.

So wenig dieses Argument von Moslems anerkannt würde, um den Christen einen Besitzanspruch auf Ägypten – oder zumindest auf Alexandria – einzuräumen, so wenig stellt Umars Invasion und der Bau der Al-Aqsa-Moschee einen legalen Grund dar, Jerusalem für den Islam allein zu beanspruchen und die Juden aus der Stadt zu verbannen.

Es gibt aus meiner Sicht nichts, was dagegen spricht, dass Moslems die Al-Aqsa Moschee als Heilige Stätte ansehen und Jerusalem als Heiligen Ort ihres Glaubens. Warum sollten Moslems nicht das Recht haben, Jerusalem zu besuchen und sogar dort zu leben – mit den gleichen Rechten wie jeder andere Bürger der Stadt. Doch ich kann absolut keinen legalen Grund erkennen, der Moslems das Recht geben würde, einen alleinigen Besitzanspruch auf Jerusalem zu erheben oder die Juden aus der Stadt zu vertreiben, zumal der Koran ausdrücklich sagt, dass Allah den Juden Jerusalem gegeben hat. Und der Koran erklärt, dass der alleinige Besitzanspruch auf das Heilige Land bei den Juden liegt. Wenn Moslems dies nicht anerkennen wollen, sollten sie sich bewusst sein, dass sie sich damit Allahs Anordnungen widersetzen.

Als Ergebnis können wir festhalten, dass die Al-Aqsa-Moschee keinesfalls einen legalen Besitzanspruch auf Jerusalem rechtfertigt.

Jerusalem ist für Juden, was Mekka für Moslems ist

Der folgende Koranvers spricht über die Gebetsrichtung (arab. Qibla). Wie wir bereits gehört haben, erklärte Mohammeds nach seiner Nachtreise Jerusalem zur Gebetsrichtung. Wie vieles andere hatte Mohammed auch dies von den Juden übernommen.

Später, als Mohammeds Spannungen mit den Juden zunahmen, er die friedliche Phase hinter sich ließ und eine feindselige Haltung gegenüber den Juden einnahm, wurde auch die ‚Qibla' geändert und Mekka wurde zur offizielle Gebetsrichtung der Moslems.

Der folgende Koranvers spricht über diese Richtungsänderung.

[Allah zu Mohammed]
Und brächtest du denen, welchen die Schrift gegeben ward [den Juden und Christen],
auch jegliches Zeichen [um sie von deinen Wegen zu überzeugen],
sie würden nie deiner Qibla folgen; [= sie würden dir sowieso nicht glauben] und auch du könntest nicht ihrer Qibla folgen,
noch würde ein Teil von ihnen der Qibla anderer folgen.
[Mit anderen Worten: Versuche erst gar nicht, die Juden zu ändern, sondern lass ihnen ihre Gebetsrichtung und bleib du bei deiner].
Folgtest du aber nach allem, was dir an Kenntnis zuteil ward, doch ihren Wünschen, [= würdest du von deinen eigenen Wegen und Glaubensüberzeugungen abweichen] dann wärest du wahrlich unter den Ungerechten [dann wärst du kein Moslem mehr].

Sure 2:145

Der Vers sagt also im Grunde:

Oh Mohammed, selbst wenn du den Juden und Christen alle möglichen Zeichen bringen würdest, um sie dazu zu bringen,
sich deiner Gebetsrichtung anzupassen, sie werden das niemals tun.
Und du sollst dich auch nicht ihrer Gebetsrichtung anpassen.
Juden und Christen beten auch nicht beide in die gleiche Richtung.

Allah sagt also zu Mohammed: Die Juden haben ihre Gebetsrichtung und ihr Moslems habt eure. Jerusalem ist die Gebetsrichtung der Juden – und so soll es auch bleiben. Und Mekka ist die Gebetsrichtung für Moslems. Der entscheidende Kernsatz ist dabei der Appell an Mohammed: *Akzeptiere, das die Juden ihre eigene Gebetsrichtung haben.* Man kann den Vers auch so verstehen:

So, wie ihr Moslems euer Mekka habt,
so ist Jerusalem die Heilige Stätte der Juden
– und das soll auch so bleiben!
Lasst den Juden ihr Jerusalem!

Muhammad untersagte Juden und Christen den Zugang nach Mekka und Medina – nicht aber nach Jerusalem!

Der zweite Nachfolger Mohammeds, Umar ibn al-Chattab, der gleichzeitig Mohammeds Schwiegervater war (Vater von Mohammeds Frau Hafsa), eroberte Jerusalem zum ersten Mal für den Islam. Das war im Jahre 638. Umar zitierte Mohammed folgendermaßen:

Ich werde die Juden und Christen von der Arabischen Halbinsel vertreiben, bis nur noch Moslems übrig sind.[131]

Laut der Interpretation der Islamgelehrten bezieht sich dieses Zitat auf Mekka und Medina. Der Vers wäre dann so zu verstehen:

Juden und Christen sollen Mekka und Medina nicht betreten, denn dies sind die Heiligen Stätten des Islam.

Aischa, Mohammeds zweite Frau, zitierte ihn folgendermaßen:

Auf der ganzen Arabischen Halbinsel soll keine andere Religion außer dem Islam angebetet werden.[132]

In Arabien sollte keine andere Religion außer dem Islam praktiziert werden – mit anderen Worten:

Judentum und Christentum als Religionen dürfen auf der Arabischen Halbinsel nicht praktiziert werden.

Aus den beiden genannten Zitaten Mohammeds ist abzuleiten, dass der Islam folgendes verbietet:

- Juden und Christen dürfen die Arabische Halbinsel/ bzw. Mekka und Medina nicht betreten.
- Es darf auf der Arabischen Halbinsel kein anderer Gott außer Allah angebetet werden – den Juden ist es hier also nicht erlaubt, ihren Gott anzubeten.

Das Bemerkenswerte dabei ist, dass hier Jerusalem *nicht* erwähnt wird. Im Umkehrschluss heißt das also, dass es Juden *nicht* verboten ist, in Jerusalem, bzw. Israel zu leben und ihre Religion auszuüben.

Es gibt auch sonst keinen Vers im Koran oder den Hadithen, der Juden aus Jerusalem bzw. Israel verbannen würde.

Zusammenfassung

Ich sehe nur eine Lösung für den Nahostkonflikt und nur ein Mittel, die Gefahr für Israel dauerhaft zu beseitigen, nämlich der islamischen Welt zu zeigen, dass die Glaubensüberzeugungen der radikalislamischen Bewegungen bezüglich Israel auf Fehlinterpretationen der islamischen Geschichte und der Lehre des Islam beruhen.

Die meisten Verse über Juden und Israel, die von radikalen Moslems verwendet werden, sind aus dem Medina-Koran. Der Koran fordert Moslems jedoch ausdrücklich auf, den Koran als Ganzes zu beachten und sich nicht auf Teile daraus zu beschränken (Sure 2:85). So kann man Moslems – natürlich mit dem nötigen Respekt – herausfordern, indem man sie auf diese Erkenntnisse verweist und sie fragt: *„Warum stützt ihr euch nur auf den Teil des Medina-Koran und vernachlässigt die Lehren des Mekka-Koran? Und warum lasst ihr aus dem Medina-Koran nur die antijüdischen Verse gelten, nicht aber die, die das Heilige Land den Juden zusprechen?"*

Im Gespräch mit radikalen Moslems muss man sich immer bewusst machen, dass nur überzeugende Argumente, die auf dem Koran selbst oder auf den Hadithen beruhen, greifen werden. Argumente, die allein auf „gesundem Menschenverstand", auf dem Grundsatz von Fairness, Gerechtigkeit, Mitgefühl, Nächstenliebe oder Menschenrechten beruhen, werden einen radikalen Moslem nicht überzeugen können, denn für ihn ist die einzige Autorität und der der einzige Maßstab, den er anerkennen wird, die Lehre des Islam selbst – also der Koran, die Hadithe, die Geschichte des Islam und das Vorbild Mohammeds und der frühen islamischen Führer und Gelehrten.

Es ist erschütternd und traurig, dass diese Aussagen des Korans zur Zeit so wenig Beachtung finden. Das war in der Vergangenheit nicht immer so. Frühere Koranausleger stimmten darin völlig überein, dass Israel ein Recht auf das Heilige Land hat. Selbst Ismail Ibn Kathir (1301 – 1373), der als geistiger Vater der radikalen Richtungen im Islam (Wahhabiten und Salafisten) gesehen werden kann, trat klar für das Lebensrecht Israels im Heiligen Land ein. Es ist zu hoffen, dass es gelingen wird, dieses Verständnis wieder neu zu wecken und zu verbreiten – vor allem unter den Moslems selbst.

Da der Konflikt im Nahen Osten eindeutig religiös bedingt ist, muss auch der Lösungsansatz in der religiösen Überzeugung gefunden werden. Und da der Koran für Moslems als einzige verbindliche Grundlage gilt, muss der Schlüssel für eine Verständigung auch vom Koran ausgehen.

Fassen wir noch mal zusammen:

- Allah hat den Juden Gunst, Wohlwollen und verschiedene Segnungen geschenkt.
- Allah hat den Juden das Heilige Land gegeben.
- Moslems haben kein Recht, Allahs Entscheidungen in Frage zu stellen oder zu kritisieren, denn Allah ist souverän und er allein hat das Recht, zu tun, was er will.
- Allah ruft Moslems auf, Juden gegenüber gerecht und fair zu handeln.
- Allah ruft Moslems zur „Normalisierung" ihres Verhältnisses zu Juden auf.
- Allah ruft Moslems auf, das Heilige Land als Heimat der Juden anzuerkennen.
- Jerusalem ist für die Juden, was Mekka für die Moslems – Jerusalem gehört den Juden.
- Israel gehört den Juden – Mohammed hat die Juden nie aus Israel verbannt.
- Die Moslems können die Al-Aqsa Moschee zwar als Heilige Stätte ehren, aber es gibt keinen legalen Besitzanspruch des Islam auf Jerusalem oder Israel.

Was können wir also tun? Als Christ bin ich überzeugt, das wichtigste Mittel ist das Gebet. Wenn man bedenkt, dass das Volk der Juden, das für fast 2000 Jahre in alle Welt zerstreut war, sich nach so langer Zeit wieder versammelt und wieder einen eigenen Staat gegründet hat – ein Vorgang, den es in der Menschheitsgeschichte sonst noch nie gegeben hat – dann scheint dies deutlich darauf hinzuweisen, dass hier wirklich göttliche Bestimmung dahinter steht. Ist dies nicht schon Beweis genug, dass Israel wirklich das Heilige Land ist, das dem Volk der Juden von Gott gegeben wurde? Auch die Tatsache, dass die zahlreichen Angriffe auf das winzige Israel trotz der zahlenmäßigen Überlegenheit der Angreifer immer wieder wie durch ein Wunder erfolglos blieben, scheinen darauf hinzudeuten, dass Gott hier jeweils seine Hand im Spiel hatte.

Auffallend ist auch, wie das Land Israel seit Entstehen dieses Staates wieder aufgeblüht ist – statt Wüste gibt es Wälder, Gärten und Siedlungen – genauso wie es 2500 Jahren zuvor prophezeit worden war.* Angesichts so

* z. B. Jesaja 27,6

überwältigenden Segens ist es umso trauriger zu sehen, dass es in Israel, wo sich zwar viele Menschen auf Gott be-rufen, eher wenige Menschen zu geben scheint, die Gott auch wirklich an-rufen. Vermutlich sind ihre Blicke eher auf die reale Bedrohung durch die islamischen Nachbarstaaten gerichtet, die sie tagtäglich in Angst und Schrecken versetzt.

Ich hoffe, dass es mir in diesem Buch gelungen ist, die dramatische Situation Israels und damit die Gefährdung des Weltfriedens deutlich zu machen und gleichzeitig aufzuzeigen, wo der Schlüssel zur Beilegung des Konflikts liegen könnte. Denn dazu soll dieses Buch dienen.

Anhang

[1] Sure 5:70

[2] Die Lutherbibel

[3] Dieser Name wird als ‚Yathripa' in dem antiken Geschichtsbuch des griechischen Philosophen Ptolemäus erwähnt. Auch in Schriften des Stephanos von Byzanz wird die Stadt mit dem Namen Yathrib genannt. In der antiken Stadt Harran in Syrien wurden ebenfalls Schriften gefunden, die den Namen in der Form Itribo verwenden.

[4] Jawad Ali, *The Arabic History before Islam*, University of Baghdad Publishing, 2. Auflage 1993, Teil 2, Seite 119 und Teil 4, Seite 124

[5] Will Durant, *The Story of Civilization*, Al Dar Algeel, Beirut, 1981 Teil 2, Seite 321, http://www.archive.org/details/Qsh-alhdarh

[6] Nur al-Din Alsamhudy, *Wafa al-wafa*, Furkan Islamic Inheritance Publishing, 2001, Kairo, Band 1, S. 159-165

[7] Einige davon sind unter den folgenden Namen in die Geschichte eingegangen: Die Schlachten von Samir, Hateb und Serara, der erste und zweite Fujar Krieg und der Krieg von Boath

[8] Dieser erste König über die Aws und Chazradsch war Abdullah Ibn Obay Ibn Salul.

[9] Ich weise darauf hin, dass die Geschichtsquellen, auf die ich mich hier beziehe, arabische historische Quellen sind. Wenn es auch schon vor Mohammeds Zeit nennenswerte Problem zwischen Juden und Arabern gegeben hätte, so hätte man sich nicht entgehen lassen, diese deutlich hervorzuheben. Kleinere Spannungen mag es gegeben haben, doch keine vernichtenden Kämpfe, wie dies unter den Arabern üblich war. Derlei wäre mit Sicherheit ausdrücklich erwähnt worden. Derartige Berichte liegen jedoch nicht vor. Daher kann mit an Sicherheit grenzender Wahrscheinlichkeit davon ausgegangen werden, dass es tatsächlich keine nennenswerten Konflikte gab und das Verhältnis zwischen Juden und Arabern wirklich erstaunlich friedlich war.

[10] Dr. Tib al Nagar, *The life of the Prophet*, New Seminar Publisher, Beirut and Kairo, 1982
Der Autor dieses Buches war einer meiner Dozenten an der Al-Azhar Universität. Er wurde später zum Präsidenten der Universität ernannt.

[11] Dr. A. Shalaby, *Encyclopedia of Islamic History*, Dar al-Nahadah, Kairo, 1979
Siehe auch Sure 2:113

[12] Abu Musa Al Hariri, *Priest and Prophet*, The Pen vs. the Sword Publishing, Los Angeles, USA

[13] Beruhend auf der Tora (fünf Bücher Mose) und den Psalmen

[14] Sure 2:130, 135; 3:95; 4:125; 6:161

[15] Sure 4:163; 6:84–86

[16] Sahih Al-Bukhari, Band 4, Hadith Nr. 735; nach The Noble Quran im Kommentar zu Sure 2:252

[17] Dieser Vers wurde während des ersten Jahres in Medina geschrieben, als Mohammed noch bemüht war, Juden auf friedliche Weise für den Islam zu gewinnen. Die Islamgelehrten sind sich uneinig darüber, wann, warum und wo genau der Vers offenbart wurde. Einig ist man sich jedoch darüber, dass dieser Vers später durch den sogenannten „Schwertvers" ersetzt (abrogiert) wurde.

[18] Hadith, berichtet von Marwan Al-Fazari, *Islam's Golden History*, Nr. 189

[19] Hadith, berichtet von Ibn Abd Al-Bar, Buch *'Esteban'*, Band 4, S. 383

[20] Diese Zahl ergibt sich aus dem Verhältnis der 876 Koranverse mit bibelbezogenem Inhalt (siehe Chart) und der Gesamtzahl der Koranverse von 6346

[21] Diese Übersicht wurde erstellt, indem der Inhalt des gesamten Korans analysiert wurde. Diese Analyse wurde von einem Absolventen der *University of Florida*, mit Master in Massenkommunikation erstellt. Zunächst hat er den Koran durchgelesen und die Stellen notiert, wo biblische Geschichten erwähnt sind. Bei einem zweiten Durchgang erstellte er die Übersicht. Aufgenommen wurden nur solche Stellen, die den folgenden Vorgaben entsprochen haben:
Die Geschichte musste mit dem biblischen Pendant grob übereinstimmen. (Bei den mit Sternchen markierten Stellen stimmen die Berichte überwiegend überein, aber im Koran wurden zusätzliche Informationen hinzugefügt.)
Die Texte mussten mindestens zwei Sätze lang sein. (Bloße Namenserwähnungen wurden nicht aufgelistet. Bezugnahmen auf ‚die Religion Abrahams' wurden beispielsweise nicht aufgenommen.)
Die Liste beinhaltet keine Referenzen zu biblischen Lehren, wie beispielsweise über den Tag des Gerichts, Satan, Sünde o.Ä. In der Übersicht wurde im Zweifelsfall eher Begriffe aus der biblischen Version verwendet, selbst wenn der Begriff im Koran als solcher nicht erwähnt wird. Beispiel: ‚Noah und die Arche', anstatt ‚Noah und das Schiff'.

[22] Ibn Husham, *The Biography of the Prophet*, (Al-Maktabah As-Salafiya = Bibliothek der Salafisten), Kairo, Band 2, S. 308-309

[23] Artikel 22 der Gründungscharta der Hamas – Englischer Originaltext ‚Covenant of Hamas', www.mideastweb.org/hamas.htm ; Information Division, Israel Foreign Ministry – Jerusalem, http://www.mfa.gov.il/MFA

[24] Sure 9:29

[25] Die Geschichte des Stammes *Banu Qainuqa*, der 624 aus Medina vertrieben wurde, ist hier nicht ausgeführt. Die Geschichte ist jedoch sehr ähnlich wie die des Stammes Banu Nadir.

[26] Teilweise wird behauptet, Mohammed habe den Nadir Stamm angegriffen, weil dieser in der Schlacht von Uhud mit den Götzendienern Mekkas kooperiert habe, oder weil er möglicherweise die Leute aus Mekka unterstützt hätte. Dafür gibt es jedoch keine hinreichenden Belege in der islamischen Geschichtsschreibung.

[27] Ibn Kathir, Rechtsgelehrter, Koranexeget und Geschichtsschreiber

[28] Eli Barnavi, *A Historical Atlas of the Jewish People*, Schocken Books, New York, 1992, S.74

[29] Ibn Husham, *The Biography of the Prophet*, Al-Maktabah As-Salafiya , Kairo, Band 2, S.144

[30] Ibn Husham, *The Biography of the Prophet*, Al-Maktabah As-Salafiya , Kairo, Band 2, S.146

[31] Ibn Ishaq, Islamischer Historiker und Gelehrter

[32] Sure 59

[33] Al-Tabari, *The King and the Prophets*, Knowledge Publishing House, Kairo, 2. Ausgabe, Copyright 1387 – 1967

[34] Ibn Husham, *The Biography of the Prophet*, Al-Maktabah As-Salafiya , Kairo, Band 2, S.193

[35] Ibn Husham, *The Biography of the Prophet*, Al-Maktabah As-Salafiya , Kairo, Band 2, S.201

[36] Ibn Husham, *The Biography of the Prophet*, Al-Maktabah As-Salafiya , Kairo , Band 2

[37] Ibn Husham, *The Biography of the Prophet*, Al-Maktabah As-Salafiya , Kairo, Band 2, S.205

[38] Ibn Husham, *The Biography of the Prophet*, Al-Maktabah As-Salafiya , Kairo, Band 2, S.299

[39] Ibn Husham, *The Biography of the Prophet*, Al-Maktabah As-Salafiya , Kairo, Band 2, S.326

[40] Ibn Kathir, *The Beginning and the End*, Al Helawi Publishing Kairo, http://www.archive.org/details/alhelawy07

[41] Armstrong, *Islam: A Short History*, 21, Al Helawi (Hrsg.), 2007

[42] Sahih Muslim, Dar es Salaam (Hrsg.), Riyadh, Saudi-Arabien, 2000, 41:6985

[43] Die Anzahl der ‚Siebzig Jungfrauen' wird in den Hadithen erwähnt, nicht im Koran

[44] Sure 9:20–21; 55:56+72; 47:15

[45] Sure 9:38–41

[46] Sure 55, vor allem Verse 72, 74 und 76

[47] Ibn Husham, *The Biography of the Prophet*, Al-Maktabah As-Salafiya , Kairo, Band 2, S.316

[48] Dr. Abdul Aziz Shenawy, *Uthman Dynasty: Islamic State*, The Anglo-Egyptian Publishing, Kairo 1980.l
Dieses Buch ist eines der renommiertesten modernen islamischen Geschichtsbücher. Es war Bestandteil meines Bachelorstudiums. Alle islamischen Universitäten weltweit verwenden dieses Buch. Auch ich selbst habe es in der Zeit meiner Lehrtätigkeit an der Al-Azhar-Universität für meine Studenten verwendet.

[49] Die Begriffe *islamische* Welt und *arabische* Welt beziehen sich jeweils auf eine bestimmt Anzahl von Nationen. *Islamische* Welt meint die Länder, deren Bevölkerung überwiegend Islam praktizieren. Dies sind über 55 Länder weltweit. Arabische Welt meint hingegen die Länder, wo die überwiegende Religion der Islam ist und wo Arabisch die offizielle Landessprache ist. Dies sind etwa 22 Länder im Nahen Osten und Nordafrika.

[50] Hussein hielt in den 1990er Jahren an dieser anti-israelischen Haltung fest und drohte, Israel vollständig niederzubrennen. ‚How Saddam Happened', *Newsweek* (23. Sept. 2002) 22-37

[51] Focus Online, 23.07.2005, *Ägypten – Die schwersten Anschläge auf Touristen, http://www.focus.de/reisen/reisefuehrer/aegypten_aid_97111.html;*

[52] http://www.focus.de/reisen/reisefuehrer/aegypten_aid_97111.html

[53] http://ar.wikipedia.org

[54] Von der Website des israelischen Außenministeriums – ‚Information Division' www.israel-mfa.gov.il
Die Charta der Hamas (Covenant of the Islamic Resistance Movement) vom 18.08.1988 – abgerufen am 12.12.2002 unter www.hraic.org/the_covenant_of_hamas.html

[55] *IANA – Islamic Assembly of North America* bzw. Islamische Versammlung Nordamerikas ist eine islamische Organisation mit Sitz in Michigan, USA

[56] Abdullah Alnafisy, *No to Normalization With Israel*, 2. Auflage 2000, (Hrsg.) Islamic Assembly of North America, Michigan

[57] Sahih Muslim 1:33

[58] Im Islam gibt es drei Heilige Stätten. Die erste ist die al-Kaaba in Mekka, Saudi Arabien. Die zweite ist die Moschee des Propheten in Medina, Saudi Arabien, wo Muhammad auch begraben wurde. Diese beiden Stätten sind für Nichtmoslems nicht zugängig. Für Juden oder Christen ist es also unmöglich, diese Stätten zu besichtigen.

[59] Spiegel Online 27.02.2002, *Muslime stürmen Zug mit Hindu-Aktivisten;* FAZ.NET 15.03.2002, *Ayodhya – Brennpunkt des Hindu-Moslem-Konflikts von Christian Kreutzer*
CNN, 06.12.2002, Ayodhya: India's religious flashpoint,
http://edition.cnn.com/2002/WORLD/asiapcf/south/12/06/ayodhya.background/
http://www.hindurashtra.org/atrocities.htm

[60] Dr. Kasim Abdo, *People of the Book in Egypt During the Middle Ages*, Dar-al-Maerif, Kairo 1977, S. 56

[61] *A Historical Atlas of the Jewish People*, Schocken Books, New York 1994, S. 81

[62] *A Historical Atlas of the Jewish People*, Schocken Books, New York 1994, S. 83

[63] *A Historical Atlas of the Jewish People*, Schocken Books, New York 1994, S. 93

[64] aus dem Arabischen übersetzt

[65] ‚Sunnah' Zeitschrift, Nr. 114, 2002 Kairo,
vom Autor aus dem Arabischen übersetzt
www.muslm.net/vb/showthread.php?t=265143

[66] Website der ägyptischen politischen Partei ‚Ahrar' – abgerufen am 06.05.2012 (20.05.2011, http:77alkramawe67.blogspot.de/2011/05/blog-post_8483.html); Offizielle staatliche Ahram Zeitung: http://gate.Ahram.org.eg/NewsContentPrint/13/70/72696.aspx – abgerufen am 6.5.2012

[67] www.muslm.net/vb/showthread.php?t=324119

[68] www.muslm.net/vb/showthread.php?t=324119

[69] Das Buch wurde auf Arabisch geschrieben und wurde von *Dar al Hadi* in Beirut, Libanon herausgegeben.

[70] Jerusalem Post, *Poll: 90% of ME views Jews unfavorably* von Amir Mizroch, 02/09/2010

[71] Hamas website, 24.12.2002; Palestinian Media Watch, *'Kill a Jew – Go to heaven'*

[72] Al-Rissala (Hamas weekly), 13.03.2008; New York Times, 01.04.2008, *In Gaza, Hamas's Insults to Jews Complicate Peace, von Steven Erlanger; Monaco-verein*, 16.06.2011: *'Kein palästinensischer Staat mit Fatah und Hamas!'*

[73] Al-Hayat Al-Jadida, 18.05.2001

[74] Al-Aqsa TV (Hamas), *No Jew or Zionist will be left on earth*, 03.04.2009

[75] Al-Rissala (Hamas weekly), 23.04.2007

[76] Al-Aqsa TV (Hamas), 13.07.2008

[77] WTOC, 'Egyptian exile hopes Americans support protesters, 02.02.2002, von Melanie Ruberti, http://www.wtoc.com/Global/story.asp?S=13957953

[78] Anlässlich einer öffentlichen Veranstaltung, die am 24. März 2011 in der ägyptischen Stadt al-Buhaira stattfand und von der Vereinigung ägyptischer Anwälte organisiert worden war.

[79] FAZ, 12.02.2011, *Eine zivile Regierung so bald wie möglich – Im Gespräch: Hussein Mahmoud*, Interview von Christiane Hoffmann, Text F.A.S.

[80] Family Security Matters, 24.02.2011, *Gaining Control Through Democracy* von Dr. Mark. A. Gabriel
http://familysecuritymatters.org/publications/id.8812/pub_detail.asp;
Der Artikel bezieht sich auf den vorgenannten FAZ-Artikel

[81] Vollständiger Text der irakischen Verfassung unter *Courtesy, the Associated Press*, 12.10.2005, http://www.washingtonpost.com/wp-dyn/content/article/2005/10/12/AR2005101201450.html.

[82] Volksversammlung der Arabischen Republik Ägypten, http://www.parliament.gov.eg/EPA/en/categories.jsp?sectionID=11&typeID=1&levelid=54&parentlevel=6&levelno=2

[83] Dr. Mahmoud Al- Kah'lidi, *Western Democracy in the Light of Islamic Law*, World of Books Publishing, Irbid, Jordanien 2005
Ich kannte Dr. Kah'lidi aus den 80er Jahren, als er sich auf Al-Azhar für seine Doktorarbeit in islamischem Recht vorbereitete

[84] JTA, 02.01.2012, *Egypt's Muslim Brotherhood says it won't recognize Israel*, http://www.jta.org/news/article/2012/01/02/3090987/egypts-muslim-brotherhood-says-will-not-recognize-israel

[85] Jerusalem Post, *Muslim Brotherhood vows not to recognize Israel*, 1.1.2012, http://www.jpost.com/MiddleEast/Article.aspx?id=251732

[86] Ägyptische Tageszeitung 'Ahram', 10.3.2012, http://digital.ahram.org.eg/articles.aspx?Serial=825698&eid=41

[87] Al-Arabija, Kairo 19.4.2012, http://www.alarabiya.net/articles/2012/04/19/208852.html – Vom Autor übersetzt.

[88] Al-Arabija 22.4.2012,
http://www.alarabiya.net/articles/2012/04/22/209542.html

[89] http://www.tagesschau.de/multimedia/video/video1187734.html

[90] http://www.ikhwanonline.com/new/Article.aspx?ArtID=83698&SecID=211

[91] Gulf News, Dubai, 20.05.2011

[92] Nachrichtenagentur Sama, 18.09.2011

[93] Al-Quds Al-Arabi, London, 27.10.2011

[94] Nachrichtenagentur WAFA, 11.4.2011

[95] Al-Hayat, London, 11.16.2011

[96] Zunächst überlebten zwei Personen. Einer von ihnen, Maruan ibn Mohammed floh nach Südägypten. Doch man stellte ihm nach und ermordete ihn doch noch.

[97] Ahram News, http://www.ahram.org.eg/The-First/News/150631.aspx#comments

[98] CNN Arabic news, 23.04.2012 – http://arabic.cnn.com/2012/middle_east/4/22/ekhwan.jordan/index.html

[99] Dr. Abdul Halim Mahmud, Großimam von Al-Azhar, 8.10.1973, AP, UPI, Reuters

[100] Dr. Abdul Halim Mahmud, *Al-Jihad wa al-Nasr (Holy war and victory)*, Hrsg. Haus der Erweckung des Islam, Kairo 1974, S. 148-150

[101] Jawad Riada, *Serious Fatwas of Al-Azhar Scholars concerning jihad against the Zionist*, Dar al Jell Publishing, Kairo, Seite 10 der Arabischen Ausgabe

[102] Unter diesen Gelehrten waren auch der berühmte Scheich Mohammed Hassanein Makhlouf, Scheich Abdul Majid Salim, Scheich Mahmoud Shaltout, Scheich Mohamed Draz

[103] Arabisches Hohes Komitee in Palästina, *The Islamic ruling on the question of Palestine: The legitimacy of serious opinions on the occasion of the peace treaty between Egypt and the Israeli enemy*, S.14+15.

[104] *Fatwa der Islamgelehrten über das Verbot, Teile Palestinas zu verzichten*, 'Dar Al Furqan For Publishing & Distribution', Kairo

[105] Unter den 63 Verfassern dieser Fatwa aus dem Jahre 1988 waren unter anderem Scheich Muhammad al-Ghazali, Dr. Yusuf al-Qaradawi, Dr. Hammam Said, Dr. Mujahid Abdullah Azzam, Prof. Dr. Heba Zuhili, Scheich Abdul-Rahman Abdul-Khaliq, Sadiq Abdul Majid, Dr. Issam al-Bashir, Scheich Hafez Salama and Mustafa Mashhour

[106] *Fatwa der Islamgelehrten über das Verbot, Teile Palestinas zu verzichten*, Dar Al Furqan For Publishing & Distribution, Kairo, S. 17+18

[107] Artikel und Meinungen von Shaykh 'Abd al-Aziz bin, www.binbaz.org.sa/

[108] Artikel und Meinungen von Shaykh 'Abd al-Aziz bin, www.binbaz.org.sa/

[109] Fatwa von Scheich Ayed Al-Qarni vom 30.01.2009; www.facebook.com/note.php?note_id=47862938278

[110] www.islammemo.cc/2003/07/15/3728.html?lang=en-us

[111] IRIB News, 26.10.2005, *Ahmadinejad: Israel must be wiped off the map, – IRIB News ist das englischsprachige Pendant des staatlichen iranischen Rundfunks Islamic Republic of Iran Broadcasting* (IRIB)

[112] Spiegel , 26.10.2005, *Irans Präsident will Israel von der Landkarte tilgen*, http://www.spiegel.de/politik/ausland/nahost-irans-praesident-will-israel-von-der-landkarte-tilgen-a-381752.html

[113] New York Times, 30.10.2005, *Text of Mahmoud Ahmadinejad's Speech* – Übersetzung von Nazila Fathi (New York Times in Tehran) der Rede Ahmadinejads vom 25.10.2005 anlässlich der Konferenz einer islamischen Studentenorganisation – Konferenztitel: „The World Without Zionism." Die Konferenz fand im Innenministerium in Tehran statt.

[114] DominicanToday.com, 08.05.2006, *Peres says that Iran 'can also be wiped off the map'* ,

[115] *Statement by the United Kingdom on behalf of the European Union*, 27.10.2005 http://www.iranwatch.org/international/EU/eu-presidency-israeloffmap-102705.htm

[116] Iran Focus, 17.11.2005, *European Parliament rips Iran leaders remarks*

[117] Herald Sun, 16.05.2011, *Israel is a cancer cell, says Iran*

[118] The Commentator, 21.03.2012, Artikel von Peter Cannon: *Ahmadinejad and Khamenei on Israel... and the US... and the UK*

[119] Ägyptische Tageszeitung 'Al-Akhbar', November 2011; Agence France Presse/National Post), 7.11.2011 *Ahmadinejad warns against attack on Iran in lead up to nuclear report; German.China.org.cn, 09.11.2011, Ahmadinedschad: Israel wird bald zu Ende gehen*

[120] Islamic Republic of Iran News Network (IRINN), veröffentlicht am 18.+23.09.2008

[121] MEMRI Special Dispatch – Nr. 2221, 30.01.2009

[122] MEMRI, Clip Nr. 1784, 2.06.2008; IRINN TV, 02.06.2008

[123] IRINN 18.+23.09.2008, http://www.memritv.org/clip_transcript/en/1868.htm

[124] Al-Quds, 24.05.2012, http://www.alquds.co.uk/index.asp?fname=today\24z498.htm&arc=data\2012\05\05-24\24z498.htm

[125] Al-Arabija, 23.04.2012, http://www.alarabiya.net/articles/2012/04/23/209681.html

[126] Israel National News, 19.03.2012, Artikel von Maayana Miskin: *Rabbi Links Ahmadinejad, Rabbis' Illnesses and Jewish Prayer*

[127] Im Buch *Sahih Muslim* wird er *Al-Masiq al-Dagal* genannt (vgl. Nr. 28)

[128] Ägyptische Zeitung Al-Wafd, 26.11.2011 http://www.alwafd.org

[129] Einige deutsche und englische Übersetzungen übersetzten hier fälschlicherweise: ‚Lasst nicht zu, dass die Feindseligkeit *eines Volkes*/ der Hass *anderer*... euch... verleite‘. Richtig ist: ‚Lasst euch nicht von Feindseligkeit/Hass gegen(!) andere... verleiten.‘

[130] Ibn Kathir, *Tafsir Ibn Kathir* (Korankommentar), Tiba Verlag, Kairo, 1999, Band 3, Seite 75 der arabischen Ausgabe

[131] Hafez Haythami, *Source of benefits*, Al-Maktabah As-Salafiya (Verlag der Salafisten), Kairo, Band 5, Hadit 325

[132] Imam Ahmad, *Musnad*, Al-Maktabah As-Salafiya (Verlag der Salafisten), Kairo, Nr. 26352

Literaturverzeichnis

Deutsch

Die Bibel – Übersetzungen: Gute Nachricht und die Lutherbibel

Der Koran, abgerufen unter www.islamicity.com

Englisch

Abdullah Alnafisy, *No to Normalization with Israel (Englische Ausgabe der Arabischen Originalversion)*, 2. Auflage, The Islamic Assembly of North America, Michigan, 2000

Eli Barnavi, A Historical Atlas of the Jewish People, Schocken Books, New York, 1992

The Holy Bible, New International Version, Grand Rapids, MI, Zondervan, 1973, 1978, 1984

Life Application Bible (Arabische Version), Tyndale House Publishers, Niederlande, 1999

Abu Musa Al Hariri, *Priest and Prophet (Englische Ausgabe der Arabischen Originalversion)*, The Pen vs. the Sword Publishing, Los Angeles, USA

Ibn Ishaq, *The Life of Muhammad*, eine Übersetzung von Ibn Ishaqs Sirat Rasul Allah, einer Biographie Mohammeds, übersetzt auf Englisch von A. Guillaume, Karachi, Pakistan: Oxford University Press, 16. Ausgabe, 2003. Dieses Buch entspricht dem von Ibn Hisham, das unter den arabischsprachigen Büchern aufgelistet wird. Ibn Hisham ergänzte das Werk von Ibn Ishaq geringfügig. Moslems nennen das Werk daher entweder Ibn Ishaq oder Ibn Hisham.

Grant R. Jesus Jeffrey, *The Great Debate*, Nashville, TN, Word, 1999

Sahih al-Bukhari (The Correct Books of Bukhari), auf Englisch übersetzt von Dr. Muhammad Muhsin Khan. Abgerufen von der Website der University of Southern California, 2003

Sahih Muslim (The Correct Books of Muslim), auf English übersetzt von Abdul Hamid Siddiqui, veröffentlicht unter anderem von Kitab Bhaven, New Delhi, Indien, 2000 und Kazi Publications in Chicago, IL, 1976. Abgerufen von der Website der University of Southern California, 2003

Lee Strobel, *The Case for Christ*, Zondervan, Grand Rapids, MI, 1998

Arabisch

(Die Buchtitel wurden vom Autor aus dem Arabischen übersetzt.)

Dr. Kasim Abdo, *People of the Book in Egypt During the Middle Ages*, Dar-al-Marif, Kairo 1977

Ali Ibn Nfaa Alaliani, *The Importance of Jihad in spreading the Islamic call and responding to the Deviant Sects*, Dar Thebes Verlag, Kairo 1984

Jawad Ali, *The Arabic History before Islam*, University of Baghdad Publishing, 1993

Nur al-Din Alsamhudy, *Wafa al-wafa*, Furkan Islamic Inheritance Publishing, 2001, Kairo

Armstrong, *Islam – A Short History (Arabische Übersetzung der Englischen Originalausgabe)*, Modern Library, Kairo, 2007

Youssef al-Bakri, *Provisions of Dhimmi*, Um al Kora-Verlag, Dammam, Saudi-Arabien

Sahih al-Bukhari, (Hrsg.) Haus der Wiederbelebung der Traditionen des Propheten, Mekka, Saudi-Arabien, 1978

Ibn Abd Al-Bar, *Esteban (Geschichtsbuch)*, Haus der Erweckung, Kairo

Will Durant, The Story of Civilization (aus dem Englischen auf Arabisch übersetzt), Al Dar Algeel, Beirut, 1981

Marwan Al Fazari, Islam‘s Golden History, *Verlagshaus Arabischer Bücher, Beirut*, 1987

Ahmed Galal, *Freedom of opinion in the political sphere*, First Edition, Dar al Wafa, Mansoura

Munir Ghadban, *Political Alliance in Islam*, Dar es Salaam, Kairo, 2. Ausgabe 1988

Mohammed Talaat Ghonemy, *Treaty Provisions in Islamic law*, Knowledge Publishing, Alexandria 2007

Badr al-Din Muhammad Ibn Grup, *Management of the people of Islam*, 2. Ausgabe, Qatar 1986

Mohamed Khair Haikel, *Jihad and fighting in Islamic politics*, House of Knowledge Publishing, 1996

Ibrahim Hassan, *History of Political Islam – religious, cultural and social aspects*, Scientific Library, Beirut, 1980

Ibn Husham, Biographie Mohammeds, 3. Auflage, Dar-al-Jil, Beruit, Libanon, 1998 und Al-Maktabah As-Salafiya = Verlag der Salafisten, Kairo. Dieses Buch entspricht dem oben genannten von Ibn Ishaq auf Englisch.

Ibn Kathir, *The beginning and the End*, Al Helawi, Kairo

Ibn Kathir, *Tafsir Ibn Kathir* (Korankommentar), Tiba Verlag, Kairo, 1999

Walid Khalidi, *Palestine and our conflict with Zionism and Israel*, Arab Cultural Club, Kairo 2009

Dr. Mahmoud Al- Kahlidi, *Western Democracy in the Light of Islamic Law*, World of books Publishing, Irbid, Jordanien, 2005

Dr. Abdul Halim Mahmud, *Al-Jihad wa al-Nasr (Holy war and victory)*, Hrsg. Haus der Erweckung des Islam, Kairo 1974

Sahih Muslim, Hrsg. Dar us Salam (Hrsg.), Riad, Saudi-Arabien, 1999

Dr. Tib al Nagar, *The life of the Prophet*, New Seminar Publisher, Beirut and Kairo, 1982

Ibrahim Negm and others, *The Arab Palestinian Jihadists*, Institute for Palestine Studies, West Bank 2009

Qurtubi, *The entire Quran*, Scientific Library Publishing, Beirut 1992

Ahmed Qurei, *Negotiations of the Peace Process*, Institute for Palestine Studies, West Bank, 2008

Jawad Riada, *Serious Fatwas of Al-Azhar Scholars concerning Jihad against the Zionists* (Titel aus dem Arabischen übersetzt), Dar al Jell Publishing, Kairo

Khalid Mohammed Safi, *Egyptian rule in Palestine 1831-1840*, Institute for Palestine Studies, West Bank, 2010

Subhi Saleh, *Islam and the Future of Civilization*, 2. Auflage, herausgegeben von Dar Al-Shura, Beirut und Dar Ibn Qutaiba, Damaskus 1990

Janet Sarofem and others, *United Nations Resolutions on Palestine and the Arab-Israeli conflict*, Volume VI, Kairo 1999 – 2004

Dr. A. Shalaby, *Encyclopedia of Islamic History*, Dar al-Nahadah, Kairo 1973

Mohammed Shakir al-Sharif, *Smashing secular idols*, Verlag der Salafisten, Mekka, Saudi-Arabien 2002

Dr. Abdul Aziz Shenawy, *Uthman Dynasty: Islamic State*, Anglo-Ägyptisches Verlagshaus, Kairo, 1980

Al-Suyuti, *The history of the Caliphs*, Dar Sader, Beirut, 1996

Al-Tabari, *The King and the Prophets*, Hrsg. Haus des Wissens, Kairo, 1967

Abdullah bin Ibrahim Al-Tariki, *Dealing with non-Muslims*, Dar Virtue, Riad Saudi-Arabien, Erstausgabe, 2007

Mohammed Zakaria and others, *Studies in the Social History of Modern Palestine*, Institute of Jerusalem Studies, West Bank 2009

Fatwa der Islamgelehrten über das Verbot, Teile Palestinas zu verzichten, Dar Al Furqan For Publishing & Distribution, Kairo

Mark A. Gabriel, PH.D

Jesus und Mohammed

Erstaunliche Unterschiede und überraschende Ähnlichkeiten

Aus dem Englischen übertragen von Christian Rendel.

304 Seiten · Paperback · € 13,90
ISBN 978-3-935197-52-6

Gabriel, der neben seiner wissenschaftlichen Ausbildung an der Al-Azhar Universität in Kairo in USA Weltreligionen und christliches Lehramt studierte, hat den interessanten Vergleich zwischen dem Leben von Jesus und Mohammed gezogen. Dabei vergleicht er die Biographien von der frühesten Kindheit an, um dann auf Grund der unterschiedlichen Lehren zu seinen Schlussfolgerungen zu gelangen. Er beschreibt, wie sie sich selbst gesehen haben, wie sie auf die Herausforderungen durch Juden reagierten, wie und ob sie Wunder vollbrachten, wie sie lehrten zu beten, wie man einem Feind begegnet und was sie über Frauen dachten.
Mit diesen und anderen Vergleichen ist es dem Leser möglich, den Einfluss der Botschaften auf unsere heutige Zeit besser zu verstehen.
Dieses gut und leicht verständlich geschriebene Buch versetzt den Leser in die Lage, sich mit den beiden Religionen auseinandersetzen zu können. Unterschiede werden verständlicher, der Leser kann für sich persönlich eine Entscheidung fällen.

Mark A. Gabriel, PH.D

Motive islamischer Terroristen

Eine Reise in ihre religiöse Gedankenwelt

Aus dem Englischen übertragen von Maria Reimann.

304 Seiten · Paperback · € 16,90
ISBN 978-3-935197-51-9

Wie können wir wissen, was Terroristen denken? Wir sind so sehr damit beschäftigt zu erfahren wo, was, wie geschah, dass wir die Frage des Warum übersehen.

Dieses Buch beschäftigt sich mit der Frage was hinter dem islamistischen Terrorismus steht, was die Terroristen bewegt und wieso sie diese schrecklichen Taten begehen. Das Besondere dieses Buches besteht darin, die fünf Säulen dieser radikalen Philosophie zu verstehen. Gabriel wertet die Schriften von Osama bin Laden, Ayman al-Zawahiri und anderen aus und dokumentiert, wie die Terroristen ihre Aktionen durch den Koran rechtfertigen.
Gabriel zeigt aber auch, wie frühere terroristische Gruppen gestoppt wurden und wie die Welt heute zusammenarbeiten kann, um die Terroristen von ihren Aktivitäten abzuhalten.
Gabriel greift dabei auch auf seine persönlichen Erfahrungen und Freundschaft mit einem ehemaligen Terroristen zurück. Er schildert die Entwicklung der terroristischen Bewegungen mit ihrem Ausgangspunkt in Ägypten, ehe er auf die geistigen Grundlagen dieser Bewegungen eingeht. Er warnt aber auch davor, dass wir uns nicht täuschen lassen sollen und welche Hoffnungen wir für die Zukunft haben können.
Dieses Buch ist daher in der jetzigen Auseinandersetzung äußerst wichtig. Wir wissen, dass auch Deutschland vor terroristischen Anschlägen nicht sicher ist und dass wir dieses Problem aktiv und nicht passiv angehen müssen.

Verlag Dr. Ingo Resch
www.resch-verlag.com
Maria-Eich-Straße 77, D-82166 Gräfelfing · Tel. 089/8 54 65-0 · Fax 089/8 54 65-11

Mark A. Gabriel, PH.D

Islam und Terrorismus
Was der Koran wirklich über Christentum,
Gewalt und die Ziele des Djihad lehrt

Mit einem Vorwort von Hansjörg Stückelberger.
Aus dem Englischen übertragen von
Christian Rendel.

272 Seiten
Paperback
€ 14,90

ISBN 978-3-935197-39-7

Dieses Buch ist eine Sensation: ein Dozent für Islamgeschichte der Al-Azhar Universität in Kairo und Imam an der Moschee von Gizeh, zweifelt an der Friedfertigkeit des Islam, wird daraufhin gefoltert und sollte getötet werden. Er sagt sich von seinem Glauben an Allah los und nach einem Jahr „Gottlosigkeit“ bekehrt er sich zum Christentum. Heute lebt der Autor in den USA und setzt sich mit den Unterschieden zwischen Islam und Christentum auseinander. Seinen jetzigen Namen Mark A. Gabriel hat er nach seiner Bekehrung angenommen.

In diesem Buch beschreibt er nicht nur seine Lebensgeschichte, sondern er untersucht die Wurzeln des modernen Terrorismus. Sie liegen, wie er belegt, im Islam begründet.

Gabriel verurteilt die Lehre des Islam, aber nicht die Menschen.

Das Buch zeichnet sich durch eine klare und sachliche Darstellung aus und vermittelt einen zuverlässigen Überblick über die wesentlichen Aussagen des Koran.

Hauptkapitel:

- Meine Geschichte
- Die Wurzeln des Terrorismus im Islam
- In Mohammeds Fußstapfen
- Die Entwicklung des modernen Djihads
- Muslime und das Evangelium

„Der Leser… erfährt auch die Hintergründe für manche Widersprüchlichkeiten im Koran. Da die Auseinandersetzung im Westen mit dem Islam zunehmen wird, sind Aussagen wirklicher Kenner des Islam von größter Bedeutung.“
WETZLAR-KURIER

Verlag Dr. Ingo Resch — www.resch-verlag.com
Maria-Eich-Straße 77, D-82166 Gräfelfing · Tel. 089/8 54 65-0 · Fax 089/8 54 65-11

Bat Ye'or

Der Niedergang des orientalischen Christentums unter dem Islam

7. bis 20. Jahrhundert – Zwischen Dschihad und Schutzvertrag

Mit einem Vorwort von Prof. Heribert Busse.
Aus dem Französischen übertragen von Kurt Maier.

484 Seiten
Paperback
€ 24,90

ISBN 978-3-935197-19-9

Geschichtsbücher sollen auch einen Rückschluss auf die Gegenwart und zukünftige Entwicklung erlauben. Dies ist mit diesem bemerkenswerten Buch in besonderem Maße gelungen, denn die historische Entwicklung des einst christlichen Orients zu einem vollständig islamisch beherrschten Gebiet, weist bedrückende Parallelen für die Gegenwart auf. Die Autorin zeigt diese Entwicklung seit dem Auftreten Mohammeds auf. Sie beschreibt wie zuerst mit punktuellen terroristischen Eingriffen, dann über eine tolerante, politischen Tribut erhebende Herrschaft – solange die benötigte Mehrheit christlich und jüdisch war – der Weg zu einer totalen islamischen Gesellschaft beschritten wurde. Dieses Buch fand auch bereits im englisch- und französischsprachigen Raum große Anerkennung.

Bat Ye'or („Tochter des Nils"), in Ägypten geboren und britische Staatsbürgerin, hat eine Vielzahl von Publikationen erarbeitet, die sich mit den nichtislamischen Minderheiten im Islam befassen. Sie vertritt die These, dass Versöhnung zwischen Judentum, Christentum und Islam nur mit einer Bewertung von Dschihad und Dhimmitude (tributpflichtiger Schutzvertrag) Erfolg haben kann. Dies ist nicht nur nach dem Angriff, von dem die USA am 11. September 2001 betroffen worden sind, umso dringlicher.

„Die grundsätzliche, in Bat Ye'ors Buch behandelte Frage – die Lage der Schriftbesitzer unter islamischer Herrschaft – ist eng mit der heutigen Situation verbunden…
Erlaubt die Schari'a Muslimen, mit Nichtmuslimen in der einen Welt friedlich zusammen zu leben…?
Die Beantwortung dieser Frage könnte in ein paar Jahren eine Sache von großer Dringlichkeit sein."
William Montgomery Watt, Journal of Semitic Studies

„Das Buch zeigt, welche Konsequenzen die scheinbar unlösbare Verzahnung von Religion und Staat im islamischen Denken hatte (und hat)."
Rheinischer Merkur

Verlag Dr. Ingo Resch
www.resch-verlag.com
Maria-Eich-Straße 77, D-82166 Gräfelfing · Tel. 089/8 54 65-0 · Fax 089/8 54 65-11

Manfred Kleine-Hartlage

Das Dschihadsystem

Wie der Islam funktioniert

292 Seiten
Paperback
€ 19,90

ISBN 978-3-935197-96-0

Der Dialog mit dem Islam wird in Begriffen geführt, die zur Beschreibung westlicher Gesellschaften entwickelt wurden, doch am Selbstverständnis des Islam vorbeigehen, so der Berliner Sozialwissenschaftler Manfred Kleine-Hartlage. Deshalb sind die in einer islamischen Gesellschaft entwickelten kulturellen Selbstverständlichkeiten anders als in einer christlich geprägten Kultur. Die differenzierte Argumentation des Autors führt zu dem Ergebnis, dass die Konsolidierung und vor allem die Verbreitung des Islam auf Kosten nichtmuslimischer Gesellschaften der Leitgedanke des islamischen Normen- und Wertesystems ist; erst von diesem Leitgedanken her werden die im Westen als besonders anstößig empfundenen islamischen Normen verständlich: etwa die feindselige Abgrenzung gegenüber Nichtmuslimen, deren militante Verunglimpfung, der Aufruf zum Kampf und zum Selbstopfer für Allah, das Apostasieverbot für Muslime und die systematische Kontrolle der weiblichen Sexualität. Nicht die einzelne Norm, sondern ihr innerer Zusammenhang macht den Islam zum Dschihadsystem.

Der Islam trifft in zentralen Punkten Wertentscheidungen, die denen des Christentums diametral entgegengesetzt sind, und die muslimischen Gesellschaften dazu zwingen, nichtmuslimische zu verdrängen. Kleine-Hartlage untermauert diesen zunächst theoretischen Befund, indem er die Mechanismen analysiert, die zur Islamisierung Nordafrikas, Kleinasiens und des Nahen Ostens führten. Die politische Herrschaft von Muslimen über Nichtmuslime ging der Islamisierung stets voran.

Ein langes Kapitel widmet er der aktuellen Situation in Europa: Dabei wird deutlich, wie die vom Islam geprägte Kollektivmentalität muslimische Parallelgesellschaften in die Lage versetzt, sich nicht nur selbst zu konsolidieren, sondern auch der Mehrheitsgesellschaft die eigenen Spielregeln aufzuzwingen. Der „weiche Dschihad" nutzt die Integrationsbemühungen aus, um die Parallelgesellschaften zu stabilisieren. So dient auch der „Dialog" als Mittel des Dschihad und eben nicht als Weg zu seiner Beendigung. Die Islamisierung europäischer Gesellschaften wird das Ergebnis der bisherigen Einwanderungs- und „Integrations"-Politik sein. Da der Autor den Islam nicht aus theologischer, sondern soziologischer Sicht analysiert, kommt er zu neuen, grundlegenden Einsichten, denen sich jeder stellen muss, dem die zukünftige Entwicklung Europas nicht gleichgültig ist.

Verlag Dr. Ingo Resch
www.resch-verlag.com
Maria-Eich-Straße 77, D-82166 Gräfelfing · Tel. 089/8 54 65-0 · Fax 089/8 54 65-11

Ingo Resch

Islam und Christentum

Ein Vergleich

Mit einem Vorwort von Nassim Ben Iman

72 Seiten · Paperback · € 8,90

ISBN 978-3-935197-98-4

Noch vor 10 Jahren wurde in der Mehrheit der Bevölkerung der Islam mehr oder weniger als eine Variante der drei monotheistischen Religionen verstanden. Varianten, die sich nur unwesentlich unterscheiden. Doch die Konflikte zwischen Moslems und Andersgläubigen in der islamischen Welt und in manchen europäischen Ballungszentren verlangen ein Auseinandersetzen mit den Inhalten der Religionen.

Bei einer Darstellung des Islam ist es hilfreich ihn mit Eckpunkten des christlichen Glaubens zu vergleichen. In dieser Schrift soll nicht nur der Islam, sondern auch die christliche Botschaft verdeutlicht werden. Das Auflisten von Ähnlichkeiten, von denen es viele gibt, würde nur bedingt weiterhelfen. Deshalb hat sich der Autor auf einige, wesentliche Aussagen des christlichen Glaubens beschränkt und die Unterschiedlichkeit zum Islam herausgearbeitet. Damit wird nicht nur das Besondere und Spezifische des Islam gezeigt, sondern auch und gerade das Proprium christlichen Glaubens.

Richard Wurmbrand

Gefoltert für Christus

168 Seiten · Paperback · € 8,90

ISBN 978-3-935197-60-1

Dieses Buch wurde in 65 Sprachen übersetzt und erreichte eine Auflage von mehreren Millionen Exemplaren. Es ist heute brandaktuell. Nicht nur weil die Christenverfolgung weltweit zunimmt, sondern auch weil die in diesem Buch geschilderten Erfahrungen niemanden unberührt lassen.

Der aus einer deutsch-jüdischen Familie stammende Richard Wurmbrand schildert das Leid und die Erfahrungen, die er und andere Menschen, weil sie Christen waren, unter der Diktatur des Kommunismus erfahren haben. Aber so wie er haben auch andere die Entbehrungen und das Leid als gering geachtet im Verhältnis zu dem Geschenk des Glaubens an Jesus Christus.

Er wie auch andere in diesem Buch erwähnte Menschen kannten ein Leben, unbeschwert und im Wohlstand. Er genoss es in Bukarest in den beginnenden dreißiger Jahren als wohlhabender Geschäftsmann. Aber es fehlte etwas Entscheidendes: Die Verbindung zu dem Schöpfer des Lebens.

Verlag Dr. Ingo Resch www.resch-verlag.com
Maria-Eich-Straße 77, D-82166 Gräfelfing · Tel. 089/8 54 65-0 · Fax 089/8 54 65-11

Harald Seubert

Jenseits von Sozialismus und Liberalismus

Ethik und Politik am Beginn des 21. Jahrhunderts

256 Seiten
Paperback
€ 19,90

ISBN 978-3-935197-97-7

Es herrscht Orientierungslosigkeit. Dies diagnostiziert der Philosoph Harald Seubert im ersten Teil des Buches und deckt das Scheitern gängiger Erklärungen und die geistige, politische, aber auch wirtschaftliche Desorientierung auf. Er zeigt, wie es zu diesem Vakuum gekommen ist, warum keine brauchbaren Lösungen gefunden wurden. Dabei wird der Bogen weit gespannt und kein wesentlicher Aspekt unberücksichtigt gelassen. Seubert verdeutlicht die inneren Widersprüche unserer Gesellschaft und beschreibt was Liberalismus und Sozialismus in der neuen Weltlage leisten können und vor allem, wo ihre jeweiligen Grenzen liegen.

Im zweiten Teil wird noch einmal tiefer gegraben und entfaltet, welche Orientierungsmöglichkeiten es geben könnte. Dabei verdeutlicht der Autor prägnant, dass die freiheitliche Moderne entscheidende Fragen nicht lösen konnte. In einem Rückgriff auf die Philosophie Hegels über den Staat beschreibt Seubert, welche Voraussetzungen ein freier Staat benötigt, will er nicht selbst an der Freiheit zu Grunde gehen. Den von Hegel geprägten Begriff des sittlichen Staates, dessen Fundament die Familie ist und der sich von jeder Ideologie fernhält, überträgt Seubert auf unsere gegenwärtige Situation des 21. Jahrhunderts. Er zeigt, dass, wie schon Hegel formulierte, ohne die Grundlage des Christentums, ein freier Staat, der die Würde und das Recht jedes einzelnen Menschen gewährleistet, nicht möglich ist. Auch in diesem Abschnitt widmet er sich den geistigen, wie auch den wirtschaftlichen Gegebenheiten.

Im dritten Teil beschreibt er kurz die Bedeutung eines Weges jenseits von Sozialismus und Liberalismus verbunden mit dem Postulat einer zweiten christlichen Aufklärung.

Das Verdienst dieses Buches liegt unter anderem darin, dass der Autor, der in vielen Gedanken Ansätze von Günter Rohrmoser aufnimmt und weiterführt, keine neue Ideologie formuliert, sondern auf dem Gewachsenen der europäischen Kultur Wege für die Zukunft entwickelt. Dieses Buch eröffnet damit einem breiten Leserkreis den Blick in einen überfällig gewordenen Dialog über die Zukunft unserer Kultur.

Verlag Dr. Ingo Resch www.resch-verlag.com
Maria-Eich-Straße 77, D-82166 Gräfelfing · Tel. 089/8 54 65-0 · Fax 089/8 54 65-11